PETER ROSEGGER
1843–1918

Eine Auswahl aus seinen Schriften

Herausgegeben und eingeleitet
von Franz Schrapfeneder

Tosa

Bildnachweis: Frontispiz sowie Vor- und Nachsatz (Roseggers Geburtshaus, nach einer eigenhändigen Zeichnung des Dichters) nachVorlagen aus dem Bildarchiv der Österreichischen Nationalbilbiothek

Im Auftrag hergestellte Sonderausgabe

Gesamtherstellung: Der Graph, Wien
Printed in Austria

Zum 150. Geburtstag Peter Roseggers erscheint diese Auswahl aus den Schriften des steirischen Heimatdichters, der über seine Bedeutung als Schilderer seiner engeren Heimat hinaus im ganzen deutschen Sprachraum schon zu seinen Lebzeiten Anerkennung fand.

Petri Kettenfeier Rosegger wurde am 31. Juli 1843 als Sohn eines Kleinbauern in Alpl bei Krieglach in der Steiermark geboren und verlebte seine Kindheit auf dem väterlichen Anwesen. Er läßt diese Zeit in anschaulichen, gefühlstiefen Schilderungen in dem Erinnerungsbuch „Als ich noch der Waldbauernbub war" vor uns erstehen. Weil für die Arbeit auf dem Hof zu schwächlich, kam er zu einem Schneider in die Lehre und zog mit diesem als Lehrling und später auch noch als Geselle von Hof zu Hof. Mit den in diesen Lehr- und Gesellenjahren entstandenen ersten Mundartgedichten, die er auch an die „Grazer Tagespost" einsandte, machte er auf sich aufmerksam. Durch die Hilfe von Gönnern wurde ihm nach kurzer Tätigkeit im Buchhandel der Besuch der Grazer Handelsakademie ermöglicht. Der Dichter Robert Hamerling trug dann wesentlich zum Erscheinen von Roseggers erstem Gedichtband „Mit Zither und Hackbrett" bei (1869). Roseggers erstes größeres Werk, der Tagebuchroman „Die Schriften des Waldschulmeisters", erschien 1875 und begründete vollends den Ruhm des Dichters. Ab dem Jahre 1876 gab Rosegger in Graz die Zeitschrift „Der Heimgarten" heraus und schuf sich damit bis zu seinem Tod das Forum für seine aus eigenem Erleben und überliefertem Volksgut geschöpften Schwänke, Naturbilder und Erzählungen.

Peter Rosegger starb, angesehen und vielgeehrt, am 26. Juni 1918 in Krieglach, am Vorabend des Endes des Ersten Weltkrieges. Er hatte in einer Zeit des Umbruchs gelebt. Der Einbruch der Industrialisierung in die ländliche Welt bedrohte das alte bäuerliche Leben, weite abgesiedelte Waldgebiete fielen der Nutzung für Holzwirtschaft und Jagd zum Opfer. So mußte auch Rosegger selbst die Vergantung des väterlichen

Hofes miterleben. In seinem Roman „Jakob der Letzte“ schildert er den Kampf, den ein Bauer bis zum bitteren Ende um die Scholle seiner Väter führt.

Die innige Verbindung von Humor und Ernst kommt besonders deutlich in Roseggers kleinen Erzählungen und Vorträgen in steirischer Mundart zum Vorschein, mit denen der Dichter auch durch die Lande reiste und beim Publikum vor allem mit den lustigen Vortragsstücken gut ankam. Einige dieser Mundarttexte sowie ein Bericht über eine dieser Vortragsreisen sind in dieser Auswahl enthalten.

Roseggers Werk ist schier unübersehbar und in vielen Auflagen erschienen. Doch vieles von dem, wovor er warnte, ist uns heute ein selbstverständlicher Zustand, so daß er als Warner in unserem Bewußtsein verblaßt ist. Geblieben jedoch ist uns das humane Menschentum, mit dem er uns seine „Waldheimat“ in unvergeßlichen Bildern nahegebracht hat.

Der Herausgeber

Als ich noch der Waldbauernbub war

Ums Vaterwort

Ich habe im Grunde keine schlechte Erziehung genossen, sondern vielmehr gar keine. War ich ein braves, frommes, folgsames, anstelliges Kind, so lobten mich meine Eltern; war ich das Gegenteil, so zankten sie mich derb aus. Das Lob tat mir fast allezeit wohl, und ich hatte dabei das Gefühl, als ob ich in die Länge ginge, weil manche Kinder wie Pflanzen sind, die nur bei Sonnenschein schlank wachsen.

Nun war mein Vater aber der Ansicht, daß ich nicht allein in die Länge, sondern auch in die Breite wachsen müsse, und dafür sei der Ernst und die Strenge gut.

Meine Mutter hatte nichts als Liebe.

Mein Vater mochte derselben Artung sein, allein er verstand es nicht, seiner Wärme und Liebe Ausdruck zu geben; bei all seiner Milde hatte der mit Arbeit und Sorgen beladene Mann ein stilles, ernstes Wesen; seinen reichen Humor ließ er vor mir erst später spielen, als er vermuten konnte, daß ich genug Mensch geworden sei, um denselben aufzunehmen. In den Jahren, da ich das erste Dutzend Hosen zerriß, gab er sich nicht just viel mit mir ab, außer wenn ich etwas Unbraves angestellt hatte; in diesem Falle ließ er seine Strenge walten. Seine Strenge und meine Strafe bestand gewöhnlich darin, daß er vor mich hintrat und mir mit schallenden, zornigen Worten meinen Fehler vorhielt und die Strafe andeutete, die ich verdient hätte.

Ich hatte mich beim Ausbruche der Erregung allemal vor den Vater hingestellt, war mit niederhängenden Armen wie versteinert vor ihm stehengeblieben und hatte ihm während des heftigen Verweises unverwandt in sein zorniges Angesicht geschaut. Ich bereute in meinem Innern den Fehler stets, ich hatte das deutliche Gefühl der Schuld, aber ich erinnere mich auch an eine andere Empfindung, die mich bei solchen Strafpredigten überkam: es war ein eigenartiges Zittern in mir, ein Reiz- und Lustgefühl, wenn das Donnerwetter so recht auf mich niederging. Es kamen mir die Tränen in die Augen, sie rieselten mir über die Wangen, aber ich stand wie ein Bäumlein, schaute den Vater an und hatte ein unerklärliches Wohlgefühl, das in dem Maße wuchs, je länger und je ausdrucksvoller mein Vater vor mir wetterte.

Wenn hierauf Wochen vorbeigingen, ohne daß ich etwas heraufbeschwor, und mein Vater immer gütig und still an mir vorüberschritt, begann in mir allmählich wieder der Drang zu erwachen und zu reifen, etwas anzustellen, was den Vater in Wut bringe. Das geschah nicht, um ihn zu ärgern, denn ich hatte ihn überaus lieb; es geschah gewiß nicht aus Bosheit, sondern aus einem anderen Grunde, dessen ich mir damals nicht bewußt war.

Da war es einmal am heiligen Christabend. Der Vater hatte den Sommer zuvor in Mariazell ein schwarzes Kruzifixlein gekauft, an welchem ein aus Blei gegossener Christus und die aus demselben Material gebildeten Marterwerkzeuge hingen. Dieses Heiligtum war in Verwahrung geblieben bis auf den Christabend, an welchem es mein Vater aus seinem Gewandkasten hervornahm und auf das Hausaltärchen stellte. Ich nahm die Stunde wahr, da meine Eltern und die übrigen Leute noch draußen in den Wirtschaftsgebäuden und in der Küche zu schaffen hatten, um das hohe Fest vorzubereiten, ich nahm das Kruzifixlein mit Gefahr meiner geraden Glieder von der Wand, hockte mich damit in den Ofenwinkel und begann es zu zerlegen. Es war mir eine ganz seltsame Lust, als ich mit meinem Taschenfeitel zuerst die Leiter, dann die Zange und den Hammer, hernach den Hahn des Petrus und zuletzt den lieben Christus vom Kreuze löste. Die Teile kamen mir nun getrennt viel interessanter vor als früher im ganzen; doch jetzt, da ich fertig war, die Dinge wieder zusammensetzen wollte, aber nicht konnte, fühlte ich in der Brust eine Hitze aufsteigen, auch meinte ich, es würde mir der Hals zugebunden. – Wenn's nur beim Ausschelten bleibt diesmal . . .? – Zwar sagte ich mir: Das schwarze Kreuz ist jetzt schöner als früher; in der Hohenwanger Kapelle steht auch ein schwarzes Kreuz, wo nichts daran ist, und gehen doch die Leute hin, zu beten. Und wer braucht zu Weihnachten einen gekreuzigten Herrgott? Da muß er in der Krippe liegen, sagt der Pfarrer. Und das will ich machen.

Ich bog dem bleiernen Christus die Beine krumm und die Arme über die Brust und legte ihn in das Nähkörbchen der Mutter und stellte so mein Kripplein auf den Hausaltar, während ich das Kreuz in dem Stroh des Elternbettes verbarg, nicht bedenkend, daß das Körbchen die Kreuzabnahme verraten müsse.

Das Geschick erfüllte sich bald. Die Mutter bemerkte es zuerst, wie närrisch doch heute der Nähkorb zu den Heiligenbildern hinaufkäme!

„Wem ist denn das Kruzifixlein da oben im Wege gewesen?" fragte gleichzeitig mein Vater.

Ich stand etwas abseits, und mir war zumute wie einem Durstigen, der jetzt starken Myrrhenwein zu trinken kriegen sollte. Indes mahnte mich eine absonderliche Beklemmung, jetzt womöglich noch weiter in den Hintergrund zu treten.

Mein Vater ging auf mich zu und fragte fast bescheidentlich, ob ich nicht wisse, wo das Kreuz hingekommen sei? Da stellte ich mich schon kerzengerade vor ihn hin und schaute ihm ins Gesicht. Er wiederholte seine Frage, ich wies mit der Hand gegen das Bettstroh, es kamen die Tränen, aber ich glaube, daß ich keinen Mundwinkel verzogen habe.

Der Vater suchte das Verborgene hervor und war nicht zornig, nur überrascht, als er die Mißhandlung des Heiligtums sah. Mein Verlangen nach dem Myrrhenwein steigerte sich. Der Vater stellte das kahle Kruzifixlein auf den Tisch. „Nun sehe ich wohl", sagte er mit aller Gelassenheit und langte seinen Hut vom Nagel, „nun sehe ich wohl, er muß endlich rechtschaffen gestraft werden. Wenn einmal der Christi Herrgott nicht sicher geht . . .! Bleib mir in der Stuben, Bub!" fuhr er mich finster an und ging dann zur Türe hinaus.

„Spring ihm nach und schau zum Bitten!" rief mir die Mutter zu, „er geht Birkenruten abschneiden."

Ich war wie an den Boden geschmiedet. Gräßlich klar sah ich, was nun über mich kommen würde, aber ich war außerstande, auch nur einen Schritt zur Abwehr zu machen. Die Mutter ging ihrer Arbeit nach, in der abendlichen dunklen Stube stand ich allein und vor mir auf dem Tisch das verstümmelte Kruzifix. Heftig erschrak ich vor jedem Geräusch. Im alten Uhrkasten, der dort an der Wand bis zum Fußboden niederging, rasselte das Gewicht der Schwarzwälder Uhr, welche die fünfte Stunde schlug. Endlich hörte ich draußen auch das Schneeabklopfen von den Schuhen, es waren des Vaters Tritte. Als er mit dem Birkenzweig in die Stube trat, war ich verschwunden.

Er ging in die Küche und fragte mit wild herausgestoßener Stimme, wo der Bub sei? Es begann im Hause ein Suchen, in der Stube wurden das Bett und die Winkel und das Gesiedel durchstöbert, in der Nebenkammer, im Oberboden hörte ich sie herumgehen, ich hörte die Befehle, man möge in den Ställen die Futterkrippen und in den Scheunen Heu und Stroh durchforschen, man möge auch in den Schachen hinausgehen und den Buben nur stracks vor den Vater bringen – diesen Christabend solle er sich für sein Lebtag merken! Aber sie kehrten unverrichteterdinge zurück. Zwei Knechte wurden nun in die Nachbarschaft geschickt, aber meine Mutter rief, wenn ich etwa zu einem Nachbar über Feld und Wald gegangen sei, so müsse ich ja erfrieren, es sei mein Jöpplein und mein Hut in der Stube. Das sei doch ein rechtes Elend mit den Kindern.

Sie gingen davon, das Haus wurde fast leer, und in der finsteren Stube sah man nichts mehr als die grauen Vierecke der Fenster. Ich stak im Uhrkasten und konnte durch die Fugen desselben hervorgucken. Durch das Türchen, welches für das Aufziehen des Uhrwerkes angebracht war, hatte ich mich hineingezwängt und innerhalb des Verschlages hinabgelassen, so daß ich nun im Uhrkasten aufrecht stand.

Was ich in diesem Verstecke für Angst ausgestanden habe! Daß es kein gutes Ende nehmen konnte, sah ich voraus, und daß die von Stunde zu Stunde wachsende Aufregung das Ende von Stunde zu Stunde gefährlicher machen mußte, war mir auch klar. Ich verwünschte den Nähkorb, der mich anfangs verraten hatte, ich verwünschte das Kruzifixlein – meinen Leichtsinn zu verwünschen, darauf vergaß ich. Es gingen Stunden hin, ich blieb in meinem aufrechtstehenden Sarge, und schon saß mir der Eisenzapfen des Uhrgewichtes auf dem Scheitel, und ich mußte mich womöglich niederducken, sollte das Stehenbleiben der Uhr nicht Anlaß zum Aufziehen derselben und somit zu meiner Entdeckung geben. Denn endlich waren meine Eltern in die Stube gekommen, hatten Licht gemacht und meinetwegen einen Streit begonnen.

„Ich weiß nirgends mehr zu suchen", hatte mein Vater gesagt und war erschöpft auf einen Stuhl gesunken.

„Wenn er sich im Walde vergangen hat oder unter dem Schnee liegt!" rief die Mutter und erhob ein lautes Weinen.

„Sei still davon!" sagte der Vater, „ich mag's nicht hören."

„Du magst es nicht hören und hast ihn mit deiner Herbheit selber vertrieben."

„Mit diesem Zweiglein hätte ich ihm kein Bein abgeschlagen", versetzte er und ließ die Birkenrute auf den Tisch niederpfeifen.

„Aber jetzt, wenn ich ihn erwisch', schlag' ich einen Zaunstecken an ihm entzwei."

„Tue es, tue es – 'leicht tut's ihm nicht mehr weh", sagte die Mutter und setzte das Weinen fort. „Meinst, du hättest deine Kinder nur zum Zornauslassen? Da hat der lieb Herrgott ganz recht, wenn er sie beizeiten wieder zu sich nimmt! Kinder muß man liebhaben, wenn etwas aus ihnen werden soll."

Hierauf er: „Wer sagt denn, daß ich den Buben nicht liebhab? Ins Herz hinein, Gott weiß es! Aber sagen mag ich ihm's nicht; ich mag's nicht, und ich kann's nicht. Ihm selber tut's nicht so weh als mir, wenn ich ihn strafen muß, das weiß ich!"

„Ich geh' noch einmal suchen!" sagte die Mutter.

„Ich will auch nicht dableiben!" sagte er.

„Du mußt mir einen warmen Löffel Suppe essen! 's ist Nachtmahlzeit", sagte sie.

„Ich mag jetzt nichts essen! Ich weiß mir keinen andern Rat", sagte der Vater, kniete zum Tisch hin und begann still zu beten.

Die Mutter ging in die Küche, um zur neuen Suche meine warmen Kleider zusammenzutragen für den Fall, als man mich irgendwo halberfroren finde. In der Stube war es wieder still, und mir in meinem Uhrkasten war's, als müsse mir vor Leid und Pein das Herz brechen. Plötzlich begann mein Vater aus seinem Gebete krampfhaft aufzuschluchzen. Sein Haupt fiel nieder auf den Arm, und die ganze Gestalt bebte.

Ich tat einen lauten Schrei. Nach wenigen Sekunden war ich von Vater und Mutter aus dem Gehäuse befreit, lag zu Füßen des Vaters und umklammerte wimmernd seine Knie.

„Mein Vater, mein Vater!", das waren die einzigen Worte, die ich stammeln konnte. Er langte mit seinen beiden Armen nieder und hob mich auf zu seiner Brust, und mein Haar ward feucht von seinen Zähren.

Mir ist in jenem Augenblick die Erkenntnis aufgegangen.

Ich sah, wie abscheulich es sei, diesen Vater zu reizen und zu beleidigen. Aber ich fand nun auch, *warum* ich es getan hatte. Aus Sehnsucht, das Vaterantlitz vor mir zu sehen, ihm ins Auge schauen zu können und seine zu mir sprechende Stimme zu hören. Sollte er schon nicht mit mir heiter sein, so wie es andere Leute waren und wie er es damals, von Sorgen belastet, so selten gewesen, so wollte ich wenigstens sein zorniges Auge sehen, sein herbes Wort hören; es durchrieselte mich mit süßer Gewalt, es zog mich zu ihm hin. Es war das Vaterauge, das Vaterwort.

Kein böser Ruf mehr ist in die heilige Christnacht geklungen, und von diesem Tage an ist vieles anders worden. Mein Vater war seiner Liebe zu mir und meiner Anhänglichkeit an ihn innegeworden und hat mir in Spiel, Arbeit und Erholung wohl viele Stunden sein liebes Angesicht, sein treues Wort geschenkt, ohne daß ich noch einmal nötig gehabt hätte, es mit Bosheit erschleichen zu müssen.

Vom Urgroßvater, der auf der Tanne saß

An die Felder meines Vaters grenzte der Ebenwald, der sich über Höhen weithin gegen Mitternacht erstreckte und dort mit den Hochwaldungen des Heugrabens und des Teufelssteins zusammenhing. Zu meiner Kindeszeit ragte über die Fichten- und Föhrenwipfel dieses Waldes das Gerippe einer Tanne empor, auf welcher der Sage nach vor mehreren hundert Jahren, als der Türke im Lande war, der Halbmond geprangt haben und unter welcher viel Christenblut geflossen sein soll.

Mich überkam immer ein Schauern, wenn ich von den Feldern und Weiden aus dieses Tannengerippe sah; es ragte so hoch über den Wald und streckte seine langen, kahlen, wild verworrenen Äste so wüst gespensterhaft aus, daß es ein unheimlicher Anblick war. Nur an einem einzigen Aste wucherten noch einige dunkelgrüne Nadelballen, und über diese ragte ein scharfkantiger Strunk, auf dem einst der Wipfel gesessen. Den Wipfel mußte der Sturm oder ein Blitzstrahl geknickt haben – die ältesten Leute der Gegend erinnerten sich nicht, ihn auf dem Baume gesehen zu haben.

Von der Ferne, wenn ich auf dem Stoppelfelde die Rinder oder die Schafe weidete, sah ich die Tanne gern an; sie stand in der Sonne rötlich beleuchtet über dem frischgrünen Waldessaume und war so klar und rein in die Bläue des Himmels hineingezeichnet. Dagegen stand sie an bewölkten Tagen oder wenn ein Gewitter heranzog starr und dunkel da; und wenn im Walde weit und breit alle Äste fächelten und sich die Wipfel tief neigten im Sturme, so stand sie still, fast ohne alle Regung und Bewegung.

Wenn sich aber ein Rind in den Wald verlief und ich, es zu suchen, an der Tanne vorüber mußte, so schlich ich gar angstvoll dahin und gedachte an den Halbmond, an das Christenblut und an andere entsetzliche Geschichten, die man von diesem Baume erzählte. Ich wunderte mich aber auch über die Riesigkeit des Stammes, der auf der einen Seite kahl und von vielen Spalten durchfurcht, auf der anderen aber mit rauhen, zersprungenen Rinden bedeckt war. Der unterste Teil des Stammes war so dick, daß ihn zwei Männer nicht hätten zu umspannen vermocht. Die ungeheuren Wurzeln, die zum Teil kahl dalagen, waren ebenso ineinander verschlungen und verknöchert wie das Geäste.

Man nannte den Baum die Türkentanne oder auch die graue Tanne. Von einem starrsinnigen oder übermütigen Menschen sagte man in der Gegend: „Der tut, wie wenn er die Türkentanne als Hutsträußl hätt'!" Und heute, da der Baum schon längst zusammengebrochen und vermodert ist, sagt man immer noch das Sprüchlein.

In der Kornernte, wenn die Leute meines Vaters, und er voran, der Reihe nach am wogenden Getreide standen und die „Wellen", die Garben, herausschnitten, mußte ich auf bestimmte Plätze die Garben zusammentragen, wo sie dann zu je zehn in „Deckeln" zum Trocknen aufgeschöbert wurden. Mir war das nach dem steten Viehhüten ein angenehmes Geschäft, um so mehr, als mir der Altknecht oft zurief: „Trag nur, Bub, und sei fleißig; die Garbentrager werden reich!" Ich war sehr behend und lief mit den Garben aus allen Kräften; aber da sagte wieder mein Vater: „Bub, du laufst ja wie närrisch! Du trittst Halme in den Boden und du beutelst die Körner aus. Laß dir Zeit!"

Als es aber gegen Abend und in die Dämmerung hineinging und als sich die Leute immer weiter und weiter in das Feld hineingeschnitten hatten, so daß ich mit meinen Garben weit zurückblieb, begann ich unruhig zu werden. Besonders kam es mir vor, als fingen sich die Äste der Türkentanne dort, die in unsicheren Umrissen in den Abendhimmel hineinstand, zu regen an. Ich redete mir zwar ein, es sei nicht so, und wollte nicht hinsehen – konnte es aber doch nicht ganz lassen.

Endlich, als die Finsternis für das Kornschneiden zu groß wurde, wischten die Leute mit taunassem Grase ihre Sicheln ab und kamen zu mir herüber und halfen mir unter lustigem Sang und Scherz die Garben zusammentragen. Als wir damit fertig waren, gingen die Knechte und Mägde davon, um in Haus und Hof noch die abendlichen Verrichtungen zu tun; ich und mein Vater aber blieben zurück auf dem Kornfelde. Wir schöberten die Garben auf, wobei der Vater diese halmaufwärts aneinanderlehnte und ich sie zusammenhalten mußte, bis er aus einer letzten Garbe den Deckel bog und ihn auf den Schober stülpte.

Dieses Schöbern war mir in meiner Kindheit die liebste Arbeit; ich betrachtete dabei die „Romstraße" am Himmel, die hinschießenden Sternschnuppen und die Johanniswürmchen, die wie Funken um uns herumtanzten, daß ich meinte, die Garben müßten zu brennen anfangen. Dann horchte ich wieder auf das Zirpen der Grillen, und ich fühlte den milden Tau, der gleich nach Sonnenuntergang die Halme und Gräser und gar auch ein wenig mein Jöpplein befeuchtete. Ich sprach über all das mit meinem Vater, der mir in seiner ruhigen, gemütlichen Weise Auskunft gab und über alles seine Meinung sagte, wozu er jedoch oft bemerkte, daß ich mich darauf nicht verlassen solle, weil er es nicht gewiß wisse.

So kurz und ernst mein Vater des Tages in der Arbeit gegen mich war, so heiter, liebevoll und gemütlich war er in solchen Abendstunden. Vor allem half er mir immer meine kleine Jacke anziehen und wand mir seine Schürze, die er in der Feldarbeit gern trug, um den Hals, daß mir nicht kalt werde. Wenn ich ihn mahnte, daß auch er sich den Rock zuknöpfen möge, sagte er stets: „Kind, mir ist warm genug." Ich hatte es oft bemerkt, wie er nach dem langen, schwierigen Tagewerk erschöpft war, wie er sich dann für Augenblicke auf eine Garbe niederließ und die Stirne trocknete. Er war durch eine langwierige Krankheit ein arg mitgenommener Mann; er wollte aber nie etwas davon merken lassen. Er dachte nicht an sich, er dachte an unsere Mutter, an uns Kinder und an den durch mannigfaltige Unglücksfälle herabgekommenen Bauernhof, den er uns retten wollte. Wir sprachen beim Schöbern oft von unserem Hofe, wie er zu meines Großvaters Zeiten gar reich und angesehen gewesen, und wie er wieder reich und angesehen werden könne, wenn wir Kinder, einst erwachsen, eifrig und fleißig in der Arbeit sein würden, und wenn wir Glück hätten.

In solchen Stunden beim Kornschöbern, das oft spät in die Nacht hinein währte, sprach mein Vater mit mir auch gern von dem lieben Gott. Er war vollständig ungeschult und kannte keine Buchstaben; so mußte denn ich ihm stets erzählen, was ich da und dort von dem lieben Gott schon gehört und gelesen hatte. Besonders wußte ich aus Predigten dem Vater manches zu erzählen von der Geburt des Herrn Jesus, wie er in der Krippe eines Stalles lag, wie ihn die Hirten besuchten und mit Lämmern, Böcken und anderen Dingen beschenkten, wie er dann groß wurde und Wunder wirkte und wie ihn endlich die Juden peinigten und ans Kreuz schlugen. Gern erzählte ich auch von der Schöpfung der Welt, von den Patriarchen und Propheten und von den Zeiten des Heidentums. Dann sprach ich auch aus, was ich vernommen von dem Jüngsten Tage, von dem Weltgerichte und von den ewigen Freuden, die der liebe Gott für alle armen, kummervollen Menschen in seinem Himmel bereitet hat.

Ich erzählte das alles in unserer Redeweise, daß es der Vater verstand, und er war dadurch oft sehr ergriffen.

Ein anderes Mal erzählte wieder mein Vater. Er wußte wunderbare Dinge aus den Zeiten der Ureltern, wie diese gelebt, was sie erfahren und was sich in diesen Gegenden einst für Sachen zugetragen, die sich in den heutigen Tagen nicht mehr ereignen.

„Hast du noch nie darüber nachgedacht", sagte mein Vater einmal, „warum die Sterne am Himmel stehen?"

„Ich habe noch gar nie darüber nachgedacht", antwortete ich.

„Wir denken nicht daran", sprach mein Vater weiter, „weil wir das schon so gewöhnt sind."

„Es wird wohl endlich eine Zeit kommen, Vater", sagte ich einmal, „in welcher kein Stern mehr am Himmel steht; in jeder Nacht fallen so viele herab."

„Die da herabfallen, mein Kind", versetzte der Vater, „das sind keine rechten Sterne, wie sie unser Herrgott zum Leuchten erschaffen hat; – das sind Menschensterne. Stirbt auf der Erde ein Mensch, so lischt am Himmel ein Stern aus. Wir nennen das Sternschnuppen; – siehst du, dort hinter der grauen Tanne ist just wieder eine niedergegangen."

Ich schwieg nach diesen Worten eine Weile, endlich aber fragte ich: „Warum heißen sie jenen wilden Baum dort die graue Tanne, Vater?"

Mein Vater bog eben einen Deckel ab, und als er diesen aufgestülpt hatte, sagte er: „Du weißt, daß man ihn auch die Türkentanne nennt. Die graue Tanne heißen sie ihn, weil sein Geäste und sein Moos grau ist und weil auf diesem Baume dein Urgroßvater die ersten grauen Haare bekommen hat. – Wir haben hier noch sechs Schöber aufzusetzen, und ich will dir eine Geschichte erzählen, die sehr merkwürdig ist."

„Es ist schon länger als achtzig Jahre", begann mein Vater, „seitdem dein Urgroßvater meine Urgroßmutter geheiratet hat. Er war sehr reich und schön, und er hätte die Tochter des angesehensten Bauers zum Weib bekommen. Er nahm aber ein armes Mädchen aus der Waldhütten herab, das gar gut und sittsam gewesen ist. Von heute in zwei Tagen ist der Vorabend des Festes Mariä Himmelfahrt; das ist der Jahrestag, an welchem dein Urgroßvater zur Werbung in die Waldhütten ging. Es mag wohl auch im Kornschneiden gewesen sein; er machte frühzeitig Feierabend, weil durch den Ebenwald und bis zur Waldhütten hinauf ein weiter Weg ist. Er brachte viel Bewegung mit in die kleine Wohnung. Der alte Waldhütter, der für die Köhler und Holzleute die Schuhe flickte, ihnen zuzeiten die Sägen und die Beile schärfte und nebenbei Fangschlingen für Raubtiere machte – weil es zur selben Zeit in der Gegend noch viele Wölfe gab –, der Waldhütter nun ließ seine Arbeit aus der Hand fallen und sagte zu deinem Urgroßvater: ‚Aber Joseph, das kann doch nicht dein Ernst sein, daß du mein Lenerl zum Weib haben willst, das wär' ja gar aus der Weis'!' Dein Urgroßvater sagte: ‚Ja, deswegen bin ich heraufgegangen den weiten Weg, und wenn mich das Lenerl mag und es ist ihr und Euer redlicher Wille, daß wir zusammen in den heiligen Ehestand treten, so machen wir's heut richtig, und wir gehen morgen zum Richter und zum Pfarrer, und ich lass' dem Lenerl mein Haus und Hof verschreiben, wie's Recht und Brauch ist.' – Und das Mädchen hatte deinen Urgroßvater lieb, und es sagte, es wolle seine Hausfrau werden. Dann verzehrten sie zusammen ein kleines Mahl, und endlich, als es schon zu dunkeln begann, brach der Bräutigam auf zum Heimweg.

Er ging über die kleine Wiese, die vor der Waldhütten lag, auf der aber jetzt schon die großen Bäume stehen, und er ging über das Geschläge und abwärts durch den Wald, und er war gar freudigen Gemütes. Er achtete nicht darauf, daß es bereits finster geworden war, und er achtete nicht auf das Wetterleuchten, das zur Abendzeit nach einem schwülen Sommertag nichts Ungewöhnliches ist. Auf eines aber wurde er aufmerksam, er hörte von den gegenüberliegenden Waldungen ein heulendes Gebelle. Er dachte an Wölfe, die nicht selten in größeren Rudeln die Wälder durchzogen; er faßte seinen Knotenstock fester und nahm einen schnelleren Schritt. Dann hörte er wieder nichts als zeitweilig das Kreischen eines Nachtvogels und sah nichts als die dunklen Stämme, zwischen welche der Fußsteig führte und durch welche von Zeit zu Zeit das Leuchten kam. Plötzlich vernahm er wieder das Heulen, aber nun viel näher als das erstemal. Er fing zu laufen an. Er lief, was er konnte; er hörte keinen Vogel mehr, er hörte nur immer das entsetzliche Heulen, das ihm auf dem Fuß folgte. Als er hierauf einmal umsah, bemerkte er hinter sich durch das Geäst funkelnde Lichter. Schon hört er das Schnaufen und Lechzen der Raubtiere, die ihn verfolgen, schon denkt er bei sich: 's mag sein, daß morgen kein Versprechen ist beim Pfarrer! – da kommt er heraus zur Türkentanne. Kein anderes Entkommen mehr möglich – rasch faßt er den Gedanken, und durch einen kühnen Sprung schwingt er sich auf den untersten Ast des Baumes. Die Bestien sind schon da; einen Augenblick stehen sie bewegungslos und lauern; sie gewahren ihn auf dem Baum, sie schnaufen, und mehrere setzen die Pfoten an die rauhe Rinde des Stammes. Dein Urgroßvater klettert weiter hinauf und setzt sich auf einen dicken Ast. Nun ist er wohl sicher. Unten heulen sie und scharren an der Rinde; – es sind ihrer viele, ein ganzes Rudel. Zur Sommerszeit war es doch schon selten geschehen, daß Wölfe einen Menschen anfielen; sie mußten gereizt oder von irgendeiner andern Beute verjagt worden sein. Dein Urgroßvater saß lange auf dem Ast; er hoffte, die Tiere würden davonziehen und sich zerstreuen. Aber sie umringten die Tanne und schnüffelten und heulten. Es war längst schon finstere Nacht; gegen Mittag und Morgen hin leuchteten alle Sterne, gegen Abend hin aber war es grau,und durch dieses Grau schossen dann und wann Blitzscheine. Sonst war es still, und es regte sich im Walde kein Ästchen.

Dein Urgroßvater wußte nun wohl, daß er die ganze Nacht in dieser Lage würde zubringen müssen; er besann sich aber doch, ob er nicht Lärm machen und um Hilfe rufen sollte. Er tat es, die Bestien ließen sich nicht verscheuchen; kein Mensch war in der Nähe, das Haus zu weit entfernt.

Damals hatte die Türkentanne unter dem abgerissenen Wipfelstrunk, wo heute die wenigen Reiserbüschel wachsen, noch eine dichte, vollständige Krone aus grünenden Nadeln. Da denkt sich dein Urgroßvater: Wenn ich denn schon einmal hier Nachtherberge nehmen soll, so klimme ich noch weiter hinauf unter die Krone. Und er tat's und ließ sich oben in einer Zweigung nieder, da konnte er sich gut an die Äste lehnen.

Unten ist's nach und nach ruhiger, aber das Wetterleuchten wird stärker, und an der Abendseite ist dann und wann ein fernes Donnern zu vernehmen. – Wenn ich einen tüchtigen Ast bräche und hinabstiege und einen wilden Lärm machte und gewaltig um mich schlüge, man meint, ich müßt' den Rabenäsern entkommen! So denkt dein Urgroßvater – tut's aber nicht; er weiß zu viele Geschichten, wie Wölfe trotz alledem Menschen zerrissen haben.

Das Donnern kommt näher, alle Sterne sind verloschen – 's ist finster wie in einem Ofen: nur unten am Fuße des Baumes funkeln die Augensterne der Raubtiere. Wenn es blitzt, steht wieder der ganze Wald da. Nun beginnt es gar zu sieden und zu kochen im Gewölke wie in tausend brauenden Kesseln. Kommt ein fürchterliches Gewitter, denkt sich dein Urgroßvater und verbirgt sich unter die Krone, so gut er kann. Der Hut ist ihm hinabgefallen, und er hört es, wie die Bestien den Filz zerfetzen. Jetzt zuckt ein Strahl über den Himmel, es ist einen Augenblick hell, wie zur Mittagsstunde – dann bricht in den Wolken ein Schnalzen und Krachen und Knallen los, und weithin hallt es im Gewölke.

Jetzt ist es still, still in den Wolken, still auf der Erde – nur um einen gegenüberliegenden Wipfel flattert ein Nachtvogel. Aber bald erhebt sich der Sturm, es rauscht in den Bäumen, es tost durch die Äste, eiskalt ist der Wind. Dein Urgroßvater klammert sich fest an das Geäste. Jetzt flammt wieder ein Blitz, schwefelgrün erleuchtet ist der Wald; alle Wipfel neigen sich, biegen sich tief; die nächststehenden Bäume schlagen, es ist, als fielen sie heran. Aber die Tanne steht starr und ragt hoch über den ganzen Wald. Unten rennen die Raubtiere wild durcheinander und heulen. Plötzlich saust ein Körper durch die Äste wie ein Steinwurf. Da leuchtet es wieder – ein schneeweißer Knollen hüpft auf dem Boden und kollert dahin. Dann finstere Nacht. Es braust, siedet, tost, krachend stürzen Wipfel. Ein Ungeheuer mit weichschlagenden Flügeln, im Augenblicke des Blitzes gespenstige Schatten werfend, naht in der Luft, stürzt der Tanne zu und birgt sich gerade über deinem Urgroßvater in die Krone. Ein Habicht war's, Bübel, ein Habicht, der auf der Tanne sein Nest gehabt."

Mein Vater hatte bei dieser Erzählung keine Garbe angerührt; ich hatte den ruhigen, schlichten Mann bisher auch nie mit solcher Lebhaftigkeit sprechen gehört.

„Wie 's weiter gewesen?" fuhr er fort. „Ja, nun brach es erst los; das war Donnerschlag auf Donnerschlag, und beim Leuchten war zu sehen, wie weißen Wurfspießen gleich Eiskörner auf den Wald niedersausten, an die Stämme prallten, auf den Boden flogen und wieder hoch emporsprangen. Sooft ein Hagelknollen an den Stamm der Tanne schlug, gab es im ganzen Baume einen hohlen Schall. Und über dem Heugraben gingen Blitze nieder, und auf den jenseitigen Wald gingen Blitze nieder; plötzlich war eine blendende Glut, ein heißer Luftdruck, ein Schmettern, und es loderte die Fichte.

Und die Türkentanne stand da, und dein Urgroßvater saß unter der Krone im Geäste.

Die brennende Fichte warf weithin ihren Schein, und nun war zu sehen, wie ein rötlicher Schleier lag über dem Walde, wie nach und nach das Gewebe der kreuzenden Eisstücke dünner und dünner wurde, wie viele Wipfel keine Äste, dafür aber weiße Streifen hatten, wie endlich der Sturm in einen mäßigen Wind überging und ein dichter Regen rieselte.

Die Donner wurden seltener und dumpfer und zogen sich gegen Mittag und Morgen hin; aber die Blitze leuchteten noch ununterbrochen.

Am Fuße des Baumes war kein Heulen und kein Augenfunkeln mehr. Die Raubtiere waren durch das wilde Wetter verscheucht worden. Stieg also dein Urgroßvater nieder von Ast zu Ast bis zum Boden. Und er ging heraus durch den Wald über die Felder gegen das Haus. Es war schon nach Mitternacht.

Als der Bräutigam zum Hause kommt und kein Licht in der Stube sieht, wundert er sich, daß in einer solchen Nacht die Leute so ruhig schlafen können. Haben aber nicht geschlafen, waren zusammengewesen in der Stube um ein Kerzenlicht.

Sie hatten nur die Fenster mit Brettern verlehnt, weil der Hagel alle Scheiben eingeschlagen hatte.

‚Bist in der Waldhütten ’blieben, Sepp?‘ sagte deine Ururgroßmutter. Dein Urgroßvater aber antwortete: ‚Nein, Mutter, in der Waldhütten nicht.‘

Es war an dem darauffolgenden Morgen ein frischer Harzduft gewesen im Walde – die Bäume haben geblutet aus unzähligen Wunden. Und es war ein beschwerliches Gehen gewesen über die Eiskörner, und es war eine sehr kalte Luft.

Und als am Frauentag die Leute über die Verheerung und Zerstörung hin zur Kirche gingen, fanden sie im Walde unter dem herabgeschlagenen Reisig und Moos manchen toten Vogel und manch anderes Tier; unter einem geknickten Wipfel lag ein toter Wolf.

Dein Urgroßvater ist bei diesem Gange sehr ernst gewesen; da sagt auf einmal das Lenerl von der Waldhütten zu ihm: ‚Oh, du himmlisch Mirakel! Sepp, dir wachst ja schon ein graues Haar!‘

Später hat er alles erzählt, und nun nannten die Leute den Baum, auf dem er dieselbige Nacht hat zubringen müssen, die graue Tanne!“ –

Das ist die Geschichte, wie sie mir mein Vater eines Abends beim Kornschöbern erzählt hat und wie ich sie später aus meiner Erinnerung niedergeschrieben. Als wir dann nach Hause gingen zur Abendsuppe und zur Nachtruhe, blickte ich noch mehrere Male hin auf den Baum, der hoch über dem Wald in den dunklen Abendhimmel hineinstand.

Von dieser Zeit ab fürchtete ich mich nicht mehr, wenn ich an der grauen Tanne vorüberging. Und sie stand noch jahrelang da, zur Winters- und Sommerszeit in gleicher Gestalt –

ein wild verworrenes Gerippe von Ästen, mit den wenigen dunkelgrünen Nadelballen auf der Krone und dem scharfkantigen Strunk darüber.

Ich war schon erwachsen, da war es in einer Herbstnacht, daß mich mein Vater aufweckte und sagte: „Wenn du die graue Tanne willst brennen sehen, so geh vor das Haus!"

Und als ich vor dem Hause stand, da sah ich über dem Walde eine hohe Flamme lodern, und aus derselben qualmte finsterer Rauch in den Sternenhimmel auf. Wir hörten das Dröhnen der Flammen, und wir sahen das Niederstürzen einzelner Äste; dann gingen wir wieder zu Bette. Am Morgen stand über dem Wald ein schwarzer Strunk mit nur wenigen Armen – und hoch am Himmel kreiste ein Geier.

Wir wußten nicht, wie sich in der stillen, heiteren Nacht der Baum entzündete, und wir wissen es noch heute nicht. In der Gegend ist vieles über dieses Ereignis gesprochen worden, und man hat demselben Wunderliches und Bedeutsames zugrunde gelegt. Noch einige Jahre starrte der schwarze Strunk gegen den Himmel, dann brach er nach und nach zusammen, und nun stand nichts mehr empor über dem Wald.

Auf dem Stocke und auf den letzten Resten des Baumes, die langsam in die Erde sinken und vermodern, wächst das Moos.

Wie der Meisensepp gestorben ist

In meinem Vaterhause fand sich die „Lebensbeschreibung Jesu Christi, seiner Mutter Mariä und vieler Heiligen Gottes". Ein geistlicher Schatz von Pater Cochem.

Das war ein altes Buch; die Blätter waren grau, die Kapitelanfänge hatten wunderlich große Buchstaben in schwarzen und roten Farben. Der hölzerne Einbanddeckel war an manchen Stellen schon wurmstichig, und eine der ledernen Klappen hatte die Maus zernagt. Seit meines Großvaters Tode war im Hause niemand gewesen, der darin hätte lesen können; was Wunder, wenn die Tierlein Besitz nahmen von Cochems „Leben Christi" und aus dem „geistlichen Schatz" ihre leibliche Nahrung zogen.

Da kam ich, der kleine Abc-Schütze, verjagte die Würmer aus dem Buche und fraß mich dafür selber hinein. Täglich las ich unseren Hausleuten vor aus dem „Leben Christi". Den jungen Knechten und Mägden gefiel der neue Brauch just nicht, denn sie durften dabei nicht scherzen und nicht jodeln; die älteren Hausgenossen aber, die schon etwas gottesfürchtiger waren, hörten mir mit Andacht zu; „und das ist", sagten sie, „als wie wenn der Pfarrer predigen tät'; so bedeut ausführen und so eine laute Stimm'!"

Ich kam in den Ruf eines tüchtigen Vorlesers und wurde ein gesuchter Mann. Wenn irgendwo in der Nachbarschaft jemand krank lag oder zum Sterben oder wenn er gar schon gestorben war, so daß man an seiner Leiche zur Nacht die Totenwache hielt, so wurde ich von meinem Vater ausgebeten, daß ich hinginge und lese. Da nahm ich das gewichtige „Leben-Christi-Buch" unter den Arm und ging. Es war ein hartes Tragen, und ich war dazumal ein kleinwinziger Knirps.

Einmal spätabends, als ich schon in meiner kühlen und

frischduftenden Futterkammer schlief, in welcher ich zur Sommerszeit bisweilen das Nachtlager hatte, wurde ich durch ein Zupfen an der Decke von unserem Knecht geweckt. – „Sollst fein geschwind aufstehen, Peter, sollst aufstehen. Der Meisensepp hat seine Tochter geschickt, er läßt bitten, du sollst zu ihm kommen und ihm was vorlesen; er wollt' sterben. Sollst aufstehen, Peter." –

So stand ich auf und zog mich eilends an. Dann nahm ich das Buch und ging mit dem Mädchen von unserem Hause aufwärts über die Heide und durch die Waldungen. Das Häuschen des Meisensepp stand gar einsam mitten im Wald.

Der Meisensepp war in seinen jüngeren Jahren Reuter und Waldhüter gewesen; in letzterer Zeit hatte er sich nur mehr mit Sägeschärfen für Holzhauerleute beschäftigt. Und da kam plötzlich die schwere Krankheit.

Wie wir, ich und das Mädchen, in der stillen, sternhellen Nacht so über die Ödnis schritten, sagten wir keines ein Wort. Schweigend gingen wir nebeneinander hin. Nur einmal flüsterte das Mädchen: „Laß her, Peter, ich will dir das Buch tragen."

„Das kannst nicht", antwortete ich, „du bist ja noch kleiner wie ich selber."

Nach einem zweistündigen Gang sagte das Mädchen: „Dort ist schon das Licht."

Wir sahen einen matten Schein, der aus dem Fenster des Meisenhauses kam. Als wir diesem schon sehr nahe waren, begegnete uns der Pfarrer, der dem Kranken die heiligen Sakramente gereicht hatte.

„Der Vater – wird er wieder gesund?" fragte das Mädchen kleinlaut.

„Ist noch nicht so alt", sagte der Priester; „wie Gott will, Kinder, wie Gott will."

Dann ging er davon. Wir traten in das Haus.

Das war klein, und nach der Art der Waldhütten standen die Familienstube und Schlafkammer gleich in der Küche. Am

Herd in einem Eisenhaken stand ein brennender Kienspan, von dem die Stubendecke in einen Rauchschleier gehüllt war. Neben dem Herd auf Stroh lagen zwei kleine Knaben und schlummerten. Sie waren mir bekannt vom Walde her, wo wir oft mitsammen Schwämme und Beeren suchten und dabei unsere Herden verloren; sie waren noch um etliche Jahre jünger als ich. An der Ofenmauer saß das Weib des Sepp, hatte ein Kind an der Brust und sah mit großen Augen in die flakkernde Flamme des Kienspans hinein. Und hinter dem Ofen, in der einzigen Bettstatt, die im Hause war, lag der Kranke. Er schlief; sein Gesicht war recht eingefallen, das grauende Haar und der Bart ums Kinn waren kurz geschnitten, so daß mir der ganze Kopf kleiner vorkam als sonst, da ich den Sepp auf dem Kirchweg gesehen hatte. Die Lippen waren halb offen und blaß, durch dieselben zog ein lebhaftes Atmen ein und aus.

Bei unserem Eintritt erhob sich das Weib leise, sagte eine Entschuldigung, daß sie mich aus dem Bette geplagt habe, und lud ein, daß ich mich an den Tisch setzen und die Eierspeise essen möge, die der Herr Pfarrer übriggelassen hatte und die noch auf dem Tische stand.

Bald saß ich auf demselben Fleck, den der geistliche Herr noch hatte warm gemacht, und jetzt aß ich mit derselben Gabel, die er hatte in den Mund geführt!

„Jetzt schläft er passabel", flüsterte das Weib, nach dem Kranken deutend. „Vorhin hat er allweg Fäden aus der Decke gezupft."

Ich wußte, daß man es für ein übles Zeichen auslegt, wenn ein Schwerkranker an der Decke zupft und kratzt; „da kratzt er sich sein Grab". Ich entgegnete daher: „Ja, das hat mein Vater auch getan, als er im Nervenfieber ist gelegen. Ist doch wieder gesund geworden."

„Das mein' ich wohl auch", sagte sie, „und der Herr Pfarrer hat dasselbe gesagt. – Bin doch froh, die Beicht' hat der Seppel recht fleißig verrichten mögen, und ich hab' jetzt wieder rechtschaffen Trost, daß er mir noch einmal gesund wird. – Nur", setzte sie ganz leise bei, „das Spanlicht leckt alleweil so hin und her."

Wenn in einem Hause das Licht unruhig flackert, so deutet das der Glaube des Volkes: es werde in demselben Hause bald ein Lebenslicht auslöschen. Ich selbst glaubte an dieses Zeichen, doch um die Häuslerin zu beruhigen, sagte ich: „Es streicht die Luft alles zu viel durch die Fensterfugen; ich verspür's auch." Sie legte das schlummernde Kind auf das Stroh; und das Mädchen, welches mich geholt, war schon zur Ruh' gegangen. Wir verstopften hierauf die Fensterfugen mit Werg.

Dann sagte das Weib: „Gelt, Peter, du bleibst mir da über die heutige Nacht; ich wüßte mir aus Zeitlang nicht zu helfen. Wenn er munter wird, so liest uns was vor. Gelt, du bist so gut?"

Ich schlug das Buch auf und suchte nach einem geeigneten Lesestück. Allein, Peter Cochem hat nicht viel geschrieben, was armen, duldenden Menschen zum Troste sein könnte. Pater Cochem meint, Gott wäre unendlich gerecht und die Leute wären unsäglich schlecht und neun Zehntel der Menschen liefen schnurgerade der Hölle zu.

Es mag ja wohl sein, dachte ich mir, daß es so ist; aber dann darf man's nicht sagen, die Leute täten sich nur grämen, und des weiteren blieben sie leichtlich so schlecht wie früher. Wenn sie sich bessern hätten wollen, so hätten sie's längst schon getan.

Die schreckhaften Gedanken gingen wie eine zischelnde Natter durch das Cochemsche Buch. Fürwitzigen Leuten gegenüber, die mich nur anhörten der „lauten Predigerstimm'" wegen, donnerte ich die Greuel und Menschenverdammung recht mit Vergnügen heraus; wenn ich aber an Krankenbetten aus dem Buche las, da mußte ich meine Erfindungsgabe oft sehr anstrengen, daß ich während des Lesens die harten Ausdrücke milderte, die schaudererregende Darstellung der vier

Letzten Dinge mäßigte und den grellen Gedanken des eifernden Paters eine freundlichere Färbung geben konnte.

So plante ich auch heute, wie ich, scheinbar aus dem Buche lesend, dem Meisensepp aus einem anderen Buche her Worte sagen wollte von der Armut, von der Geduld, von der Liebe zu den Menschen und wie darin die wahre Nachfolge Jesu bestehe, die uns – wenn die Stunde schlüge – durch ein sanftes Entschlummern hinüberführe in den Himmel.

Endlich erwachte der Sepp. Er wendete den Kopf, sah sein Weib und seine ruhenden Kinder an; dann erblickte er mich und sagte mit lauter, ganz deutlicher Stimme: „Bist doch gekommen, Peter. So dank dir Gott, aber zum Vorlesen werden wir heut wohl keine Zeit haben. Anna, sei so gut und weck die Kinder auf."

Das Weib zuckte zusammen, fuhr mit der Hand zu ihrem Herzen, sagte aber dann in ruhigem Tone: „Bist wieder schlechter, Seppel? Hast ja recht gut geschlafen."

Er merkte es gleich, daß ihre Ruhe nicht echt war.

„Tu dich nicht gar so grämen, Weib", sprach er, „auf der Welt ist's schon nicht anders. Weck mir schön die Kinder auf, aber friedsam, daß sie nicht erschrecken."

Die Häuslerin ging zum Strohlager, rüttelte mit bebender Hand am Schaub, und die Kleinen fuhren halb bewußtlos empor.

„Ich bitt' dich schön, Anna, reiß mir die Kinder nicht so herum", verwies der Kranke mit schwächerer Stimme, „und die kleine Martha laß schlafen, die versteht noch nichts."

Ich blieb abseits am Tische sitzen, und mir war heiß in der Brust. Die Angehörigen versammelten sich um den Kranken und schluchzten.

„Seid ihr nur ruhig", sagte der Sepp zu seinen Kindern, „die Mutter wird euch schon morgen länger schlafen lassen. Josefa, tu dir das Hemd über die Brust zusammen, sonst wird dir kalt. Und jetzt – seid allweg schön brav und folgt der Mutter, und wenn ihr groß seid, so steht ihr bei und verlaßt sie nicht. – Ich hab' gearbeitet meiner Tag mit Fleiß und Müh'; gleichwohl kann ich euch weiter nichts hinterlassen als dieses Haus und den kleinen Garten, und den Rainacker und den Schachen[1] dazu. Wollt' euch's teilen, so tut es brüderlich, aber besser ist's, ihr haltet die Wirtschaft zusammen und tut hausen und tut bauen. Weiters mach' ich kein Testament, ich hab' euch alle gleich lieb. Tut nicht ganz vergessen auf mich, und schickt mir dann und wann ein Vaterunser nach. – Und euch, die zwei Buben, bitt' ich von Herzen: Hebt mir mit dem Wildern nicht an; das nimmt kein gutes End'. Gebt mir die Hand darauf. So. – Wenn halt einer von euch das Sägefeilen wollt' lernen; ich hab' mir damit viel Kreuzer dermacht; Werkzeug dazu ist da. Und sonst wißt ihr schon, wenn ihr am Rainacker die Erdäpfel anbaut, so setzt sie erst im Mai ein; 's ist wohl wahr, was mein Vater fort gesagt hat: Bei den Erdäpfeln heißt's: Baut mich an im April, komm' ich, wann ich will; baut mich an im Mai, komm' ich glei. – Tut euch so Sprüchlein nur merken. – So, und jetzt geht wieder schlafen, Kinder, daß euch doch nicht kalt wird, und gebt allzeit rechtschaffen Obacht auf eure Gesundheit. Gesundheit ist das Beste. Geht nur schlafen, Kinder."

Der Kranke schwieg und zerrte an der Decke.

„Frei zu viel reden tut er mir", flüsterte das Weib gegen mich gewendet. Eine bei Schwerkranken plötzlich ausbrechende Redseligkeit ist eben auch kein gutes Zeichen.

Nun lag er, wie zusammengebrochen, auf dem Bette. Das Weib zündete die Sterbekerze an.

„Das nicht, Anna, das nicht", murmelte er, „ein wenig später. Aber ein Schluck Wasser gibst mir, gelt?"

Nach dem Trinken sagte er: „So, das frisch Wasser ist halt doch wohl gut. Gebt mir recht auf den Brunnen Obacht. Ja, und daß ich nicht vergess', die schwarzen Hosen und das blau Jöppel, weißt, und draußen hinter der Tür, wo die Sägen hän-

---

[1] Wäldchen

gen, lehnt das Hobelbrett, das leg über den Schleifstock und die Hanselbank; für drei Tag' wird's wohl halten. Morgen früh, wenn der Holzjosel kommt, der hilft mich schon hinauslegen. Schau aber fein gut, daß die Katz' nicht dazukommt; die Katzen gehen los und schmecken's gleich, wenn wo eine Leich' ist. Was unten bei der Pfarrkirche mit mir geschehen soll, das weißt schon selber. Meinen braunen Lodenrock und den breiten Hut schenk den Armen. Dem Peter magst auch was geben, daß er heraufgekommen ist. Vielleicht ist er so gut und liest morgen beim Leichwagen was vor. Es wird ein schöner Tag sein morgen, aber geh nicht zu weit fort von heim, es möcht' ein Unglück geschehen, wenn draußen in der Lauben das Licht brennt. – Nachher, Anna, such da im Bettstroh nach; wirst einen alten Strumpf finden, sind etlich' Zwanziger drin."

„Seppel, streng dich nicht so an im Reden", schluchzte das Weib.

„Wohl, wohl, Anna – aber aussagen muß ich's doch. Jetzt werden wir wohl nicht mehr lang beisammen sein. Wir haben uns zwanzig Jahre gehabt, Anna. Du bist mein alles gewesen; kein Mensch kann dir's vergelten, was du mir gewesen bist. Das vergess' ich dir nicht im Tod und nicht im Himmel. Mich gefreut's nur, daß ich in der letzten Stund' noch was mit dir reden kann und daß ich gleichwohl soviel bei Verstand bin."

„– Stirb doch nicht gar hart, Seppel", hauchte das Weib und beugte sich über sein Antlitz.

„Nein", antwortete er ruhig, „bei mir ist's so wie bei meinem Vater: leicht gelebt und leicht gestorben. Sei nur auch du so, und leg dir's nicht schwer. Wenn wir nun auch wieder jedes allein ankommen, zusammengehören wir gleichwohl noch, und ich heb' dir schon ein Platzerl auf im Himmel, gleim[2] an meiner Seit', Anna, gleim an meiner Seit'. Nur das tu um Gottes willen, die Kinder zieh gut auf."

---

[2] nahe

Die Kinder ruhten. Es war still, und mir war, als hörte ich irgendwo in der Stube ein leises Schnurren und Spinnen. –

Plötzlich rief der Sepp: „Anna, jetzt zünd geschwind die Kerzen an!"

Das Weib rannte in der Stube herum und suchte nach Feuerzeug; und es brannte ja doch der Span. – „Jetzt hebt er an zu sterben!" wimmerte sie. Als aber die rote Wachskerze brannte, als sie ihm dieselbe in die Hand gab, als er den Wachsstock gelassen mit beiden Händen umfaßte und als sie das Weihwassergefäß vom Gesims nahm, da wurde sie scheinbar ganz ruhig und betete laut: „Jesus, Maria, steht ihm bei! Ihr Heiligen Gottes, steht ihm bei in der höchsten Not, laßt seine Seele nicht verloren sein! Jesus, ich bete zu deinem allerheiligsten Leiden! Maria, ich rufe deine heiligen sieben Schmerzen an! Du, sein heiliger Schutzengel, wenn seine Seel' vom Leib muß scheiden, führ sie ein zu den himmlischen Freuden!"

Und sie betete lange. Sie schluchzte und weinte nicht; nicht eine einzige Träne stand in ihren Augen, sie war ganz die ergebene Beterin, die Fürbitterin.

Endlich schwieg sie, beugte sich über das Haupt des Gatten, beobachtete sein schwaches Atemholen und hauchte: „So behüt dich Gott, Seppel, tu mir meine Eltern und unsere ganze Freundschaft[3] grüßen in der Ewigkeit. Behüt dich Gott, mein lieber Mann! Die heiligen Engel geben dir das Geleit, und der Herr Jesus mit seiner Gnad' wartet schon deiner bei der himmlischen Tür."

Er hörte es vielleicht nicht mehr. Seine blassen, halboffenen Lippen gaben keine Antwort. Seine Augen sahen starr zur Stubendecke empor. Und aus den gefalteten Händen aufragend brannte die Wachskerze; sie flackerte nicht, still und geruhsam und hell wie eine schneeweiße Blütenknospe stand die Flamme empor – sein Atemzug bewegte sie nicht mehr.

---

[3] Verwandschaft

„Jetzt ist's gar, jetzt ist er mir gestorben!" rief das Weib aus, schrill und herzdurchdringend, dann sank sie nieder auf einen Schemel und begann bitterlich zu weinen.

Die wiedererwachenden Kinder weinten auch; nur das kleinste lächelte . . .

Die Stunde lag auf uns wie ein schwerer Stein.

Endlich richtete sich die Häuslerin – die Witwe – auf, trocknete ihre Tränen und legte zwei Finger auf die Augen des Toten.

Die Wachskerze brannte, bis die Morgenröte aufging.

Durch den Wald war ein Bote gegangen. Dann kam ein Holzarbeiter. Der besprengte den Toten mit Weihwasser und murmelte: „So rücken sie ein, einer nach dem andern."

Dann taten sie dem Meisensepp festtägliche Kleider an, trugen ihn hinaus in die Vorlauben und legten ihn auf das Brett. Das Buch ließ ich liegen auf dem Tisch, für die Leichenwachen der nächsten Nächte, zu denen ich der Häuslerin das Lesen zugesagt hatte. Als ich fortgehen wollte, kam sie mit einem grünen Hut, auf welchem ein weit ausgeborsteter Gemsbart stak.

„Willst den Hut mitnehmen für deinen Vater?" fragte sie, „der Seppel hat deinen Vater fortweg gern gehabt. Den Gamsbart magst zum Andenken selber behalten. Bet einmal ein Vaterunser dafür."

Ich sagte meinen Dank, ich tat noch einen unsteten Blick gegen die Bahre hin; der Sepp lag langgestreckt und hielt seine Hände über der Brust gefaltet. – Dann ging ich hinaus und abwärts durch den Wald. – Wie war's licht und taufrisch voll Vogelsang, voll Blütenduft – voll Leben im Walde!

Und in der Hütte, auf dem Bahrbrett lag ein toter Mensch.

Ich kann die Nacht und den Morgen – das Sterben mitten in dem unendlichen Lebensquell des Waldes nimmermehr vergessen. Auch besitze ich heute noch den Gemsbart zum Andenken an den Meisensepp.

Wenn mich die Gier anpackt nach den Freuden der Welt,

oder wenn mich die Zweifel überkommen an der Menschheit Gottesgnadentum, oder wenn mich gar die Angst will quälen vor meinem vielleicht noch fernen, vielleicht schon nahen Hingang – so stecke ich den Gemsbart des Sepp auf den Hut.

Als dem kleinen Maxl das Haus niederbrannte

Ich erinnere mich noch gar gut an jene Nacht.

Ein dumpfer Knall, als wenn die Tür des Schüttbodens zugeworfen worden wäre, weckte mich auf. Und dann klopfte jemand am Fenster und rief in die Stube herein: Wer des Klein Maxel Haus brennen sehen wolle, der möge aufstehen und schauen gehen.

Mein Vater sprang aus dem Bette, ich erhob ein Jammergeschrei und dachte fürs nächste daran, meine Kaninchen zu retten. Wenn bei besonderen Ereignissen wir anderen über und über aus Rand und Band gerieten, so war es allemal die blinde Jula, unsere alte Magd, die uns beruhigte. So sagte sie auch jetzt, daß ja nicht unser Haus im Feuer stehe, daß das Klein-Maxel-Haus eine halbe Stunde weit von uns weg wäre; daß es auch nicht sicher sei, ob das Klein-Maxel-Haus brenne, daß ein Spaßvogel vorbeigegangen sein könnte, der uns die Lug zum Fenster hineingeworfen, und daß es möglich sei, daß gar niemand hereingeschrien hätte, sondern uns nur so im Traume vorgekommen wäre.

Dabei streifte sie mir das Höselein und die Schuhe an, und wir eilten vor das Haus, um zu sehen.

„Auweh!“ rief mein Vater, „'s ist schon alles hin.“

Über den Waldrücken herüber, der sich in einem weitgebogenen Sattel durch die Gegend legt und das Ober- und Unterland voneinander scheidet, strebte still und hell die Flamme auf. Man hörte kein Knistern und Knattern, das schöne, neue Haus, welches erst vor einigen Wochen fertig geworden war, brannte wie Öl. Die Luft war feucht, die Sterne des Himmels waren verdeckt; es murrte zuweilen ein Donner, aber das Gewitter zog sich sachte hinaus in die Gegenden von Birkfeld und Weiz.

Ein Blitz – so erzählte nun der Mann, der uns geweckt hatte, der Schaf-Gistel war's – wäre etlichemal hin und her gezuckt, hätte ein Drudenkreuz auf den Himmel geschrieben und wäre dann niederwärts gefahren. Er wäre aber nicht mehr ausgeloschen, der lichte Punkt an seinem untern Ende wäre geblieben und rasch gewachsen, und da hätte er, der Mann, gedacht: Schau du, jetzt hat's den Klein Maxel 'troffen.

„Wir müssen doch schauen gehen, daß wir was helfen mögen", sagte mein Vater.

„Helfen willst da?" versetzte der andere, „wo der Donnerkeil dreinfahrt, da rühr' ich keine Hand mehr. Der Mensch soll unserm Herrgott nicht entgegenarbeiten, und wenn *der* einmal einen Himmletzer[1] aufs Haus wirft, so wird er auch wollen, daß es brennen soll. Hernachen mußt wissen, ist so ein Einschlagets auch gar nicht einmal zu löschen."

„Deine Dummheit auch nicht", rief mein Vater, und zornig, wie ich ihn noch selten gesehen hatte, schrie er dem Gistel ins Gesicht: „Du bist *blitzdumm!*"

Ließ ihn stehen und führte mich an seiner Hand rasch davon. Wir stiegen ins Engtal hinab und gingen am Fresenbach entlang, wo wir das Feuer nicht mehr sehen konnten, sondern nur die Röte in den Wolken. Mein Vater trug einen Wasserzuber bei sich, und ich riet, daß er denselben gleich an den Fresen füllen solle. Mein Vater hörte gar nicht drauf, sondern sagte mehrmals vor sich hin: „Maxel, aber daß dich jetzt so was treffen muß!"

Ich kannte den kleinen Maxel recht gut. Es war ein behendiges, heiteres Männlein, etwa in den Vierzigern; sein Gesicht war voll Blatternarben, und seine Hände waren braun und rauh wie die Rinden der Waldbäume. Er war seit meinem Gedenken Holzhauer in Waldbach.

„Wenn einem andern das Haus niederbrennt", sagte mein Vater, „na, so brennt ihm halt das Haus nieder."

---

[1] Blitz

„Ist's beim Klein Maxel nicht so?" fragte ich.

„Dem brennt alles nieder. Alles, was er gestern gehabt hat und heut hat und morgen hätt' haben können."

„So hat der Blitz den Maxel 'leicht selber erschlagen?"

„Das wär' 's best', Bub. Ich vergunn' ihm das Leben, Gottseid, ich vergunn' ihm's – aber, wenn er ehvor hätt' beichten mögen und in keiner Todsünd' wär' gewesen, wollt richtig gleich sagen, das allerbest', wenn's ihn auch selber troffen hätt'."

„Da wär' er jetzt schon im Himmel oben", sagte ich.

„Watsch nur nicht so ins nasse Gras hinein. Geh gleim[1] hinter mir und halt dich beim Jankerzipf an. Vom Maxel, von dem will ich dir jetzt was sagen."

Der Weg ging sanft berganwärts. Mein Vater erzählte.

„Jetzt kann's dreißig Jahr aus sein – ist der Maxel ins Land kommen. Armer Leute Kind. Die erst' Zeit hat er bei den Bauern herum einen Halterbuben gemacht, nachher, wie er sich ausgewachsen hat, ist er in den Holzschlag 'gangen. Ein rechtschaffener Arbeiter und allerweil fleißig und sparsam. Wie er Vorarbeiter ist worden, hat er sich vom Waldherrn ausgebeten, daß er das Sauerwiesel auf der Gfarerhöh' ausreuten und für sein Lebtag behalten dürfe, weil er soviel gern eigen Grund und Boden hätte. Ist ihm gern zugesagt worden, und so ist der Maxel alle Tag', wenn sie im Holzschlag Feierabend gemacht haben, auf sein Sauerwiesel 'gangen, hat den Strupp[2] weggeschlagen, hat Gräben gemacht, hat Steine ausgegraben, hat die Wurzeln des Unkrautes verbrannt – und in zwei Jahren ist das ganze Sauergütel trockengelegt, und es wachst gutes Gras drauf, und gar ein Fleckel Brandkorn hat er anbaut. Wie es so weit angeht, daß er's auch mit Kohlkraut hat probiert, und gesehen, wie gut es den Hasen schmeckt, ist er um Waldbäume eingekommen. Die können sie ihm nicht

[1] nahe
[2] Gestrüpp

schenken wie das Sauerwiesel, die muß er abdienen. So hat er Arbeitslohn dafür eingelassen, und die Bäume hat er umgehauen und viereckig gehackt und abgeschnitten zu Zimmerholz – alles in den Feierabenden, wenn die anderen Holzknechte lang schon auf dem Bauch sind gelegen und ihre Pfeifen Tabak haben geraucht. Und nachher hat er angehebt, an solchen Feierabenden andere Holzhauer zu verzahlen, daß sie ihm bei den Arbeiten helfen, die ein einziger Mensch nicht dermachen kann, und so hat er auf dem Sauerwiesel sein Haus gebaut. Fünf Jahr lang hat er daran gearbeitet, aber nachher – du weißt ja selber, wie es dagestanden ist mit den goldroten Wänden, mit den hellen Fenstern und der Zierat auf dem Dach herum – schier vornehm anzuschauen. Ein fein' Gütel ist worden auf der Sauerwiese, und wie lang wird's denn her sein, daß uns unser Pfarrer bei der Christenlehr' den Klein Maxel als ein Beispiel des Fleißes und der Arbeitsamkeit hat aufgestellt? Nächst' Monat hat er heiraten wollen; und daß er heraufgestiegen ist vom Waiselbuben bis zum braven Hausbesitzer und Hausvater – Bub, da ruck dein Hütel! – Und jetzt ist auf einmal alles hin. Der ganze Fleiß und alle Arbeit die vielen Jahr her ist umsonst. Der Maxel steht wieder auf demselben Fleck wie vorher."

Ich habe dazumal meine Frömmigkeit noch aus der Bibel bezogen, und so entgegnete ich auf des Vaters Erzählung: „Der Himmelvater hat den Maxel halt gestraft, daß er so aufs Zeitliche ist gegangen wie die Heiden, und der Maxel hat sich leicht ums Ewige zu wenig gesorgt. Sehet die Vöglein in den Lüften, sie säen nicht, sie ernten nicht –"

„Sei still!" unterbrach mich der Vater unwirsch, „der das hat gesagt, ist der König Salomo gewest, der kann so was schon sagen. Unsereiner sollt's probieren! – Ich kenn' mich nimmer aus, und das sag' ich, wenn's mir so geht wie dem Klein Maxel, ich bin verzagt und heb' an zu faulenzen. Wenn ein Mensch mit dem Zündholz in ein Strohdach fährt, so wird er in den Kotter gesteckt – ist auch recht, gehört ihm nichts anderes.

Aber wenn einer vom Himmel herunter Feuer auf das nagelneue Haus wirft, das ein armer, braver Arbeitsmann gebaut –"

Er unterbrach sich. Wir standen auf der Anhöhe, und vor uns loderte die Wirtschaft des Klein Maxel, und das Haus brach eben in seinen Flammen zusammen. Mehrere Leute waren da mit Hacken und Wassereimern, aber es war nichts anderes zu machen, als dazustehen und zuzuschauen, wie die letzten Kohlenbrände in sich einstürzten. Das Feuer war nicht wütend, es brüllte nicht, es krachte nicht, es fuhr nicht wild in der Luft herum; das ganze Haus war eine Flamme, und die qualmte heiß und weich zum Himmel auf, von wannen sie gekommen.

Eine kleine Strecke vom Brande war der Steinhaufen, auf welchen der Maxel die Steine der Sauerwiese zusammengetragen hatte. An demselben saß er nun, der kleine, braune, blatternarbige Maxel, und sah auf die Glut hin, deren Hitze auf ihn herströmte. Er war halb angekleidet, hatte seinen schwarzen Sonntagsmantel, das einzige, was er gerettet, über sich gehüllt. Die Leute traten nicht zu ihm; mein Vater wollte ihm gern ein Wort der Teilnahme und des Trostes sagen, aber er getraute sich auch nicht zu ihm. Der Maxel lehnte so da, daß wir meinten, jetzt und jetzt müsse er aufspringen und einen schreckbaren Fluch zum Himmel stoßen und sich dann in die Flammen stürzen.

Und endlich, als das Feuer nur mehr auf dem Erdengrund herumleckte und aus den Aschen die kahle Mauer des Herdes aufstarrte, erhob sich der Maxel. Er schritt zur Glut hin, hob eine Kohle auf und zündete sich die Pfeife an.

Ich war damals doch noch klein und konnte nicht viel denken. Aber an das erinnere ich mich: Als ich in der Morgendämmerung den Klein Maxel vor seiner Brandstätte stehen sah, und wie er den blauen Rauch aus der Pfeife sog und von sich blies, da war mir in meiner Brust plötzlich heiß. Als ob ich es fühlte, wie mächtig der Mensch ist, um wieviel größer als sein Schicksal, und es für das Verhängnis keinen größeren

Schimpf gäbe, als wenn man ihm in aller Seelenruhe Tabakrauch in die Larve bläst.

Und als die Pfeife brannte, setzte er sich wieder auf den Steinhaufen und blickte in die Gegend hinaus. Was er gedacht hat, das möchtet ihr wissen? Ich auch.

Später hat der Klein Maxel die Asche seines Hauses durchwühlt und aus derselben sein Schlagbeil hervorgezogen. Er schaftete einen neuen Stiel an, er machte es an einem Schleifsteine der Nachbarschaft wieder scharf – und ging an die Arbeit. Seither sind viele Jahre vorbei: Um die Sauerwiese liegen heute schöne Felder, und auf der Brandstätte steht ein neugegründeter Hof. Junges Volk belebt ihn, und der Hausvater, der Klein Maxel, lehrt seine Söhne das Arbeiten, erlaubt ihnen aber auch das Tabakrauchen. Nicht gar zuviel – aber ein Pfeiflein zu rechter Zeit.

Als ich das erstemal auf dem Dampfwagen saß

Noch viel seltsamer, als diese Geschichten waren, ist jenes Erlebnis gewesen, das hier erzählt wird.

Meine Pate, der Knierutscher-Jochem – er ruhe in Frieden! –, war ein Mann, der alles glaubte, nur nicht das Natürliche. Das wenige von Menschenwerken, was er begreifen konnte, war ihm göttlichen Ursprungs; das viele, was er nicht begreifen konnte, war ihm Hexerei und Teufelsspuk. – Der Mensch, das bevorzugteste der Wesen, hat zum Beispiel die Fähigkeit, das Rindsleder zu gerben und sich Stiefel daraus zu verfertigen, damit ihn nicht an den Zehen friere; diese Gnade hat er von Gott. Wenn der Mensch aber hergeht und den Blitzableiter oder gar den Telegraphen erfindet, so ist das gar nichts anderes als eine Anfechtung des Teufels. – So hielt der Jochem den lieben Gott für einen gutherzigen einfältigen Alten (ganz wie er, der Jochem, selber war), den Teufel aber für ein listiges, abgefeimtes Kreuzköpfel, dem nicht beizukommen ist und das die Menschen und auch den lieben Gott von hinten und vorn beschwindelt.

Abgesehen von dieser hohen Meinung vom Luzifer, Beelzebub (was weiß ich, wie sie alle heißen), war mein Pate ein gescheiter Mann. Ich verdanke ihm manches neue Linnenhöslein und manchen verdorbenen Magen.

Sein Trost gegen die Anfechtungen des bösen Feindes und sein Vertrauen war die Wallfahrtskirche Mariaschutz am Semmering. Es war eine Tagreise dahin, und der Jochem machte alljährlich einmal den Weg. Als ich schon hübsch zu Fuße war (ich und das Zicklein waren die einzigen Wesen, die mein Vater nicht einzuholen vermochte, wenn er uns mit der Peitsche nachlief), wollte der Pate Jochem auch mich einmal mitnehmen nach Mariaschutz.

„Meinetweg", sagte mein Vater, „da kann der Bub gleich die neue Eisenbahn sehen, die sie über den Semmering jetzt gebaut haben. Das Loch durch den Berg soll schon fertig sein."

„Behüt uns der Herr", rief der Pate, „daß wir das Teufelswerk anschaun! 's ist alles Blendwerk, „'s ist alles nicht wahr."

„Kann auch sein", sagte mein Vater und ging davon.

Ich und mein Pate machten uns auf den Weg; wir gingen über das Stuhleckgebirge, um ja dem Tale nicht in die Nähe zu kommen, in welchem nach der Leut' Reden der Teufelswagen auf und ab ging. Als wir aber auf dem hohen Berg standen und hinabschauten in den Spitalerboden, sahen wir einer scharfen Linie entlang einen braunen Wurm kriechen und darüber ein Rauchwölkchen schweben.

„Jessas Maron!" schrie mein Pate, „das ist schon so was! Spring, Bub!" – Und wir liefen die entgegengesetzte Seite des Berges hinunter.

Gegen Abend kamen wir in die Niederung, doch – entweder der Pate war hier nicht wegkundig, oder es hatte ihn die Neugierde, die ihm zuweilen arg zusetzte, überlistet, oder wir waren auf eine „Irrwurzen" gestiegen – anstatt in Mariaschutz zu sein, standen wir vor einem ungeheuren Schutthaufen, und hinter demselben war ein kohlfinsteres Loch in den Berg hinein. Das Loch war schier so groß, daß darin ein Haus hätte stehen können, und gar mit Fleiß und Schick ausgemauert; und da ging eine Straße mit zwei eisernen Leisten daher und schnurgerade in den Berg hinein.

Mein Pate stand lange schweigend da und schüttelte den Kopf; endlich murmelte er: „Jetzt stehen wir da. Das wird die neumodische Landstraße sein. Aber derlogen ist's, daß sie da hineinfahren!"

Kalt wie Grabesluft wehte es aus dem Loche. Weiter hin gegen Spital in der Abendsonne stand an der eisernen Straße ein gemauertes Häuschen; davor ragte eine hohe Stange, auf dieser baumelten zwei blutrote Kugeln. Plötzlich rauschte es an der Stange, und eine der Kugeln ging wie von Geisterhand gezogen in die Höhe. Wir erschraken baß. Daß es hier mit rechten Dingen nicht zuginge, war leicht zu merken. Doch standen wir wie festgewurzelt.

„Pate Jochem“, sagte ich leise, „hört Ihr nicht so ein Brummen in der Erde?“

„Ja freilich, Bub“, entgegnete er, „es donnert was! Es ist ein Erdbidn[1].“ Da tat er schon ein kläglich Stöhnen. Auf der eisernen Straße heran kam ein kohlschwarzes Wesen. Es schien anfangs stillzustehen, wurde aber immer größer und nahte mit mächtigem Schnauben und Pfustern und stieß aus dem Rachen gewaltigen Dampf aus. Und hinterher –

„Kreuz Gottes!“ rief mein Pate, „da hängen ja ganze Häuser dran!“ Und wahrhaftig, wenn wir sonst gedacht hatten, an das Lokomotiv wären ein paar Steirerwäglein gespannt, auf denen die Reisenden sitzen konnten, so sahen wir nun einen ganzen Marktflecken mit vielen Fenstern heranrollen, und zu den Fenstern schauten lebendige Menschenköpfe heraus, und schrecklich schnell ging's, und ein solches Brausen war, daß einem der Verstand stillstand. Das bringt kein Herrgott mehr zum Stehen! fiel's mir noch ein. Da hub der Pate die beiden Hände empor und rief mit verzweifelter Stimme: „Jessas, Jessas, jetzt fahren sie richtig ins Loch!“

Und schon war das Ungeheuer mit seinen hundert Rädern in der Tiefe; die Rückseite des letzten Wagens schrumpfte zusammen, nur ein Lichtlein davon sah man noch eine Weile, dann war alles verschwunden, bloß der Boden dröhnte, und aus dem Loche stieg der Rauch.

Mein Pate wischte sich mit dem Ärmel den Schweiß vom Angesicht und starrte in den Tunnel.

Dann sah er mich an und fragte: „Hast du's auch gesehen, Bub?“

„Ich hab's auch gesehen.“

---

[1] Erdbeben

„Nachher kann's keine Blenderei gewesen sein", murmelte der Jochem.

Wir gingen auf der Fahrstraße den Berg hinan; wir sahen aus mehreren Schachten Rauch hervorsteigen. Tief unter unsern Füßen im Berge ging der Dampfwagen.

„Die sind hin wie des Juden Seel'!" sagte mein Pate und meinte die Eisenbahnreisenden. „Die übermütigen Leut' sind selber ins Grab gesprungen!"

Beim Gasthause auf dem Semmering war es völlig still; die großen Stallungen waren leer, die Tische in den Gastzimmern, die Pferdetröge an der Straße waren unbesetzt. Der Wirt, sonst der stolze Beherrscher dieser Straße, lud uns höflich zu einer Jause ein.

„Mir ist aller Appetit vergangen", antwortete mein Pate, „gescheite Leut' essen nicht viel, und ich bin heute um ein Stückel gescheiter worden." Bei dem Monumente Karls VI. standen wir still und sahen ins Österreicherland hinaus, das mit seinen Felsen und Schluchten und seiner unabsehbaren Ebene vor uns ausgebreitet lag. Und als wir dann abwärts stiegen, da sahen wir drüben in den wilden Schroffwänden unsern Eisenbahnzug gehen – klein wie eine Raupe – und über hohe Brücken, fürchterliche Abgründe setzen, an schwindelnden Hängen gleiten, bei einem Loch hinein, beim andern heraus – ganz verwunderlich.

„'s ist auf der Welt ungleich, was heutzutag die Leut' treiben", murmelte mein Pate.

„Sie tun mit der Weltkugel kegelschieben!" sagte ein eben vorübergehender Handwerksbursche.

Als wir nach Mariaschutz kamen, war es schon dunkel.

Wir gingen in die Kirche, wo das rote Lämpchen brannte, und beteten.

Dann genossen wir beim Wirt ein kleines Nachtmahl und gingen an den Kammern der Stallmägde vorüber auf den Heuboden, um zu schlafen.

Wir lagen schon eine Weile. Ich konnte unter der Last der

Eindrücke und unter der Stimmung des Fremdseins kein Auge schließen, vermutete jedoch, daß der Pate bereits süß schlummerte; da tat dieser plötzlich den Mund auf und sagte:

„Schlafst schon, Bub?“

„Nein“, antwortete ich.

„Du“, sagte er, „mich reitet der Teufel!“

Ich erschrak. So was an einem Wallfahrtsort, das war unerhört.

„Ich muß vor dem Schlafengehen keinen Weihbrunn genommen haben“, flüsterte er, „'s gibt mir keine Ruh'“, 's ist arg, Bub.“

„Was denn, Pate?“ fragte ich mit warmer Teilnahme.

„Na, morgen, wenn ich kommuniziere, 'leicht wird's besser“, beruhigte er sich selbst.

„Tut Euch was weh, Pate?“

„'s ist eine Dummheit. Was meinst, Bübel, weil wir schon so nah dabei sind, probieren wir's?“

Da ich ihn nicht verstand, so gab ich keine Antwort.

„Was kann uns geschehen?“ fuhr der Pate fort, „wenn's die andern tun, warum nicht wir auch? Ich lass' mir's kosten.“

Er schwätzt im Traum, dachte ich bei mir selber und horchte mit Fleiß.

„Da werden sie einmal schauen“, fuhr er fort, „wenn wir heimkommen und sagen, daß wir auf dem Dampfwagen gefahren sind!“

Ich war gleich dabei.

„Aber eine Sündhaftigkeit ist's!“ murmelte er, „na, 'leicht wird's morgen besser, und jetzt tun wir in Gottes Namen schlafen.“

Am andern Tage gingen wir beichten und kommunizieren und rutschten auf den Knien um den Altar herum. Aber als wir heimwärts lenkten, da meinte der Pate nur, er wolle sich gar nichts vornehmen, er wolle nur den Semmering-Bahnhof sehen, und wir lenkten unsern Weg dahin.

Beim Semmering-Bahnhof sahen wir das Loch auf der andern Seite. War auch kohlfinster. – Ein Zug von Wien war angezeigt. Mein Pate unterhandelte mit dem Bahnbeamten, er wolle zwei Sechser geben, und gleich hinter dem Berg, wo das Loch aufhört, wollten wir wieder absteigen.

„Gleich hinter dem Berg, wo das Loch aufhört, hält der Zug nicht", sagte der Bahnbeamte lachend.

„Aber wenn wir absteigen wollen!" meinte der Jochem.

„Ihr müßt bis Spital fahren. Ist für zwei Personen zweiunddreißig Kreuzer Münz."

Mein Pate meinte, er lasse sich's was kosten, aber so viel wie die hohen Herren könne er armer Schlucker nicht geben; zudem sei an uns beiden ja kein Gewicht da. – Es half nichts; der Beamte ließ nicht handeln. Der Pate zahlte; ich mußte zwei „gute"[2] Kreuzer beisteuern. Mittlerweile kroch aus dem nächsten, unteren Tunnel der Zug hervor, schnaufte heran, und ich glaubte schon, das gewaltige Ding wolle nicht anhalten. Es zischte und spie und ächzte – da stand es still.

Wie ein Huhn, dem man das Hirn aus dem Kopfe geschnitten, so stand der Pate da, und so stand ich da. Wir wären nicht zum Einsteigen gekommen; da schupfte der Schaffner den Paten in einen Waggon und mich nach. In demselben Augenblick wurde der Zug abgeläutet, und ich hörte noch, wie der ins Coupé stolpernde Jochem murmelte: „Das ist meine Totenglocke." Jetzt sahen wir's aber: im Waggon waren Bänke, schier wie in einer Kirche; und als wir zum Fenster hinausschauten – „Jessas und Maron!" schrie mein Pate, „da draußen fliegt ja eine Mauer vorbei!" – Jetzt wurde es finster, und wir sahen, daß an der Wand unseres knarrenden Stübchens eine Öllampe brannte. Draußen in der Nacht rauschte und toste es, als wären wir von gewaltigen Wasserfällen umgeben, und ein ums andere Mal hallten schauerliche Pfiffe. Wir reisten unter der Erde.

Der Pate hielt die Hände auf dem Schoß gefaltet und

[2] Metall-, nicht Papiergeld

hauchte: „In Gottes Namen. Jetzt geb' ich mich in alles drein. Warum bin ich der dreidoppelte Narr gewesen."

Zehn Vaterunser lang mochten wir so begraben gewesen sein, da lichtete es sich wieder, draußen flog die Mauer, flogen die Telegraphenstangen und die Bäume, und wir fuhren im grünen Tale.

Mein Pate stieß mich an der Seite: „Du, Bub! Das ist gar aus der Weis' gewesen, aber jetzt – jetzt hebt's mir an zu gefallen. Richtig wahr, der Dampfwagen ist was Schönes! Jegerl und jerum, da ist ja schon das Spitalerdorf! Und wir sind erst eine Viertelstunde gefahren! Du, da haben wir unser Geld noch nicht abgesessen. Ich denk', Bub, wir bleiben noch sitzen."

Mir war's recht. Ich betrachtete den Zug von innen, und ich blickte in die fliegende Gegend hinaus, konnte aber nicht klug werden. Und mein Pate rief: „Na, Bub, die Leut' sind gescheit! Und daheim werden sie Augen machen! Hätt' ich das Geld dazu, ich ließe mich, wie ich jetzt sitz, auf unsern Berg hinauffahren!"

„Mürzzuschlag!" rief der Schaffner. Der Wagen stand; wir schwindelten zur Tür hinaus.

Der Türsteher nahm uns die Papierschnitzel ab, die wir beim Einsteigen bekommen hatten, und vertrat uns den Ausgang. „He, Vetter!" rief er, „diese Karten galten nur bis Spital. Da heißt's nachzahlen, und zwar das Doppelte für zwei Personen; macht einen Gulden sechs Kreuzer!"

Ich starrte meinen Paten an, mein Pate mich. „Bub", sagte dieser endlich mit sehr umflorter Stimme, „hast du ein Geld bei dir?"

„Ich hab' kein Geld bei mir", schluchzte ich.

„Ich hab' auch keins mehr", murmelte der Jochem.

Wir wurden in eine Kanzlei geschoben, dort mußten wir unsere Taschen umkehren. Ein blaues Sacktuch, das für uns beide war und das die Herren nicht anrührten, ein hart Rindlein Brot, eine rußige Tabakspfeife, ein Taschenfeitel, etwas

Schwamm und Feuerstein, der Beichtzettel von Mariaschutz und der lederne Geldbeutel endlich, in dem sich nichts befand als ein geweihtes Messing-Amulettchen, das der Pate stets mit sich trug im festen Glauben, daß sein Geld nicht ganz ausgehe, solange er das geweihte Ding im Sacke habe. Es hatte sich auch bewährt bis auf diesen Tag – und jetzt war's auf einmal aus mit seiner Kraft. – Wir durften unsere Habseligkeiten wieder einstecken, wurden aber stundenlang auf dem Bahnhofe zurückbehalten und mußten mehrere Verhöre bestehen.

Endlich, als schon der Tag zur Neige ging, zur Zeit, da nach so rascher Fahrt wir leicht schon hätten zu Hause sein können, wurden wir entlassen, um nun den Weg über Berg und Tal in stockfinsterer Nacht zurückzulegen.

Als wir durch den Ausgang des Bahnhofs schlichen, murmelte mein Pate: „Beim Dampfwagen da – 's ist doch der Teufel dabei!“

Als ich . . .

Einst war in unserem Waldhause ein alter Knecht, der einen gloriosen Spitznamen hatte – er hieß der Talerbüchsen-Toni.

Er besaß nämlich – ob als Erbschaft oder als Ersparnis, das ist nicht ergründet worden – einen kleinen Schatz von alten Silbermünzen, teils mit Bildnissen Maria Theresias, Friedrichs des Großen, teils mit dem Bilde der Mutter Gottes oder mit dem Zeichen von Krummstab und Schwert, von Adlern, Löwen, zweiköpfigen Tigern, von Kreuzen und Ringen, seltsamen Buchstaben oder anderen geheimnisvollen Markierungen. Etliche dieser Münzen, die wir, ohne Unterschied des Landes, der Prägung und der Größe, Taler nannten, sollen sogar vom Dreißigjährigen Kriege hergestammt haben. Den Schatz hielt Toni, der Knecht, eingeschachtelt in einer runden, blutrot angestrichenen Holzbüchse. Wenn nun der Feierabend kam oder eine stille Feiertagsstunde war, holte er aus seiner Kleidertruhe die Büchse hervor, aber nicht etwa, um nach alter Geizhalsart für sich allein darin zu wühlen und zu schwelgen, sondern um die Talerfreude mit seinen Hausgenossen zu teilen, ihnen nach seiner Weise die Geldstücke zu erklären, sie dann auf dem Tisch klingen zu lassen, um die Feinheit des Silbers zu bekunden, und sich an den gierigen Blicken zu weiden, die auf seine schönen Taler niederstachen.

Sobald jedoch die Leute merkten, es fiele bei dieser wiederholten Silberbeschau weiter nichts für sie aus, wurde ihnen die Sache langweilig, und sie sagten: „Geh, laß uns in Ruh', Toni, mit deinen alten, blinden Schimmeln, wenn du keinen herschenkst, so wollen wir sie auch gar nicht sehen." Derlei undankbare und lieblose Bemerkungen verdrossen den Knecht Toni allemal so tief, daß er in dem betreffenden Hause sofort den Dienst kündigte und in einen anderen Hof zog, wo man die Talersammlung, die den Inhalt seines Knechtelebens ausmachte, wieder besser zu würdigen verstand. – Aber die Bauersleute sind soviel hochsinnig, sie halten nichts aufs Geld, wenn sie es nicht kriegen. Und so kam es, daß der Toni gar häufig seinen Dienst wechselte, trotzdem er sonst ein stiller, zufriedener Mensch und kein schlechter Arbeiter war.

Nun, so war der Talerbüchsen-Toni auch in unser Waldhaus gekommen, und weil er an meinem Vater einen Mann fand, der die Geldstücke nicht nach dem Gewicht schätzte, sondern an den Bildnissen der Könige und Kaiser und besonders an der lieben Mutter Gottes seine Freude hatte, und weil er an uns Kindern – ich war damals etwa acht Jahre alt – eine jubelnde Schar von unersättlichen Bewunderern sah, so lebte er in unserem Hause neu auf. Und jeden Abend nach dem Vesperbrot kam er denn von seiner Gewandtruhe, die oben im Dachgelasse stand, zu uns in die Stube, geheimnisvoll die rote Büchse noch unter dem Rocke bergend, sie dann langsam hervorziehend, stets mit einer Miene, als ob es das allererstemal geschehe und er etwas unerhört Neues aufzuzeigen hätte. Und wenn er dann am sicheren Ort des großen Eichentisches saß und wir in einem festen Wall um ihn herum waren, schraubte er mit einer bedächtigen Fertigkeit die Büchse auf und faßte einen um den anderen mit zwei Fingern an, wie der Priester die Hostie, und begann mit seinen Auslegungen. An jedem Stücke war eine besondere Merkwürdigkeit. Da war eine Maria Theresia, die scheinbar ihre Augen verdrehte, wenn man ihr die blinkende Münze Fritz des Großen gegenüberhielt. Ein anderer Taler zeigte noch Rostflecken vom Dreißigjährigen Kriege, von welchem der Knecht bemerkte, man müsse nicht glauben, daß dieser Krieg dreißig Jahre lang ohne alle Unterbrechung gedauert habe; in den meisten Nächten, besonders aber zu den hohen Festtagen, habe man die Schlacht unterbrochen, und Freund und Feind habe in Gemeinschaft sein Gebet verrichtet. – Auf einem anderen Taler war das wahrhaftige Bildnis Unserer Lieben Frau und ein Ablaß daran für den, der es küßte. Wir durften es auch küssen, alle der Reihe nach, auch die Dienstboten, die der Knecht gut leiden konnte; zu den anderen sagte er, sie möchten sich ihren Ablaß nur anderswo holen, sie saugeten mit ihren ungewaschenen Mäulern leicht die ganze heilige Weihe aus dem Silber.

Besonders ein halberwachsener Bursche, der Hiasel, war es, welcher durch manch lose Bemerkung über den Toni und seine Büchse des alten Knechtes Unwillen in so hohem Grade erweckt hatte, daß er nicht ein einzig Mal zur Talerschau, geschweige zum Kusse zugelassen wurde.

Der Hiasel war kurze Zeit früher als unterstandsloser, etwas verkommener Junge des Weges gestrichen, und mein Vater hatte ihn aufgenommen, mit gutem Hanfzeuge bekleidet, auch ordentlich ausgefüttert, denn die ersten Wochen war der heimatlose Bursche gar nicht zu sättigen gewesen. Dafür griff der Hiasel nun auch die Arbeit flink an, war munter, und das regelmäßige Leben schien ihm gar nicht übel zu gefallen. Er sah jetzt recht gesund aus, war schlank gewachsen, und weil er auch die Haare kämmte, so wollte er schier ein hübsches Bürschlein werden. Ich, das muß ich wohl gestehen, hatte keine besondere Zuneigung zum Hiasel, nicht allein, weil er mir immer als Beispiel aufgestellt wurde, wenn ich mich nicht waschen und strählen lassen wollte, sondern und viel mehr noch, weil der Hiasel „Peitenstegga“ anstatt Peitschenstecken sagte. Er war aus dem Niederösterreich herübergekommen, und mir war das „Fremdeln“ in der Sprache unheimlich und dieses „Peitenstegga“ geradezu eine Ungeheuerlichkeit. Der Bursche schnitt mir manchen Peitschenstecken und unterstützte mich bisweilen in meinen kindlichen Spielen; doch niemals vermochte ich für ihn Neigung zu fassen, da wandte ich mich zehnmal lieber dem alten Toni und seiner Talerbüchse zu.

Des Alten schmunzelndes, wichtigtuendes Gesicht anzuschauen war für mich eine rechte Unterhaltung. Dieses platte, runzelige Gesicht mit den großen Wangenknochen, mit den völlig wasserfarbigen Äuglein, die fortwährend hinter den buschigen Brauen Verstecken spielten, wenn die Taler aufmarschierten, dieses Gesicht war ein großer Spaß; und wie der Mann als Zeichen seiner höchsten Befriedigung die furchige Stirnhaut auf- und niederriß und selbst die Ohrläppchen bewegte wie ein Eselein – das war doch gar zu possierlich. Und nun kam mir auf einmal der Gedanke: Wenn der Toni schon in seiner Lustigkeit ein so spaßiges Gesicht macht, wie erst, wenn er zornig und wild ist? – Mit diesem Gedanken hebt die Geschichte an.

Eines Tages, als die Leute auf dem Felde waren, stieg ich mit etwas schlotternden Beinlein die Stiege vom Dachgelaß herab und freute mich auf die Stunde, wenn der Toni wieder seine Taler aufzeigen will und sie nicht findet. Das wird ein Gelächter geben! Aber ich lache still und sag' den Spaß erst am andern Tag.

Es war die genötige Schnittzeit, da wird bis in die späten Abende hinein gearbeitet, da ist's nichts mit dem Talergucken. Ich vergaß auch bald darauf, ich mußte Garben tragen und dem Vater die Kornschöberlein aufspreizen helfen. Auch waren die Kirschen reif, eine Zeit voll Sehnsucht für mich, denn ich wagte noch nicht den Stamm emporzuklettern, und das Niederziehen der Äste vermittels Haken war scharf verboten; wenn ein Ast brach, da verstand mein Vater keinen Spaß. Das mutwillige Abreißen von Ästen nannte er: den Nachkommen Kirschen stehlen. Das war freilich ein garstiges Wort, und darum verzichtete ich schließlich doch lieber auf die so hellrot niederleuchtenden Kirschen bis zum Samstagfeierabend, wenn sie mir der Vater regelrecht herabholte oder es der Hiasel tat, der ein arger Kletterer war.

Damals erfuhr ich, was ein böses Wort vermag. Als der Hiasel hoch oben auf einem schaukelnden Aste saß und ihm bei jeder Schwenkung des Hauptes die frischen Kirschengabeln förmlich in den Mund hineinhingen, rief er zu mir nieder ins Gras, es wäre eine Schande, daß ich noch auf keinen Kirschbaum könne! und er warf mir – der ich die Haube nach Kirschen auftat – ein paar feuchte Kerne hinein. Ich sprang ergrimmt an den Baumstamm, und in wenigen Augenblicken war ich zu meiner eigenen Überraschung oben beim Hiasel.

Ich wollte eben der Jubelstimmung über meine plötzlich eingetretene Mannhaftigkeit in einem hellen Juchschrei Luft machen, als daneben im Hause auf einmal ein unheimlicher Lärm entstand. Der Toni sprang wie rasend zur Tür heraus, hielt mit beiden Händen seinen grauen Kopf und schrie:

„Mein Geld ist weg! Mein Geld ist weg!"

Ihm folgte mein Vater: der Toni solle sich doch nicht den Kopf wegreißen, das Geld würde sich ja finden, er ließe das ganze Haus untersuchen. Ein paar Dienstmägde zeterten: das wäre ihnen auch auf der Welt noch nicht passiert, daß sie sich aussuchen lassen müßten wie Schelminnen, aber sie täten es von selber, würfen dem Bauer ihre Habseligkeiten vor die Füße, Stück für Stück, und solle er schauen, ob die dumme Talerbüchse darunter sei.

„Die dumme Talerbüchse!" stöhnte der alte Knecht, „o Bauer! mein Bauer! Das Herz möchte mir zerspringen vor lauter Unglück!", und er hub an laut zu weinen und ging, immer noch den Kopf zwischen den Händen haltend, ums Haus herum, als müsse die Talerbüchse irgendwo auf dem grünen Rasen liegen.

Jetzt hörte ich auch die Stimme meiner Mutter, welche darüber schalt, daß die Leute an ihren Gewandtruhen die Schlüssel stecken ließen, daß sie damit leicht ein ganzes Haus in Unehr bringen könnten; sie halte aber dafür, der Toni hätte in seiner verrückten Weise das Geld aufs Kornfeld mitgeschleppt und dort verstreut. Seit Wochen sei kein Bettler, kein Handwerksbursch oder sonst ein Fremder in den Hof gekommen, und daß im Haus kein Dieb lebe, das wisse sie gewiß.

Mir, der ich auf dem Kirschbaum hockte, war wunderlich

zumute. Wenn ich jetzt nur wieder unten wäre! Das Ding geht höllisch schief!

Im Hause wurde der Hiasel gerufen.

„Wenn's eins im Haus getan hat – niemand anderer als der Hiasel!"

Als der Junge dieses Wort gehört hatte, sprang er vom Baum mit einem kecken Schwunge über die Äste hinweg auf den Erdboden. Bald war er von den Leuten umringt. Der Toni hatte seine Fassungskraft wiedererlangt, er faßte daher den Hiasel am Arm und fragte, wo er das Geld habe!

Der Bursche war im Gesicht röter als die reifste Kirsche und sagte, er wisse von keinem Gelde.

Das Leugnen würde ihm nichts nutzen. Man wisse bestimmt, daß er die Taler genommen habe!

Auf eine solche Anschuldigung ist der Bursche – überhaupt ungewandt im Reden, aber gewohnt, herrischen Aussprüchen sich zu fügen – ganz stumm geworden. Er stand da wie ein Stück Holz und starrte den Ankläger schier seelenlos an.

„Wenn du's willig sagst, wo mein Geld ist", sprach der Toni in milder, fast bittender Weise, „so geschieht dir nichts; ich lege beim Waldbauer ein Gebitt ein, daß er dich frei laufen laßt. Wenn du aber leugnest, so schlage ich dich tot!"

Und ich? Als ich merkte, welch schreckliche Wendung mein „Spaß" zu nehmen begann und daß die Sache jetzt gar nicht einmal wie ein Spaß aussah, und als ich eine Geisterstimme hörte: *Das, was du getan hast, war Diebstahl!* – da war wohl mein erster Gedanke: Alsogleich sagen, du hast das Geld hinter der Gewandtruhe unter den Holzsparren gesteckt. – Aber sehr rasch rief eine andere Stimme: Das wäre zu gefährlich! Siehe, jetzt reißt er schon die Heckenrute ab, die kriegst du, sobald du das Wort sagst! Denn das Gesicht des alten Knechtes war ganz schreckbar anzusehen, die Wut, die Ratlosigkeit und den Jammer habe ich in meinem Leben nirgends so scharf ausgedrückt gefunden als damals auf dem Angesichte des Toni. Da gab's nichts zu lachen! Wohl totenblaß mag ich gewesen sein, als ich mich hinter den Kirschbaumstamm schlich, dann plötzlich kehrtmachte, ins Haus eilte, ins Dachgeschoß hinauf, die unselige Talerbüchse aus ihrem Versteck holte und in die sperrangelweit offene Gewandtruhe des alten Knechtes warf.

Als ich hernach wieder zum Kirschbaum zurückgekommen war, lagen von der Heckenrute nur mehr die weißen Splitter umher auf dem grünen Rasen; die Leute verzogen sich grollend und scheltend, und den Waldweg entlang wankte der Bursche mit zerrauftem Haar.

Der Knecht wimmerte im Hause umher, der Vater trat zu mir und sagte, ich hätte nun gesehen, wohin Unehrlichkeit führe; den Hiasel habe er verjagt, und ich solle nun wieder auf den Kirschbaum steigen.

Jetzt sag's! Jetzt sag's! rief es ungestüm in mir. Aber ich habe es nicht gesagt. Mir war, als *könnte* ich es nicht mehr sagen, als sei schon zuviel geschehn. Ich war ja fürs ganze Haus das fromme, gutmütige Büblein, das schier den ganzen Katechismus auswendig wußte und das heilige Evangelium lesen konnte so schön und kräftig wie der Pfarrer auf dem Predigtstuhl, ich sollte nun als Dieb und Schuftlein dastehen! Hatte ich nicht die haarsträubende Entrüstung der Leute gesehen, die sich in allen Formen über den armen Hiasel entleert? Über mich mußte es noch ärger kommen, denn ich war ein doppelter Bösewicht. Für einen solchen ist es doppelt unklug, sich zu verraten – und ich habe *nichts* gesagt.

Hingegen bin ich jetzt fortgegangen, den Waldweg entlang, um den Hiasel zu suchen. Ich bin, wie der Steig führt, in den Schmithofgraben hinabgegangen und jenseits wieder emporgestiegen zu den Hochwaldungen des Teufelssteingebirges. Und auf der Höhe, dort, wo der weite, grüne Anger liegt, mitten im Wald, und wo das hohe, rot angestrichene Christuskreuz steht, dort habe ich ihn gefunden. Er lag unter dem Kreuze und schlief, und auf seinem Antlitz lagen Spuren von Tränen.

Über den schwarzen, hohen Baumwipfeln lag die Abendröte, kein Lüftchen und kein Laut war auf dem dämmernden Anger – ich saß neben dem schlafenden Burschen und weinte. – Kinder weinen oft, aber es wird wohl selten sein, daß einer so bitter, bitterlich weint, als ich's damals getan habe, da ich Wache hielt vor dem schlummernden Jungen, dem so grob Unrecht geschehen war.

Wecken wollte ich ihn nicht. Er war ja so müdegehetzt. Daß er unschuldig ist, das weiß er, und wird ihm's sein lieber Schutzengel auch im Traum sagen. Er hat nicht Vater und Mutter, er hat nichts Gutes auf der Welt, und wenn ihm jetzt schon fremde Sünden zugeworfen werden, weil ihn kein Mensch in Schutz nimmt, wie erst, wenn er groß ist und es die schlechten Leute innewerden: das ist einer zum Tragen und Büßen . . .! Er soll schlafen.

Ähnliches mag ich gedacht oder gefühlt haben, und ein unendliches Mitleid kam über mich, eine Reue und eine Liebe, und ich wußte mir vor Weinen nicht zu helfen. Als er sich einmal ein klein wenig bewegte, da ging's mir heiß durchs Herz, und mir verging fast der Mut, es ihm zu sagen, daß ich das Schelmenstück getan hätte, wofür er mißhandelt worden. Konnte ihn das nicht gegen mich empören, wütend machen? Konnte er mich nicht auf der Stelle totschlagen in diesem finsteren Wald und mir dabei zuschreien: die Strafe dafür hätte er schon im voraus empfangen?

Aber – und das allein ist's, was aus jenem bösen Tage heute noch milde auf mich herüberschaut – ich blieb neben dem Schlummernden kauern und war entschlossen, nicht eher von ihm zu gehen, als bis ich ihm alles gestanden und abgebeten hätte. Dann wollte ich ihn mitnehmen hinein in mein Vaterhaus, daß er alles dort habe, was ich bisher gehabt, und das so lang, so lang, als die Heckenruten wachsen neben dem Kirschbaum.

Bevor jedoch der Hiasel aus seiner schweren Betäubung erwachte, kam was anderes. Den Waldweg heran knarrte ein

Leiterwagen, bespannt mit zwei Ochsen, die ein Mann leitete. Der Stegleitner von Fischbach war's, er fuhr von seinem Walde heim – ich kannte ihn von einem Ochsentausche her, den er etliche Wochen früher mit meinem Vater unternommen. Trotz der tiefen Dämmerung erkannte ich auch die Ochsen als jene, welche er von uns fortgeführt hatte. Das heimelte mich an. Als der Stegleitner hier unter dem Kreuze einen schlafenden und einen schluchzenden Jungen fand, war er gar erschrocken und fragte, was das zu bedeuten habe. Und vor den Stegleitner bin ich hierauf hingekniet, als ob er der Bestohlene oder der Mißhandelte gewesen wäre, und habe ihm wohl mit gefalteten Händen alles erzählt.

Der Stegleitner war ein ruhiger, ernster Mann; als ich fertig war, fragte er nur, ob ich fertig wäre, und da ich schwieg, hat er mir folgendes gesagt: „Mit dem Hiasel hast du und hat dein Vater nichts mehr zu schaffen, der gehört jetzt mein, ich nehme ihn mit mir. Abbitten wirst du ihm's, wenn du größer geworden bist, denn das – mußt du wissen – verjährt nicht. Für jetzt werde ich ihm sagen, was zu sagen ist, daß sein Schutzengel seine Unschuld ans Licht getragen hat. Mehr braucht er nicht zu wissen. Und du, Waldbauernbub, gehst jetzt heim, und was du zu tun hast, das weißt du."

„Das Geld ist schon zurückgegeben", bemerkte ich gefaßter.

„Das Geld ist Mist", sagte der Stegleitner, „die Ehre gibst zurück. – Mein Kind!" fuhr er fort und richtete mich mit seiner Hand auf, „schau, dort oben heben jetzt die Sternlein an zu leuchten. Sie schauen nieder auf dich, wenn du bei der Tür eintrittst in dein Vaterhaus, sie sehen, was du tun wirst und was lassen – und sie brennen fort, bis zum Jüngsten Gericht!"

Die Worte waren ruhig, fast leise gesprochen, und doch war mir, als bebte vor ihnen der Erdboden unter meinen Füßen.

Der Stegleitner blieb mit seinem Gefährte noch stehen bei dem roten Kreuze; ich tat einen kurzen Blick auf den Schläfer, und mir war, als sähe ich das Bild eines Heiligen. Dann ging ich heimwärts; ging und lief und ahnte Gespenster, die mir folgten.

Als ich gegen unser Haus kam, hörte ich schon von weitem die Stimme meiner Mutter, die meinen Namen rief.

„Was das für ein Tag ist!" klagte sie, „Geld und Kinder werden gestohlen, da müssen doch rein Zigeuner im Land sein!"

Aber Geld und Kinder hatten sich nun glücklich wiedergefunden, und in der Stube kniete der Vater am großen Tische, knieten die anderen Leute an den Wandbänken herum, und sie beteten laut und gemeinstimmig den üblichen Samstagrosenkranz. Mir war wohl und weh. Ich kniete zum alten Knecht Anton – recht nahe an seine Seite hin – und begann laut mitzubeten. Sie wiederholten immer wieder das Vaterunser und das Ave-Maria, und ich stimmte in den surrenden Ton mit ein und sagte fortwährend: „Lieber Knecht, vergib mir meine Schulden, ich habe dir das Geld gestohlen! Lieber Knecht, vergib mir meine Schulden, ich habe dir das Geld gestohlen!"

Weil der Toni entweder stark schläfrig war oder weil er während des Rosenkranzes in Gedanken an die wiedergefundene Talerbüchse schwelgte, so währte es ziemlich lang, bis ihm mein wunderlicher Text auffiel. Endlich hub sich seine Stirnhaut und sein Ohrläppchen an zu bewegen, er wendete sachte sein entsetztes Gesicht und schrie in die Stube hinein, man solle still sein und den kleinen Buben allein weiterbeten lassen.

Und als von solcher Unterbrechung überrascht, alles still war, duckte ich mich weinend in den Wandwinkel und wimmerte laut: „Ich habe das Geld genommen!"

Der Rosenkranz war für heute aus. Die Begebenheiten spitzten sich nun rasch und scharf einem herben Ende zu, welches Ende jedoch durch den Umstand, daß der Hiasel geborgen und von seiner Ehrenrettung bereits durch den Stegleitner Kenntnis haben mußte, bedeutend gemildert worden ist.

Von diesem verhängnisvollen Tage an ist der Talerbüchsen-Toni nicht mehr lange bei uns geblieben. Aber zum Abschied nahm er mich an seine Gewandtruhe. Dort öffnete er gravitätisch die Büchse und schenkte mir darauf ein funkelndes Talerlein als – Finderlohn.

Nach Jahren, als der Toni mühselig und krank geworden war, wollte er mit seinem Silberschatze eine „wundertätige Kapell'" stiften, was ihm aber der Pfarrer entschieden mißriet. Hingegen ward ihm nahegelegt, ob er nicht einen braven Bauernburschen, dem dieser Silberlinge wegen einmal Unrecht geschehen, ein kleines Andenken hinterlassen wolle?

Aber der Hiasel war nicht im Lande. Er war lange im Stegleitnerhofe gewesen, und man hatte schon davon gemunkelt, daß er dort die hübsche Haustochter heiraten werde – da wurde die Gegend plötzlich geräumt. Alle jungen, kräftigen Männer mußten fort. Es war die Zeit, in welcher nach dem Sprichwort die Weibsleute um jeden Stuhl rauften, auf dem einmal ein Mannsbild gesessen. – Wie die Meereshochflut, die den Damm zerreißt, so brach der Feind ins Vaterland herein. Oh, laßt mich schweigen von den Ereignissen jener Tage, sie waren furchtbar groß. Der Sturm war bald vorüber; viele Männer kehrten heim, viele blieben auf ewig aus. Der Hiasel kam mit einem durchschossenen Fuß zurück. Bei Königgrätz war's gewesen.

„Armer Bursch", so begrüßte der alte Stegleitner den Heimkehrenden, „jetzt bist ein zweites Mal unschuldigerweis geschlagen worden."

„Ich trag's", antwortete der Hiasel, „mir ist's nur *ihretwegen* hart!"

„Was ihretwegen!" sagte der Bauer, „ihre Ahndl, meine Mutter selig, hat auch einen hinkenden Mann gehabt. Dirndel, geh her! Schau, der Krumme kann dir nicht so leicht davonlaufen. Der lieb' Herrgott geb' seinen Segen dazu!"

Jetzt ist die Geschichte aus. Heute ist der Hiasel angesehener Stegleitner, und sein Weib vergilt ihm – soviel mir bekannt ist – hundertfach manch erlittene Unbill.

Der alte Talerbüchsen-Toni ist erst vor wenigen Jahren gestorben. Der größte Teil seiner Münzen ging auf das Begräbnis, etliche Stücke nahm er mit in seinen Sarg, darunter das mit dem wahrhaftigen Bildnisse der Mutter Gottes. Da ist's wohl kein Wunder, daß der Alte im Tode ein so wohlgemutes, fast schmunzelndes Gesicht machte und im Grabe schmunzelnd zu Asche zerfallen wird – bei den Talern.

Als ich um Hasenöl geschickt wurde

Im Jahre soundsoviel hatten wir zu Pfingsten noch einen Kübel Schweinsfett vorrätig. Der Vater hatte ihn nicht verkauft, weil er meinte, die Mutter würde ihn zu Hause aufbrauchen, und die Mutter hatte ihn nicht aufgebraucht, weil sie glaubte, der Vater würde ihn ja verkaufen wollen. Und während dieses wirtschaftlichen Zwiespaltes war das Fett ranzig geworden. Jetzt hätte es die Mutter gerne verkocht, allein sooft ein Sterz mit diesem Fett auf den Tisch kam, schnupperten die Knechte mit der Nase und sagten, Schusterschmer essen sie nicht! Es war kein Schusterschmer, es war heilig ein echtes, reines Schweinefett, und das wußten sie auch, und deshalb war es höllisch bösartig, daß sie solche Reden führten. Die Mutter war sonst ein sehr frohes und glückliches Weib, wenn aber ein Dienstbote über die Kost klagte, da wurde sie ganz verzagt und lud die anspruchsvollen Knechte wohl auch ein, sich nur selber einmal zum Herde zu stellen und mit den vorhandenen Mitteln eine Prälatenmahlzeit zu kochen. Unter Prälatenmahlzeit verstanden wir nämlich nichts Schlechtes.

Nun hatten wir zu dieser Zeit eine alte Einlegerin im Hause, die für alles einen guten Rat wußte. Sie war zwar auf beiden Augen blind, sah aber doch gleich, was da zu machen war.

„Ein schlechtes Schweineschmalz hast, Bäuerin!" rief sie kecklich aus, „ranziges Schmalz kaufen sie nur noch in der Apotheken, sonst nirgends nit und gewiß auch noch!"

Ja, die Apotheke, das ist wahr. Die hat im vorigen Jahre auch die Gamswurzeln genommen und Arnikablumen und gedörrte Hetschepetsch[1], die nimmt alles, was schmeckt[2], die

---

[1] Hagebutte
[2] riecht

nimmt auch das Schweineschmalz. Und ich, der zwölfjährige Hausbub, bin hervorgesucht worden, um am Pfingstmontag zeitlich in der Früh das Kübelchen beim Henkel an den Stock zu hängen und so über der Achsel hinabzutragen nach Kindberg in die Apotheke. Und bei dieser Gelegenheit sollte ich auch etwas anderes besorgen.

Da hatten wir zur selbigen Zeit einen alten Weber in der Einwohne, der nahm, wenn keine Arbeit war, oft den Kopf in beide Hände, brummte schier unheimlich vor sich hin und sagte dann zu dem, der just da war: „Mensch, ich werde ganz blöd. Just als hätte ich ein Hummelnest im Kopf, so tut's brummen, weiß der Ganggerl, was das ist. Immer einmal ganz dumm komm' ich mir vor, das ist mir jetzt schon zu dumm!"

Und antwortete ihm nun auf einmal die Einlegerin: „Wenn du dumm bist, Hartl, so mußt du dir mit Hasenöl die Schläfe einschmieren."

„Alte Dudl, wo soll denn ich ein Hasenöl hernehmen?" begehrte der Weber auf.

„In der Apotheke kriegt man's", lautete ihr Bescheid, und so sollte ich nun für den Weber-Hartl um zwei Groschen Hasenöl einkaufen in der Apotheke zu Kindberg. Hasenöl? Geben denn diese Tiere auch Öl so wie die Leinsamen und der Rübs? Natürlich wird's so sein, denn, wenn's kein Hasenöl gäbe, so könnte man ja keins kaufen.

Als ich nach langem Marsche gegen Mittag mit meinem Küblein in die lateinische Küche zu Kindberg kam, hieß es dort, Schweinsfett brauche man jetzt nicht, und wäre es auch ganz frisch.

„Es ist nit frisch!" versicherte ich, „es schmeckt schon!"

Dann sollte ich nur in die Apotheke nach Bruck hinabgehen! meinte der Herr lachend; ich aber dachte: Wenn du mir kein Schweinsfett abkaufst, so kaufe ich dir kein Hasenöl ab – und machte mich auf den Weg. – Daß es aber so lange Straßen geben kann auf der Welt, wie dieser Weg war bis Bruck! An beiden Seiten des Tales Berge und Gräben, das Wasser einmal rechts und dann links und dann wieder rechts; ein Dorf um das andere, dieses hatte einen Kirchturm, jenes keinen, in manchem Wirtshause gab es Musik, in manchem helles Geschrei; mancher Wanderer lallte taumelnd des Weges dahin, mancher ruhte friedsam im Straßengraben – und immer so fort. Allzumal muß auch erzählt werden, daß die Sonne sehr heiß schien und mein Schweinsfett hinter dem Rücken Fluchtversuche machte, wie später an den Spuren auf meinem Rock zu bemerken war.

Bruck ist eine Stadt. Ich hatte noch nie eine Stadt gesehen. Ein vielgereister Handwerksbursche hatte bei uns einmal erzählt, Wien, Paris und Bruck wären die größten Städte der Welt, und in Bruck stünde das achte Weltwunder: ein eiserner Brunnen.

Auf dem Wege zu solchen Merkwürdigkeiten wird man nicht müde. Die Sonne ging schon hinter den Berg hinüber, als ich mit meinem Küblein einzog in die große Stadt Bruck. Mein erstes war, dem eisernen Brunnen nachzufragen, denn auf dieses Wunder war ich vor allem gespannt. Welche Enttäuschung, als aus einem rostigen Gitterwerke ein Brunnen herausrann, ganz wie jeder andere Brunnen auch – von Wasser und nicht von Eisen.

Die Apotheke ließ sich auch nicht lange suchen, stand doch der heilige Josef mit dem Knäblein an die Tür gemalt, und der steht, das wußte ich schon, immer bei den Apotheken. Da drinnen war ein altes, weißköpfiges Männlein mit Brillen, die es dazu benutzte, über- oder unterhalb derselben recht schalkhaft auf mich herabzublicken, als ich mein Schweinsfett ausbot, das Pfund um sieben Groschen. Er fragte, ob Safran in der Butten wäre! Worauf ich eine Weile tat, als besänne ich mich.

„Na, na", näselte das Herrlein, „wenn du deine Schmier nicht gern gibst, so geh nur gleich wieder!" Da ließ ich sie ihm ab. Er wog das Küblein mit einer unendlichen Gleichgültigkeit, das gab gerade drei Pfund, das Holz wie das Fett zahle er pro Pfund zu fünf Groschen. Der Kübel wurde in eine dunkle Nebenkammer getragen, leichten Herzens bin ich von ihm geschieden. – Und nun um zwei Groschen Hasenöl! – Solle in einer Viertelstunde wiederkommen.

Ich war hungrig und durstig geworden, ging hinaus und suchte ein Wirtshaus. Es standen ihrer ein paar stattliche da herum, mit großen Fensterscheiben, durch die schneeweiß gedeckte Tische zu sehen waren. Ich traute ihnen nicht recht. Wenn andere *gute* Wirtshäuser suchen, so ist das ihre Sache, ich für meinen Teil suchte ein schlechtes, war mir wohl bewußt, was draufgehen durfte. Glücklich fand ich das gesuchte; die Stube war dunkel und voller Fliegen, die an den braunen, klebrigen Holztischen herumkrochen; das halbe Seidel Wein war lau und kamig[3], aber naß, und das genügte mir. Die Semmel von vorgestern war schon deshalb zweckmäßig, weil sie mehr ausgab als etwa eine von heute. Diese Genüsse verschlangen zu meinem nicht geringen Schrecken ein halbes Pfund Schweinsfett, und ich – als der bloß nach Kindberg Geschickte – durfte über das Kapital nicht verfügen!

In die Apotheke zurückgekehrt, gab es dort Leute. Ich hatte zu warten und setzte mich hinterwärts auf eine Winkelbank, von der aus schön zu sehen war, wie dieses ehrwürdige Geschäft, mit allerhand Mittel die Leute gesundzumachen, betrieben wurde. Da kam jemand und verlangte Fuchsschmalz. Das alte Männlein langte in einen schwefelgelben Tiegel vom Gesims, stach mit einem zierlichen Schaufelchen ein Batzlein heraus auf ein Papier, legte es auf die kleine Waage: „So, Vetter, da sind vier Quintel Fuchsschmalz, kosten zwei Groschen." Hernach verlangte eine Frau Pillen. Eine andere bekam ein winziges Fläschchen. Ein Knabe begehrte Dachsfett als Mittel gegen den Kropf. Der Apotheker langte emsig nach dem schwefelgelben Tiegel auf dem Gesims und gab, ähnlich wie früher, das Verlangte. Das fiel mir auf, er mußte sich ver-

[3]kamig = trüb, schlecht geworden

griffen haben, in diesem Tiegel war doch das Fuchsschmalz. Hierauf wurden Pulver angefertigt und kleine Schächtelchen und Fläschchen allerlei. Ein altes Weib kam hereingehumpelt, beklagte sich über die Gicht, und ob sie nicht eine Gichtsalbe haben könne. „Gewiß, liebe Frau!" sagte das Männlein, langte wieder nach dem schwefelgelben Tiegel und gab die Gichtsalbe heraus. Jetzt hub dieser schwefelgelbe Tiegel auf dem Gesims an, mir unheimlich zu werden. Weil die Zeit verging und ich immer noch nicht bemerkt wurde, so trat ich endlich aus dem Winkel hervor und bat um mein Hasenöl.

„Ei ja richtig, Kleiner. Du bist auch da. Du bekommst Hasenöl!" sprach freundlich das Männlein, nahm den Schwefelgelben vom Gesims und stach mir gestocktes Hasenöl heraus.

Noch hatte ich das kostbare Mittel, welches in ein ganz kleines Tiegelchen getan war, kaum geborgen in meinem verläßlichsten Rocksack und es redlich bezahlt, als wieder ein Frauchen zur Tür hereinkam und fragte, ob frisches Schweinsfett zu haben wäre als Medizin?

„Vollkommen frisch!" rief der Apotheker, „heute erst bekommen!" und stach aus dem schwefelgelben Tiegel Schweinsfett.

Hierauf bin ich fortgegangen und habe gleich bei mir selber die Erfahrung gemacht, wie heilsam so ein bißchen Hasenöl ist gegen die Dummheit. – Fuchsschmalz, Dachsfett, Gichtpflaster, Hasenöl und Schweinsfett, alles in *einem* Tiegel! Jetzt erst ist mir klargeworden, welch einen Schatz von köstlichen Arzneien ich in meinem Kübel aus dem Gebirge herabgeschleppt hatte.

Als ich von der Bruckerstadt fortging, lagen die Schatten der Berge schon weit in das Tal hinein. Meine Füße hatten sich in schwerem Schuhwerk heißgegangen, auch das Atemziehen machte sich wichtig, und es war, als ob mir jemand ein hartes Brett fest an die Brust gebunden hätte. Nach Alpl waren es bloß noch acht Stunden. Weil es etwas langsam voranging, so holte mich ein Fuhrwerk ein. Zwei klobige Pferde zogen einen großen Bauernwagen, auf dessen Vordersitz ein Bursche, etwa in meinem Alter, kutschierte. Der Wagen selbst war fast leer. Er war mit Lärchentaufeln[4] nach Bruck zum Faßbinder gefahren, auf dem Rückweg hatte er einen Sack Feldbohnen und einen Stock Salz aufgeladen; daneben war noch reichlich Platz für einen einfältigen Buben, der am Leiblein ein Paar müde Beine hatte, hingegen aber in der Tasche die Salbe für Dummköpfe, die gescheit werden wollen. Ich war bereits so gescheit, um den Burschen auf dem Wagen anzurufen, ob er mich aufsitzen lassen wolle.

„Wohin willst denn?" fragte er fast vornehm von seiner Höhe herab.

„Heimzu."

„So setz dich auf, ich fahr' auch heimzu."

Bald war der Bohnensack mein Kopfkissen und der Salzstock mein Schlafkamerad, der Fuhrmann schnalzte mit der Peitsche, und es ging knarrend voran. – Viel weiß ich nicht von derselbigen Fahrt „heimzu". Einmal, als ganz zufällig die Augen aufgingen, sah ich kohlschwarze Baumzacken in den nächtigen Himmel aufragen, welche ganz unheimlich ächzten, knarrten und holperten. Und dann wieder nichts.

Als ich erwachte, na, das war etwas! Da lag ich auf dem Wagen unter einem alten Holzschuppen, um mich war ein heller Tag und eine fremde Welt. Eine schreckbar fremde Welt. Der rauschende Bach mit der Mühle daneben, das gemauerte Haus mit einer breiten, braun angestrichenen Tür, der Anger mit den Pferden, und solcherlei war mir seltsam genug, noch unheimlicher war etwas anderes. Dort hinter den Waldbergen stand breit und hoch etwas Weißes, Leuchtendes auf, fast ähnlich den mittägigen Sommerwolken, wie sie sich am Sehkreise emporbauen, wenn's nachmittags Gewitter gibt. Aber das stand so starr und ruppig und rissig da im Sonnenschein, und von unten hinauf sah es aus, als ob blauende Wälder

---

[4] Faßdauben

sich hinzögen, von steilen grauen Streifen überall unterbrochen. Und höher oben war alles wie purer Stein, der zerklüftet und zersprungen ist. Und so war es voran oben, und so war es rechts oben, und so war es links oben und überall die ungeheure Höhe, daß mir schwindlig ward, als ich den Kopf so weit nach rückwärts bog, um hinaufzuschauen. Mein Lebtag hatte ich derlei nicht gesehen. Zum Glück kam nun mein junger Fuhrmann, der fragte mit lautem Lachen, ob ich gut geschlafen hätte. Vom Wagen gesprungen war ich schon, so rief ich nun voll Entsetzen: „Mensch, wohin hast du mich geführt?"

„Heimzu!" lachte er, „da bin ich daheim."

„Wie heißt's denn da?"

„Da heißt's Tragöß", sagte er.

„Und da droben? Was ist denn das lauter?"

„Die Berge meinst?"

„Nit die Berge, was *hinter* den Bergen so steht, das meine ich."

„Jeßtl!" lachte der Bursche und klatschte mit beiden Händen auf seine Knie, „das sind halt wieder Berge, da ist die Mesnerin, dort ist die Pribitzen, und hier ist der Hochturm, und du sollst jetzt ins Haus gehen, Suppen essen."

So habe ich an jenem Morgen das erstemal die hohen Felsenberge in der Nähe gesehen und jene Gegend, aus der mir fünfundzwanzig Jahre später der Geist zu meinem „Gottsucher" aufgestiegen ist. Auf dem Tisch der Hausstube, in die der Junge mich geführt, stand schon die dampfende Suppenschüssel mit weißem Brote. Ich wollte aber den Löffel nicht in die Hand nehmen; ißt du, so gehörst du ihnen, mußt dableiben und weißt gar nit, wer sie sind. Von der Küche kam ein älteres Weiblein herein, das schlug die Hände über den Kopf zusammen, als es hörte, wie weit ich verführt worden war und daß ich anstatt nach Krieglach im Mürztale nach Tragöß am Fuß des Hochschwabgebietes gekommen bin.

„Jetzt mußt erst recht essen, Bübel, daß du nachher heimgehen magst."

„Frau Mutter, wie weit hab' ich denn heim?"

„Jetzt wart einmal", antwortete sie und hub an, an ihren Fingern die Ortschaften und die Stunden abzuzählen, „ihrer zwölf Stunden wirst wohl brauchen bis ins Krieglach hinaus. Bist aber schon ein rechtes Tschapperl! So fest schlafen! Mein Seppel hat's freilich nit wissen können, wo du hinwillst, und hat sich gedacht, 's wird eh recht sein ins Tragöß hinein. Aber das ist jetzt schon ein helles Kreuz. Mach dir nur nichts draus, mein Wagen hat dich hergeführt, und dein Schutzengel wird dich hinführen."

Während sie mich so tröstete, war draußen in der Küche fortwährend ein klägliches Wimmern, und nun kam der Seppel herein und berichtete, das Mentschl hätte halt wieder gar soviel Zahnweh.

„Was aber das Zahnweh für ein Elend ist!" rief das Weib, „jetzt leidet das Kind schon die ganze Nacht wie eine arme Seel' im Fegfeuer. Alles haben wir schon angewendet: heiße Tücher aufgelegt, kaltes Wasser in den Mund getan, mit Rosenbuschbalsam ausgewaschen, Kalmusgeist hineingetropft, mit Salz eingerieben, einen Mariazeller Rosenkranz umgehängt, zwei Zehen mit einem Seidenfaden zusammengebunden, die Füße ins Ofenloch gesteckt und sonst allerhand Sympathiemittel angewendet. Einen Kletzen hat's geholfen! Schreien tut das arme Wesen, als ob man's wollt köpfen, und jetzt weiß ich nichts mehr. – Katherl, Katherl, du gutes, armes Kindel, du! Wart einmal, jetzt will ich dir Hühnermist aufs Gnack[5] legen, das zieht's aus, das hilft, Katherl, wirst es schon sehen, das hilft!" Damit eilte sie wieder hinaus.

Das ganze Hausgesinde war zusammengeeilt um die Leidende, die nun neuerdings anhub, herzbrecherisch zu schreien: „ Mein Zahnt, mein Zahnt! Ahndl, mein Zahnt tut mir so viel weh!"

„Laß nur Zeit", tröstete die Angerufene, „das Mittel greift

---

[5] Genick

halt an, jetzt wird's bal besser sein, schau, bist ja mein liebes Katherl, du!"

Auch ich war in die Küche hinausgegangen. Auf dem Herde, mit den Füßen im Ofenloch, kauerte ein Dirndl, das ein so rundes, liebes Gesichtlein hatte, seine gefalteten Hände, wie um Hilfe flehend, an die rechte geschwollene Wange preßte und mich schrecklich erbarmte. Jedes im Hause hatte schließlich noch ein Mittel gewußt, keines und gar keines hatte geholfen. Ein Mensch war zugegen, der behauptete, Dummheit wär's, die Zähne nicht ordentlich zu pflegen, und deswegen allerweil das Zahnweh! – Gott, wenn's von der Dummheit kommt, da muß ja mein Hasenöl helfen! – Aus meinem tiefen Sack zog ich das kostbare Tiegelchen hervor und aus meinem gescheiten Kopf den guten Rat, mit diesem gestockten Hasenöl die geschwollene Wange einzuschmieren. – „Schaden wird's wohl doch nit, wenn's ein Hasenöl von der Apotheken ist, kann's unmöglich schaden!" sprach die Großmutter und fettete das Dirndel ein. – Nicht fünf Minuten, so rief die Kleine aus: „Ahndl, jetzt ist's gut!", und flink sprang sie vom Herd herab.

Freilich ging nun meine Not an, denn alles Hasenöl wollten sie haben, ich sollt' nur sagen, was es kostet! Von ihren dringenden Bitten kamen sie erst ab, als das geheilte Dirndl erklärte, der Zahn wäre so fest gut geworden, daß er gar nimmer weh tun werde, also konnte ich mein Öl wieder in den Sack stecken und sehen, wie man von Tragöß nach Krieglach-Alpl kommt.

Unterwegs bedachte ich das Hasenöl. Wenn es beim dummen Weber-Hartl auch so heftig wirkt wie bei dem Zahnweh-Dirndl, dann geht er mit den drei Weisen aus dem Morgenlande als der vierte.

Nach einer fünfstündigen Wanderung war ich beiläufig wieder dort, wo der müde Junge einen Tag früher in den Bauernwagen gestiegen. In einem Gehöfte sprach ich zu und fragte, wieviel es an der Uhr sei, wie weit es noch bis Krieglach wäre, ob ich wohl den richtigen Weg hätte. Die gründlichsten Auskünfte haben sie gegeben, jedoch, ob ich etwa einen Löffel Suppe möchte, das fragte niemand. Unter einem Kirschbaum lag ein Mensch und wimmerte vor Kopfweh; alsogleich wollte ich mein Mittel anbieten, jedoch ein Weibsbild behauptete scharf und stramm, das Kopfweh sei in der vorigen Nacht in einem Wirtshause eingekauft worden, und vor dem Abend gebe es gar kein Mittel; am Abend aber würde dieser Kopf schon von selber gut, hingegen dürften nachher dem, der ihn aufhätte, die Backen weh tun! – Eine Handbewegung des Weibes hat das undeutliche Wort sehr klargestellt.

Unterwegs nach Krieglach lud mich ein Flossenführer[6] ein, auf seinen Eisenschollen Platz zu nehmen; ich, besorgt, auch der möchte mich „heimzu" führen in die Stanz oder in die Veitsch oder sonstwohin, wollte daher ablehnen. Der Fuhrmann kannte mich aber und sagte, daß er über Alpl nach dem Rettenegger Hammer fahre – ja, das war freilich eine Schickung Gottes. Gelegen bin ich mein Lebtag schon weicher als damals auf den Eisenflossen, geschlafen habe ich selten besser. Richtig hätte ich mich jetzt auch an Alpl vorbei bis weit hinüber ins Rettenegg geschlafen, wenn mein Führer mich nicht abgesetzt hätte beim Heidenbauern-Thörl, nahe von daheim.

Um Mitternacht kam ich zu Hause an. Sie waren ein wenig in Spannung und schliefen noch nicht. „Wir haben schon gemeint, der Kindberger Apotheker hat zum Schweineschmalz dich selber als Draufgab' genommen", sagte der Vater, das war Spaß. Dem alten Weber-Hartl jedoch war etwas ganz anderes eingefallen. Er erinnerte sich, einmal gehört zu haben, daß die Apotheker jährlich ein Menschenkind abtäten, um daraus eine ganz besondere Medizin für ganz besondere Krankheiten zu gewinnen. – Es war wohl die höchste Zeit für den alten Hartl, daß ich mit dem Hasenöl heimkam!

---

[6] Flözenfahrer, hier Roheisenführer

Erst steckte er seine Nase ins Tiegelchen. „Scharf schmecken tut's, das wird schon angreifen", murmelte er, „tut eh schon wieder so viel brummen im Kopf." Mein Vater roch auch und schaute mich grauenhaft streng an. – Ich hatte nie begriffen, weshalb die Apotheker auf jeden Tiegel, den sie verkaufen, einen Zettel mit ihrem Namen und Wohnort kleben. Jetzt ward es mir klar, ohne diesen Zettel auf dem Tiegelchen hätte man es mir daheim niemals geglaubt, daß ich mein Hasenöl nicht aus dem Schweinsfettkübel genommen, sondern aus der Apotheke „Zum heiligen Josef" in Bruck.

„Hat er's genommen, wo der will", rief der alte Weber hochgemut aus, „wenn's nur hilft!" und begann sich gleich die Stirn einzureiben mit dem Hasenöl.

Hat's geholfen? – Nun, die Wahrheit zu sagen, beim alten Weber-Hartl konnte eine nennenswerte Besserung nicht nachgewiesen werden, hingegen ist mein Vater durch dieses Hasenöl klüger geworden, obschon er sich damit gar nicht eingerieben hatte. Er hat wohl auch in späterer Zeit noch manches Küblein Schweinsfett, manches Bündlein Wurzeln und Kräuter in die Apotheke geschickt – holen aber ließ er nichts mehr aus ihr. – Das für alles heilsame „Hasenöl" hat uns für alle Zukunft geheilt.

Als ich Christtagsfreude holen ging

In meinem zwölften Lebensjahre wird es gewesen sein, als am Frühmorgen des heiligen Christabends mein Vater mich an der Schulter rüttelte: ich solle aufwachen und zur Besinnung kommen, er habe mir etwas zu sagen. Die Augen waren bald offen, aber die Besinnung! Als ich unter der Mithilfe der Mutter angezogen war und bei der Frühsuppe saß, verlor sich die Schlaftrunkenheit allmählich, und nun sprach mein Vater: „Peter, jetzt höre, was ich dir sage. Da nimm einen leeren Sack, denn du wirst was heimtragen. Da nimm meinen Stekken, denn es ist viel Schnee, und da nimm eine Laterne, denn der Pfad ist schlecht und die Stege sind vereist. Du mußt hinabgehen nach Langenwang. Den Holzhändler Spreitzegger zu Langenwang, den kennst du, der ist mir noch immer das Geld schuldig, zwei Gulden und sechsunddreißig Kreuzer für den Lärchenbaum. Ich lass' ihn bitten drum; schön höflich anklopfen und den Hut abnehmen, wenn du in sein Zimmer trittst. Mit dem Geld gehst nachher zum Kaufmann Doppelreiter und kaufest zwei Maßel Semmelmehl und zwei Pfund Rindschmalz und um zwei Groschen Salz, und das tragst heim."

Jetzt war aber auch meine Mutter zugegen, ebenfalls schon angekleidet, während meine sechs jüngeren Geschwister noch ringsum an der Wand in ihren Bettchen schliefen. Die Mutter, die redete drein wie folgt: „Mit Mehl und Schmalz und Salz allein kann ich kein Christtagsessen richten. Ich brauch' dazu noch Germ[1] um einen Groschen, Weinbeerln um fünf Kreuzer, Zucker um fünf Groschen, Safran um zwei Groschen und Neugewürz um zwei Kreuzer. Etliche Semmeln werden auch müssen sein."

---

[1] Hefe

„So kaufest es", setzte der Vater ruhig bei. „Und wenn dir das Geld zuwenig wird, so bittest den Herrn Doppelreiter, er möcht' die Sachen derweil borgen, und zu Ostern, wenn die Kohlenraitung[2] ist, wollt' ich schon fleißig zahlen. Eine Semmel kannst unterwegs selber essen, weil du vor Abend nicht heimkommst. Und jetzt kannst gehen, es wird schon fünf Uhr, und daß du noch die Achter-Messe erlangst zu Langenwang."

Das war alles gut und recht. Den Sack band mein Vater mir um die Mitte, den Stecken nahm ich in die rechte Hand, die Laterne mit der frischen Unschlittkerze in die linke, und so ging ich davon, wie ich zu jener Zeit in Wintertagen oft davongegangen war. Der durch wenige Fußgeher ausgetretene Pfad war holperig im tiefen Schnee, und es ist nicht immer leicht, nach den Fußstapfen unserer Vorderen zu wandeln, wenn diese zu lange Beine gehabt haben. Noch nicht dreihundert Schritte war ich gegangen, so lag ich im Schnee, und die Laterne, hingeschleudert, war ausgelöscht. Ich suchte mich langsam zusammen, und dann schaute ich die wunderschöne Nacht an. Anfangs war sie ganz grausam finster, allmählich hub der Schnee an, weiß zu werden und die Bäume schwarz, und in der Höhe war helles Sternengefunkel. In den Schnee fallen kann man auch ohne Laterne, so stellte ich sie seithin unter einen Strauch, und ohne das Licht ging's nun besser als vorhin.

In die Talschlucht kam ich hinab, das Wasser des Fresenbaches war eingedeckt mit glattem Eis, auf welchem, als ich über den Steg ging, die Sterne des Himmels gleichsam Schlittschuh liefen. Später war ein Berg zu übersteigen; auf dem Passe, genannt der „Höllkogel", stieß ich zur wegsamen Bezirksstraße, die durch Wald und Wald hinabführt in das Mürztal. In diesem lag ein weites Meer von Nebel, in welches ich sachte hineinkam, und die feuchte Luft fing an, einen Geruch zu haben, sie roch nach Steinkohlen; und die Luft fing an,

[2] Verrechnung für Holzkohle

fernen Lärm an mein Ohr zu tragen, denn im Tale hämmerten die Eisenwerke, rollte manchmal ein Eisenbahnzug über dröhnende Brücken.

Nach langer Wanderung ins Tal gekommen zur Landstraße, klingelte Schlittengeschelle, der Nebel ward grau und lichter, so daß ich die Fuhrwerke und Wandersleute, die für die Feiertage nach ihren Heimstätten reisten, schon auf kleine Strecken weit sehen konnte. Nachdem ich eine Stunde lang im Tale fortgegangen war, tauchte links an der Straße im Nebel ein dunkler Fleck auf, rechts auch einer, links mehrere, rechts eine ganze Reihe – das Dorf Langenwang.

Alles, was Zeit hatte, ging der Kirche zu, denn der Heilige Abend ist voller Vorahnung und Gottesweihe. Bevor noch die Messe anfing, schritt der hagere, gebückte Schulmeister durch die Kirche, musterte die Andächtigen, als ob er jemanden suche. Endlich trat er an mich und fragte leise, ob ich ihm nicht die Orgel melken wolle, es sei der Mesnerbub krank. Voll Stolz und Freude, also zum Dienste des Herrn gewürdigt zu sein, ging ich mit ihm auf den Chor, um bei der heiligen Messe den Blasebalg der Orgel zu ziehen. Während ich die zwei langen Lederriemen abwechselnd aus dem Kasten zog, in welchen jeder derselben allemal wieder langsam hineinkroch, orgelte der Schulmeister, und seine Tochter sang also:

„Tauet, Himmel, den Gerechten,
Wolken, regnet ihn herab!
also rief in bangen Nächten
einst die Welt, ein weites Grab.
In von Gott verhaßten Gründen
herrschten Satan, Tod und Sünden,
fest verschlossen war das Tor
zu dem Himmelreich empor.“

Ferner erinnere ich mich, an jenem Morgen nach dem Gottesdienste in der dämmerigen Kirche vor ein Heiligenbild hingekniet zu sein und gebetet zu haben um Glück und Segen zur Erfüllung meiner bevorstehenden Aufgabe. Das Bild stellte die vierzehn Nothelfer dar – einer wird doch dabeisein, der zur Eintreibung der Schulden behilflich ist. Es schien mir aber, als schiebe während meines Gebetes auf dem Bilde einer sich sachte hinter den andern zurück.

Trotzdem ging ich guten Mutes hinaus in den nebeligen Tag, wo alles emsig war in der Vorbereitung zum Feste, und ging dem Hause des Holzhändlers Spreitzegger zu. Als ich daran war, zur vorderen Tür hineinzugehen, wollte der alte Spreitzegger, soviel ich mir später reimte, durch die hintere Tür entwischen. Es wäre ihm gelungen, wenn mir nicht im Augenblicke geschwant hätte: Peter, geh nicht zur vorderen Tür ins Haus wie ein Herr, sei demütig, geh zur hinteren Tür hinein, wie es dem Waldbauernbub geziemt. Und knapp an der hinteren Tür trafen wir uns.

„Ah, Bübel, du willst dich wärmen gehen", sagte er mit geschmeidiger Stimme und deutete ins Haus, „na, geh dich nur wärmen. Ist kalt heut!" Und wollte davon.

„Mir ist nicht kalt", antwortete ich, „aber mein Vater läßt den Spreitzegger schön grüßen und bitten ums Geld."

„Ums Geld? Wieso?" fragte er. „Ja richtig, du bist der Waldbauernbub. Bist früh aufgestanden, heut, wenn du schon den weiten Weg kommst. Rast nur ab. Und ich lass' deinen Vater auch schön grüßen und glückliche Feiertage wünschen; ich komm' ohnehin ehzeit einmal zu euch hinauf, nachher wollen wir schon gleich werden."

Fast verschlug's mir die Rede, stand doch unser ganzes Weihnachtsmahl in Gefahr vor solchem Bescheid.

„Bitt' wohl von Herzen schön ums Geld, muß Mehl kaufen und Schmalz und Salz, und ich darf nicht heimkommen mit leerem Sack."

Er schaute mich starr an. „Du kannst es!" brummte er, zerrte mit zäher Gebärde eine große, rote Brieftasche hervor, zupfte in den Papieren, die wahrscheinlich nicht pure Banknoten waren, zog einen Gulden heraus und sagte: „Na, so nimm derweil das, in vierzehn Tagen wird dein Vater den Rest schon kriegen. Heut hab' ich nicht mehr."

Den Gulden schob er mir in die Hand, ging davon und ließ mich stehen.

Ich blieb aber nicht stehen, sondern ging zum Kaufmann Doppelreiter. Dort begehrte ich ruhig und gemessen, als ob nichts wäre, zwei Maßel Semmelmehl, zwei Pfund Rindschmalz, um zwei Groschen Salz, um einen Groschen Germ, um fünf Kreuzer Weinbeerln, um fünf Groschen Zucker, um zwei Groschen Safran und um zwei Kreuzer Neugewürz. Der Herr Doppelreiter bediente mich selbst und machte mir alles hübsch zurecht in Päckchen und Tütchen, die er dann mit Spagat zusammen in ein einziges Paket band und an den Mehlsack so hängte, daß ich das Ding über der Achsel tragen konnte, vorn ein Bündel und hinten ein Bündel. Als das geschehen war, fragte ich mit einer nicht minder tückischen Ruhe als vorhin, was das alles zusammen ausmache.

„Das macht drei Gulden fünfzehn Kreuzer", antwortete er mit Kreide und Mund.

„Ja, ist schon recht", hierauf ich, „da ist derweil ein Gulden, und das andere wird mein Vater, der Waldbauer in Alpl, zu Ostern zahlen."

Schaute mich der bedauernswerte Mann an und fragte ungleich: „Zu Ostern? In welchem Jahr?"

„Na, nächst Ostern, wenn die Kohlenraitung ist."

Nun mischte sich die Frau Doppelreiterin, die andere Kunden bediente, drein und sagte: „Laß ihm's nur, Mann, der Waldbauer hat schon öfter auf Borg genommen und nachher allemal ordentlich bezahlt. Laß ihm's nur."

„Ich lass' ihm's ja, werd' ihm's nicht wieder wegnehmen", antwortete der Doppelreiter. Das war doch ein bequemer Kaufmann! Jetzt fielen mir auch die Semmeln ein, welche meine Mutter noch bestellt hatte.

„Kann man da nicht auch fünf Semmeln haben?" fragte ich.

„Semmeln kriegt man beim Bäcker", sagte der Kaufmann.

Das wußte ich nun gleichwohl, nur hatte ich mein Lebtag nichts davon gehört, daß man ein paar Semmeln auf Borg nimmt, daher vertraute ich der Kaufmännin, die sofort als Gönnerin zu betrachten war, meine vollständige Zahlungsunfähigkeit an. Sie gab mir zwei bare Groschen für Semmeln, und als sie nun noch beobachtete, wie meine Augen mit den reiffeuchten Wimpern fast unablösbar an den gedörrten Zwetschken hingen, die sie einer alten Frau in den Korb tat, reichte sie mir auch noch eine Handvoll dieser köstlichen Sache zu: „Unterwegs zum Naschen."

Nicht lange hernach, und ich trabte, mit meinen Gütern reich und schwer bepackt, durch die breite Dorfgasse dahin. Überall in den Häusern wurde gemetzgert, gebacken, gebraten, gekellert; ich beneidete die Leute nicht; ich bedauerte sie vielmehr, daß sie nicht ich waren, der, mit so großem Segen beladen, gen Alpl zog. Das wird morgen ein Christtag werden! Denn die Mutter kann's, wenn sie die Sachen hat. Ein Schwein ist ja auch geschlachtet worden daheim, das gibt Fleischbrühe mit Semmelbrocken, Speckfleck, Würste, Nieren-Lümperln, Knödelfleisch mit Kren, dann erst die Krapfen, die Zuckernudeln, das Schmalzkoch mit Weinbeerln und Safran! – Die Herrenleut' da in Langenwang haben so was alle Tag', das ist nichts, aber wir haben es im Jahr einmal und kommen mit unverdorbenem Magen dazu, *das* ist was! – Und doch dachte ich auf diesem belasteten Freudenmarsch weniger noch ans Essen als an das liebe Christkind und sein hochheiliges Fest. Am Abende, wenn ich nach Hause komme, werde ich aus der Bibel davon vorlesen, die Mutter und die Magd Mirzel werden Weihnachtslieder singen; dann, wenn es zehn Uhr wird, werden wir uns aufmachen nach Sankt Kathrein und in der Kirche die feierliche Christmette begehen bei Glock', Musik und unzähligen Lichtern. Und am Seitenaltar ist das Krippel aufgerichtet mit Ochs und Esel und den Hirten, und auf dem Berg die Stadt Bethlehem und darüber die Engel, singend: Ehre sei Gott in der Höhe! – Diese

Gedanken trugen mich anfangs wie Flügel. Doch als ich eine Weile die schlittenglatte Landstraße dahingegangen war, unter den Füßen knirschenden Schnee, mußte ich mein Doppelbündel schon einmal wechseln von einer Achsel auf die andere.

In der Nähe des Wirtshauses „Zum Sprengzaun" kam mir etwas Vierspänniges entgegen. Ein leichtes Schlittlein, mit vier feurigen, hochaufgefederten Rappen bespannt, auf dem Bock ein Kutscher mit glänzenden Knöpfen und einem Buttenhut. Der Kaiser? Nein, der Herr Wachtler vom Schlosse Hohenwang saß im Schlitten, über und über in Pelze gehüllt und eine Zigarre schmauchend. Ich blieb stehen, schaute dem blitzschnell vorüberrutschenden Zeug eine Weile nach und dachte: Etwas krumm ist es doch eingerichtet auf dieser Welt: da sitzt ein starker Mann drin und läßt sich hinziehen mit so viel überschüssiger Kraft, und ich vermag mein Bündel kaum zu schleppen.

Mittlerweile war es Mittagszeit geworden. Durch den Nebel war die milchweiße Scheibe der Sonne zu sehen; sie war nicht hoch am Himmel hinaufgestiegen, denn um vier Uhr wollte sie ja wieder unten sein, zur langen Christnacht. Ich fühlte in den Beinen manchmal so ein heißes Prickeln, das bis in die Brust hinaufstieg, es zitterten mir die Glieder. Nicht weit von der Stelle, wo der Weg nach Alpl abzweigt, stand ein Kreuz mit dem lebensgroßen Bilde des Heilands. Es stand, wie es heute noch steht, an seinem Fuß Johannes und Magdalena, das Ganze mit einem Bretterverschlag verwahrt, so daß es wie eine Kapelle war. Vor dem Kreuze auf die Bank, die für kniende Beter bestimmt ist, setzte ich mich nieder, um Mittag zu halten. Eine Semmel, die gehörte mir, meine Neigung zu ihr war so groß, daß ich sie am liebsten in wenigen Bissen verschluckt hätte. Allein das schnelle Schlucken ist nicht gesund, das wußte ich von anderen Leuten, und das langsame Essen macht einen längeren Genuß, das wußte ich schon von mir selber. Also beschloß ich, die Semmel recht gemächlich und bedächtig zu genießen und dazwischen manchmal eine gedörrte Zwetschke zu naschen.

Es war eine sehr köstliche Mahlzeit; wenn ich heute etwas recht Gutes haben will, das kostet außerordentliche Anstrengungen aller Art; ach, wenn man nie und nie einen Mangel zu leiden hat, wie wird man da arm.

Und wie war ich so reich damals, als ich arm war!

Als ich nach der Mahlzeit mein Doppelbündel wieder auflud, war's ein Spaß mit ihm, flink ging es voran. Als ich später in die Bergwälder hinaufkam und der graue Nebel dicht in den schneebeschwerten Bäumen hing, dachte ich an den Grabler-Hansel. Das war ein Kohlenführer, der täglich von Alpl seine Fuhre ins Mürztal lieferte. Wenn er auch heute gefahren wäre! Und wenn er jetzt heimwärts mit dem leeren Schlitten des Weges käme und mir das Bündel auflüde! Und am Ende gar mich selber! Daß es so heiß sein kann im Winter! Mitten in Schnee und Eisschollen schwitzen! Doch morgen wird alle Mühsal vergessen sein. – Derlei Gedanken und Vorstellungen verkürzten mir unterwegs die Zeit.

Auf einmal roch ich starken Tabakrauch. Knapp hinter mir ging – ganz leise auftretend – der grüne Kilian. Der Kilian war früher einige Zeit lang Forstgehilfe in den gewerkschaftlichen Wäldern gewesen, jetzt war er's nicht mehr, wohnte mit seiner Familie in einer Hütte drüben in der Fischbacher Gegend, man wußte nicht recht, was er trieb. Nun ging er nach Hause. Er hatte einen Korb auf dem Rücken, an dem er nicht schwer zu tragen schien, sein Gewand war noch ein jägermäßiges, aber hübsch abgetragen, und sein schwarzer Vollbart ließ nicht viel sehen von seinem etwas fahlen Gesichte. Als ich ihn bemerkt hatte, nahm er die Pfeife aus dem Munde, lachte laut und sagte: „Wo schiebst denn hin, Bub?"

„Heimzu", meine Antwort.

„Was schleppst denn?"

„Sachen für den Christtag."

„Gute Sachen? Der Tausend Sapperment! Wem gehörst denn zu?“

„Dem Waldbauer.“

„Zum Waldbauer willst gar hinauf! Da mußt gut antauchen.“

„Tu's schon“, sagte ich und tauchte an.

„Nach einem solchen Marsch wirst gut schlafen bei der Nacht“, versetzte der Kilian, mit mir gleichen Schritt haltend.

„Heut wird nicht geschlafen bei der Nacht, heut ist Christnacht.“

„Was willst denn sonst tun, als schlafen bei der Nacht?“

„Nach Kathrein in die Mette gehen.“

„Nach Kathrein?“ fragte er, „den weiten Weg?“

„Um zehn Uhr abends gehen wir vom Haus fort, und um drei Uhr früh sind wir wieder daheim.“

Der Kilian biß in sein Pfeifenrohr und sagte: „Na, hörst du, da gehört viel Christentum dazu. Beim Tag ins Mürztal und bei der Nacht in die Mette nach Kathrein! So viel Christentum hab' ich nicht, aber das sage ich dir doch: Wenn du dein Bündel in meinen Buckelkorb tun willst, daß ich es dir eine Zeitlang trage und du dich ausrasten kannst, so hast ganz recht, warum soll der alte Esel nicht auch einmal tragen!“

Damit war ich einverstanden, und während mein Bündel in seinen Korb sank, dachte ich: Der grüne Kilian ist halt doch ein besserer Mensch, als man sagt.

Dann rückten wir wieder an, ich huschte frei und leicht neben ihm her.

„Ja, ja, die Weihnachten!“ sagte der Kilian fauchend, „da geht's halt drunter und drüber. Da reden sich die Leut' in eine Aufregung und Frömmigkeit hinein, die gar nicht wahr ist. Im Grund ist der Christtag wie jeder andere Tag, nicht einen Knopf anders. Der Reiche, ja, der hat jeden Tag Christtag, unsereiner hat jeden Tag Karfreitag.“

„Der Karfreitag ist auch schön“, war meine Meinung.

„Ja, wer genug Fische und Butter und Eier und Kuchen und Krapfen hat zum Fasten!" lachte der Kilian.

Mir kam sein Reden etwas heidentümlich vor. Doch was er noch weiteres sagte, das verstand ich nicht mehr, denn er hatte angefangen, sehr heftig zu gehen, und ich konnte nicht recht nachkommen. Ich rutschte auf dem glitschigen Schnee mit jedem Schritt ein Stückchen zurück, der Kilian hatte Fußeisen angeschnallt, hatte lange Beine, war nicht abgemattet – da ging's freilich voran.

„Herr Kilian!" rief ich.

Er hörte es nicht. Der Abstand zwischen uns wurde immer größer, bei Wegbiegungen entschwand er mir manchmal ganz aus den Augen, um nachher wieder in größerer Entfernung, halb schon von Nebeldämmerung verhüllt, aufzutauchen. Jetzt wurde mir bang um mein Bündel. Kamen wir ja doch schon dem Höllkogel nahe. Das ist jene Stelle, wo der Weg nach Alpl und der Weg nach Fischbach sich gabeln. Ich hub an zu laufen; im Angesichte der Gefahr war alle Müdigkeit dahin, ich lief wie ein Hündlein und kam ihm näher. Was wollte ich aber anfangen, wenn ich ihn eingeholt hätte, wenn ihm der Wille fehlte, die Sachen herzugeben, und mir die Kraft, sie zu nehmen? Das kann ein schönes Ende werden mit diesem Tage, denn die Sachen lasse ich nicht im Stich, und sollte ich ihm nachlaufen müssen bis hinter den Fischbacher Wald zu seiner Hütte!

Als wir denn beide so merkwürdig schnell vorwärtskamen, holten wir ein Schlittengespann ein, das vor uns mit zwei grauen Ochsen und einem schwarzen Kohlenführer langsam des Weges schliff. Der Grabler-Hansel. Mein grüner Kilian wollte schon an dem Gespann vorüberhuschen, da schrie ich von hinten her aus Leibeskräften: „Hansel! Hansel! Sei so gut, leg mir meine Christtagsachen auf den Schlitten, der Kilian hat sie im Korb, und er soll sie dir geben!"

Mein Geschrei muß wohl sehr angstvoll gewesen sein, denn der Hansel sprang sofort von seinem Schlitten und nahm eine tatbereite Haltung ein. Und wie der Kilian merkte, ich hätte hier einen Bundesgenossen, riß er sich den Korb vom Rücken und schleuderte das Bündel auf den Schlitten. Noch knirschte er etwas von „dummen Bären“ und „Undankbarkeit“, dann war er aber auch schon davon.

Der Hansel rückte das Bündel zurecht und fragte, ob man sich draufsetzen dürfe. Das, bat ich, nicht zu tun.

So tat er's auch nicht, wir setzten uns hübsch nebeneinander auf den Schlitten, und ich hielt auf dem Schoß sorgfältig mit beiden Händen die Sachen für den Christtag. So kamen wir endlich nach Alpl. Als wir zur ersten Fresenbrücke gekommen waren, sagte der Hansel zu den Ochsen: „Oha!“ und zu mir „So!“ Die Ochsen verstanden und blieben stehen, ich verstand nicht und blieb sitzen. Aber nicht mehr lange, es war ja zum Aussteigen, denn der Hansel mußte links in den Graben hinein und ich rechts den Berg hinauf.

„Dank dir's Gott, Hansel!“

„Ist schon gut, Peterl.“

Zur Zeit, da ich mit meiner Last den steilen Berg hinanstieg gegen mein Vaterhaus, begann es zu dämmern und zu schneien. Und zuletzt war ich doch daheim.

„Hast alles?“ fragte die Mutter am Kochherd mir entgegen.

„Alles!“

„Brav bist. Und hungrig wirst sein.“

Beides ließ ich gelten. Sogleich zog die Mutter mir die klingendhart gefrorenen Schuhe von den Füßen, denn ich wollte, daß sie frisch eingefettet würden für den nächtlichen Mettengang. Dann setzte ich mich in der warmen Stube zum Essen.

Aber siehe, während des Essens geht es zu Ende mit meiner Erinnerung. – Als ich wieder zu mir kam, lag ich wohlausgeschlafen in meinem warmen Bette, und zum kleinen Fenster herein schien die Morgensonne des Christtages.

Als ich zum Pfluge kam

Das ist eines der allerkürzesten, aber der allerwichtigsten Kapitel, es führt mich aus der ersten kindlichen Jugend und aus der Hirtenzeit hinaus zur zielbewußten Arbeit und zur jungen Mannbarkeit.

Es bedurfte vieler Ränke, bis ich's vom Rinderhirten zum Pflüger brachte. Ich mußte mir den Fuß verstauchen, daß ich den Tieren nicht mehr entsprechend nachlaufen konnte; ich mußte auf der Weide Vogelnester entdecken, wodurch mein jüngerer Bruder geneigt wurde, an meiner Statt das Hirtenamt zu übernehmen; ich mußte endlich den Knecht Markus, der sonst den Pflug geleitet hatte, gewinnen, daß dieser versicherte: 's wär ein bequemes Zeug, ließe sich handhaben wie ein Taschenfeitel, und ich – der junge Bub – sei leidlich genug stark und geschickt, den Pflug zu führen.

Und ich stand da und streckte mich, daß ich dem langen Markus mindestens bis an die Achsel langte, und ich schüttelte einen Zaunstecken, daß er ächzte – zum Beweise meiner Reife für den Pflug. Aber mein Vater lachte und rief: „Geh, du bist ein kleiner Prahlhansel! Wär' not, es tät' dir noch alle Tag' ein anderer dein Hösel stäuben. Na ja, und jetzt will er den Ausgewachsenen spielen. Ist recht, pack nur an – wird nicht lang dauern!"

Auf dem Acker war's gesprochen. Der Markus stand zurück, und ich packte den Pflug bei den Hörnern.

Der Pflug in der Gegend meiner Heimat ist zwar nicht mehr der gekrümmte Baumast der Wilden, sonst jedoch ein unvollkommenes, plumpes Werkzeug. Der Bauer zimmert ihn selbst aus Birkenholz, die Eisenteile dazu nur holt er sich vom Schmied und die Räder vom Wagner. Die Hauptstücke des Pfluges sind: das Sech, Pflugmesser, welches den Rasen senkrecht durchschneidet, der Arling oder die Schar, welche denselben waagrecht abledigt, so daß eine Rasensohle entsteht, welche vierseitig und etwa eine Spanne breit und eine halbe Spanne dick ist. Dann ist das Mull- oder Tauchbrett, welches die abgeschnittene Sohle aus der Furche emporhebt und umlegt, so daß die Rasenseite nach unterwärts zu liegen kommt. Weitere Teile, vermittels welchen diese Hauptstücke am Gründel befestigt sind, heißen die Griessäule, die Sohlschwelle, die „Katze“. All diese Vorrichtungen müssen doppelt vorhanden sein, da die wechselseitige Hin- und Herfahrt auf bergigem Acker solches bedingt. Voran liegt der Pfluggründel auf der Räderachse, an welche zumeist ein Paar Ochsen gespannt ist. An der Rückseite des Pfluges stehen drei Hörner oder Sterzen, die Handhaben, hervor, durch welche der Pflug von einem kräftigen Manne geleitet wird. An der Leitung dieses „Pflughabers“ liegt es, die Rasensohle breit oder schmal, die Furche tief oder seicht zu machen; diesem Mann obliegt es, am Rande des Ackers den Pflug gut einzusetzen und auszuheben, auch muß er es vermögen, auf steinigem Boden vor jedem größeren Steine den Pflug herauszureißen, denn die Ochsen sind nicht plötzlich zum Stehen zu bringen und der unbewachte Pflug würde gar bald in Trümmer gehen.

Außer diesem Pflughaber ist zum Gefährte auch noch ein Fuhrmann nötig, der die Ochsen leitet, so daß im Paare der eine stets in der Furche, der andere auf dem Rasen schreitet. Dann muß endlich ein „Nachhauer“ sein; das ist zumeist eine Magd, welche mit einer Haue dem Pflug folgt, nicht gut umgelegte Sohlen niederdrückt; fehlerhafte Furchen aushaut – kurz, den Korrektor des Pfluges abgibt.

Man sieht, daß die Sache nicht einfach ist. Es gehört ein langer Tag dazu, um mit einem Pflug ein Joch hängigen Akkerlandes umzukehren. Nun, und wie ist's dabei dem jungen Plughaber ergangen?

Fest hatte ich den Stier bei den Hörnern gefaßt. Es war aber wahrhaftig ein Stier. Vom Markus hatte sich das Zeug wie ein Spielwerk handhaben lassen; es war, als hielte er sich nur des Vergnügens wegen an die Handhaben. Jetzt war's eine andere Art. Die Rinder zogen an. Mich schleuderten die Handhaben nach rechts und nach links, der Pflug wollte aus dem Geleise steigen, und meine Barfüßlein kamen etlichemal unter die Erdsohle. „Er ist zu gering beim Steiß!" hörte ich den Vater und den Knecht noch lachen; das Wort weckte mich. Es handelte sich um meine Ehre, um meine Mannbarkeit. Nicht mehr der Halterbub wollt' ich sein, der am Tisch bei der untersten Ecke sitzen mußte, der nirgends ein Wörtlein mitsprechen durfte, der – wußte er was Gescheites – dasselbe mit den Kälbern und Schafen bereden konnte. Mein Sinn stand nach dem Höchsten; groß, stark und selbständig wollte ich sein wie der Weidknecht. Und siehe, der Mensch wächst mit seinen höheren Zwecken! Ich führte den Pflug und schnitt eine leidliche Furche. Die ausgeackerten Regenwürmer hoben verwundert ihre Köpfe, zu sehen, wer heute ackere!

Die Äcker meines Vaters hatten zähe, gelbrote, mit Graswurzeln durchflochtene Erde, und die Sohlen waren ein endloser Darm und brachen auf der ganzen Pflugstrecke kaum ein einzigmal ab. Mich freute das, denn so blieb der Pflug stets gleichmäßig in seiner Lage, und die Furche war regelmäßiger wie Teichgräberarbeit. Meinen Vater freute das nicht; er hätte viel lieber schwarze und mürbe Erdsohlen gehabt. „Schwarze Erde, weißes Brot!" sagte der Spruch.

Als ich den Pflug das drittemal über den Acker leitete, lugte ich nach der Sonnenhöhe. Ach, diese Uhr stand! Es waren Wolken davor. Und wenn der Herrgott boshaft sein will und es heute nicht Mittag werden läßt . . .!

Es dauerte lange, bis zur Mahlzeit oben beim Hause die Mutter auf dem Söller stand wie einst die Ahne, zwei Finger in den Mund hielt und einen Pfiff ausstieß, den der Waldschachen so prächtig nachmachte. Ich ließ die Handhaben los und gestand mir's: so schön habe die Mutter noch gar nie gepfiffen.

Dann ging's zum Mittagessen. Ich hütete mich wohl, die Erde mir von den Händen zu reiben, denn eben diese Kruste gab mir das Ansehen; ich war nicht mehr der Halterbub, ich war der Pflughaber, hatte die gleichen Rechte mit den Knechten; ich saß neben dem Vorknecht und bestrebte mich, gewichtige Reden zu führen. Man sprach über meine Leistung; da schwieg ich, denn meine Leistung verstand sich von selber.

Es ist ein kleines Ding aus der Jugendzeit, es ist kaum groß genug, daß man's so laut erzählt; aber für den Landmann ist's ein wichtiger Tag, wenn er das erstemal seine Hand an den Pflug legt; es ist eine heilige Tat. Das Schwert, das Kreuz ist Gegenstand großer Ehren; – ich halte auch den Pflug für ein Symbol der Welterlösung. Den grauen Erdstaub, der damals an meiner Hand klebenblieb und mit dem ich zum Mittagessen ging – ich habe ihn bis heute nicht weggewischt –, er ist mir das, was dem Schmetterling der Goldstaub.

Und so mag ich's wohl noch sagen, daß ich im selben Jahre den ganzen Acker umgebaut habe, daß mein Vater mit frommer Hand das Korn in die Erde gestreut hat und daß im nächsten Frühjahr das Korn in schönster, erfreulichster Grüne gestanden ist.

„Seit zehn Jahren hab' ich kein solches Kornfeld mehr gehabt", hatte mein Vater hierauf gesagt.

Im Hochsommer, als die schweren Halme zur Reife neigten, schlug der Hagel die ganze Frucht tief in den Erdboden hinein.

So war mein erstes Ackern ausgefallen. Es war lange nicht mein letztes gewesen, aber endlich ist uns die Lust vergangen, in ewiger Mühsal dort zu bauen, wo fast jedes Jahr gröber oder leichter die Schloßen dreinfuhren. Mein Vater hatte darüber niemals geflucht, jedoch, durch mannigfaltige Mißgeschicke entmutigt, allmählich den Streit mit den Elementen aufgegeben.

Heute steht auf jenem Felde, über das ich den Pflug geleitet, ein schöner junger Lärchenwald; ich kann mit meiner

Hand die Wipfel nicht mehr erreichen. Frisch aufwuchert es allerwärts, wo früher meines Vaters und seiner Kinder Pflug und Spaten gewühlt – frisch auf zu einem neuen Hochwald. Allmählich sind wir teils fortgedrängt worden, teils willig davongezogen von der sandigen Scholle der Vorfahren. Meine Geschwister kamen zu fremden Bauern. Ich lernte ein Handwerk und ging dann in die Fremde, um es wieder zu vergessen. Die Mutter wurde nach manchem Jahre herber Mühsal durch den Tod erlöst. Nur der alte Vater ist am längsten noch geblieben in einem Häuschen mitten im sprossenden Wald.

Endlich, da ihm die Wildhühner unter dem Dache genistet und die Eichhörnchen zu den Fenstern hineingelugt haben, ist er aufgestanden und, gestützt auf einen Stock des Wacholders, niedergestiegen in das sonnige Tal der Mürz.

Lehrjahre

Am ersten Tage

Wir lebten noch alle beisammen, wie uns Gott zusammengetan hatte. Aber das sollte nun auf einmal ein Ende haben.

„Für einen Bauersmenschen ist er zu kleber[1], wird halt ein Pfarrer oder ein Schneider müssen werden.“ Das war das Resultat der Beratung, welche eines Abends in der Stube des Waldbauern abgehalten wurde und wobei ich, auf dem Melkzuber reitend, den Vorsitz führte.

„Zu kleber nicht“, meinte ich, wurde aber sogleich zurückgewiesen, als mein Vater sagte: „Was hilft denn 's Reden! Wenn so ein siebzehn Jahr alter Stock einmal auf einem alten Melksechter kann reiten, ohne daß die Dauben einbrechen – nachher weiß man's.“

Ich schnellte vom Zuber empor; als sich später mein jüngerer Bruder darauf setzte – knack, waren die Dauben eingeknickt. – Mein Bruder blieb in der Wirtschaft, und ich als Schwächling mußte nach einem spartanischen Gesetze, welches der Kampf ums Sein aufgebracht hat, aus dem Hause.

Meine Mutter ging nun bei den Geistlichen um, Hilfe heischend, daß ich in die Studie kommen könnte. Der alte Dechant von Birkfeld war ein ehrlicher Mann, der sagte meiner Mutter folgendes: „Tu' die Waldbäuerin das bleiben lassen. Wenn der Bub sonst keine Anzeichen für den Priester hat, als just, daß er schwach ist, so soll er was anderes werden. Schwache Priester haben wir eh' genug.“

„Aber zum Beichthören und Predigen, meint der Bub, wollt' er nicht zu kleber sein“, bemerkte die Mutter.

„Was weiß der jung' Lapp vom Beichthören und Predigen!

[1] zu schwächlich

– fürs eine gehört eine gute Stimme, fürs andere ein guter Magen. Er soll ein Handwerk lernen."

Beichthören und Predigen! Ich bin heute noch der Meinung, meine Natur hätte beides ausgehalten; bin sogar der Meinung, daß ein wahrhaftig Pfäfflein in mir steckte, welches ja in meinen ersten poetischen Erzeugnissen genügende Spuren hinterlassen hat und welches erst viel später unter meinen akademischen Studien umgebracht worden ist.

Nun, so ging denn meine Mutter vom Herrn Dechanten zum Schneidermeister von Hauenstein: sie hätte einen Buben, der Schneider möcht' werden.

Was ihn auf diesen Gedanken brächte?

Na, weil er halt so viel kleber wäre.

Stand der Meister auf und sagte: „Jeder Mist will heutzutage Schneider sein. Ich will der Waldbäuerin nur sagen, daß der richtige Schneider ein kerngesunder Mensch sein muß. Einmal das viele Sitzen; nachher zur Feierabendzeit, wenn sich andere Leut' ausruhen können, das weite Gehen über Berg und Tal, wie es in unserer Gegend schon sein muß, und den ganzen Zeug mitschleppen, wie der Soldat seine Rüstung. Hernach die unterschiedliche Kost: bei einem Bauer mager, beim anderen feist; in einem Haus lauter Mehlspeisen, im andern wieder alles von Fleisch; heut nichts als Erdäpfel und Grünzeug, morgen wieder alles Suppen und Brei. Ein Magen, der das aushält, muß in b'sonderer Gnade Gottes stehen. Und red' ich erst von den unterschiedlichen Leuten, mit denen man sich abgeben muß: Da eine bissige, brummige Bäuerin, der kein ordentlicher Zwirn feil ist; dort ein geiziger Bauer, der mit seinen närrischen Späßen den Handwerker erheitern und satt machen will. Wieder woanders ein Betbruder, der einem mit dem Hausgesinde die längsten Abende Psalter über Psalter vorleiert. Drauf ein alter Polterer, ein jähzorniger Knopf oder sonst ein unsauberer Patron. Und die ungezogenen Bauernknechte und die ungekämmten Weibsleute – in jedem Haus eine andere Schwachheit. Und all die Leut' soll der Schneider mit *einem* Maße messen! Es ist viel verlangt. Ja, meine liebe Waldbäuerin, und was die Hauptsach' ist: Kopf muß einer haben! Was der Schöpfer an einem krummen, buckeligen, einseitigen Menschenkinde verdorben hat, das soll der Schneider wieder gutmachen. Die Leute verlangen von ihren Kleidern nicht allein, daß sie den Adam zudecken, sondern auch, daß sie eine saubere Gestalt herstellen. Und der Schneider muß nicht allein den Körper seines Kunden, er muß auch seinen Charakter kennenlernen, muß, sozusagen, das ganze Wesen erfassen, um ihm ein Kleid zu geben, welches paßt! Und wie er den Menschen kennen muß, den er nach außen hin vollendet, so muß er den Stoff kennen, von dem er den Anzug zu verfertigen hat. Manches Tuch dehnt sich, manches kriecht zusammen, dieses hält Farbe, das andere schießt ab. Wer das im vorhinein nicht weiß, der macht ein Unding zusammen. Kurz, der Kleidermacher muß Menschen- und Weltkenner sein. Ja, meine gute Waldbäuerin, ein Kleberer tut's sicherlich nicht."

„Ist aber sonst ausbündig[1], der Bub", wagte meine Mutter zu bemerken.

„Macht er ein bissel Figur?"

„Lang gewachsen wär' er just eben genug, aber halt so viel ein g'füg'[2], so viel ein g'füg' Bürschel."

„Na", versetzte der Meister, „werde ihn halt einmal anschauen. Nächst' Erchtag soll er zum Alpelhofer kommen; dort wird er mich finden."

„Bitt' gar schön, wenn's es tät'. Bitt' gar schön!"

„Wird sich schon weisen. Behüt' Gott, Waldbäuerin."

So bin ich denn am nächsten Erchtag in heller Morgenfrüh zum Alpelhofer gegangen. Lange stand ich auf dem Antrittstein der Haustür und dachte: Wie wird es sein, wenn ich wieder heraustrete? Eine fast feierliche Stimmung lag um das

---

[1] intelligent

[2] dünn

Haus, welches auf dem Berge zwischen Eschen und Linden stand und in welchem die Entscheidung meines Schicksals saß.

Sie saß am großen Tische, saß in Gestalt eines kleinen, feinen Männleins in schwarzem Anzuge und sehr weißer Wäsche: ein Männlein mit feinrasiertem Gesichte und einer Glatze, die gerade so groß war, daß sie dieses Gesicht recht offen und würdig gestaltete. Das war der Meister. Er war ein Hagestolz und lebte ganz allein in einem Berghäuschen, wo er für sich selbst kochte und sich pflegte, oder er arbeitete in irgendeinem Bauernhause der Gegend und war so im Laufe des Jahres in vierzig oder fünfzig Bauernhäusern daheim. Ziemlich weitab, in der Fischbacher Pfarre, hatte er seine alte Mutter, die er jährlich mehrmals besuchte und ihr Geld brachte. Er selbst war auch nicht mehr jung, war aber in Ehren und Sitten ein Freund der Frauen. Ja, seine Artigkeit gegen die Weiber ging so weit, daß er sich für keine entscheiden wollte, aus Besorgnis, die anderen zu kränken. Er arbeitete auch in Frauenkleidern und ermaß recht gut, daß, wenn er verheiratet wäre, die Hälfte dieser Kunden ausbleiben könnte. So blieb er einstweilen unbeweibt. In guten Zeiten hielt er sich einen Gesellen, oft auch einen Lehrjungen; als aber die Gewerbefreiheit aufkam, wollte jeder Geselle selbst Meister sein, und mein guter Meister Ratz – so hieß er – saß allein und bewältigte seine Arbeit allein.

Nun, da ich in die Stube trat, saß er am Tisch und nähte. Vor ihm lag das Handwerkszeug, daneben zugeschnittenes Lodentuch, und an der Sitzbank hing das Bügeleisen.

„Gelobt sei Jesus Christus", flüsterte ich.

„In Ewigkeit", antwortete er mit milder, sonorer Stimme.

Ich blieb an der Tür stehen. Es war alles still. Er zog die Nadel auf und nieder; nur die Wanduhr tickte, und mein Herz pochte dem Augenblicke entgegen.

„Was willst denn?" fragte mich nach einer Weile der Meister.

„Schneider werden möcht' ich halt gern", antwortete ich zagend.

„So, bist du derselbe“, sagte er und blickte eine Weile auf mich her. „In Gottes Namen, geh's an. Setz dich her, nimm Nadel und Zwirn und nähe mir diesen Ärmling zusammen.“

So tat ich – aber es ist leichter gesagt als getan. Da staken im Kissen an die dreißig Nadeln aller Größen, da lagen Zwirnknäuel verschiedener Feine und Farbe. Und die beiden Teile des Ärmlings, wie werden sie behandelt und zusammengetan? Ich warf fragende Blicke auf den Meister. Er tat nichts dergleichen, als wisse er mehr als ich. So hub ich denn an. Ich fädelte ein und legte den Loden aufs Knie und machte einen Stich. Der Faden schlüpfte durch. Der erste Stich war mißlungen. An den Wangen tief erglühend, forschte ich der Ursache nach und kam endlich drauf, daß von mir vergessen worden war, in den Faden einen Knoten zu machen. Ich schlang also mit großer Mühe ein Knötlein und beschäftigte all meine zehn Finger dabei. Hierauf nähte ich mit Erfolg, aber auch mit Hindernissen. Es verwand und verdrehte sich der Zwirn, es staute sich die Nadel am Finger, es verschob sich der Loden und ließ sich mit jedem Zug hoch in die Lüfte ziehen, es riß sogar der Faden.

Mittlerweile kam der alte Alpelhofer in die Stube und rief: „Zum Dunner, jetzt ist ein junger Schneider herkommen!“

„Ja“, sagte mein Meister.

Wie mir dies Wörtlein wohlgetan hat! Im Vollbewußtsein meiner Ungeschicklichkeit hatte ich von Minute zu Minute erwartet, daß der Meister mich fortschicken werde; aber dieses Ja war wie eine Anerkennung und Einsetzung.

„Das ist brav“, sagte der Alpelhofer und ging wieder davon.

Als ich ein paar Stunden so herumgenäht hatte, ohne daß mein Meister auch nur eine Silbe zu mir gesprochen hätte, und als ich endlich mit dem Ärmling fertig zu sein wähnte und mit dem Auge fragte, was nun zu beginnen sei, antwortete er: „Jetzt trenne den Ärmling wieder auf – bis auf den letzten Stich alles auf und ziehe die Fäden sauber aus. Achtung geben mußt nur, daß du den Loden nicht anschneidest.“

Und als ich das mit Angst und Schmerz getan hatte und die Teile des Ärmlings wieder so dalagen, wie mir sie der Meister in die Hand gegeben hatte, ließ dieser von seiner Arbeit ab und sprach zu mir folgendes:

„Waldbauernbub. Ich hab' nur sehen wollen, wie du die Sach' angreifst. Just nicht ungeschickt, aber den Loden muß man zwischen Knie und Tischrand einzwängen, sonst liegt er nicht still. Später, wenn du's einmal kannst, wird er wohl auch ohne Einzwängen still liegen, so wie bei mir da. Auf den Finger, mit dem du die Nadel eindrückst – das ist der mittlere, der lange –, mußt du einen Fingerhut stecken, sonst kriegt deine Haut gerade so viele Löcher als wie der Loden. Den Zwirn mußt mit Wachs glätten, sonst wird er fransig und reißt. Die Stiche mußt im Loden so machen, daß einer über dem anderen reitet, das heißt man Hinterstiche – sonst klafft die Naht. Und die Teile mußt du allemal so zusammennähen, daß du sie nicht wieder von einander zu trennen brauchst wie diesmal. Und gibt es schon doch einmal zu trennen, so mußt kein saures Gesicht dazu machen, mein lieber Waldbauernbub. Empfindsam sein, das leidet unser Handwerk nicht. Jeder Ochsenknecht wird dich meistern, und jeder Halterbub wird dich ausspotten und wird dich fragen, ob du wohl das Bügeleisen bei dir hättest, daß dich der Wind nicht verträgt, und wird, solang er deiner ansichtig ist, wie ein Ziegenbock meckern. Laß ihm die Freud' und geh still und sittsam deiner Wege. Ein gescheiter Mensch schämt sich nicht seines ehrlichen Handwerks, und ein Dummer vermag es nicht zu lernen. Der Schneider studiert nie aus; jede Kundschaft hat einen anderen Leib, jedes Jahr hat eine andere Mode; da heißt's nicht gerade zuschneiden und nähen, da heißt's auch *denken*, mein lieber Waldbauernbub. Aus dem tüchtigen Schneider ist schon manch ein hoher Herr hervorgewachsen. Der große Feldherr Derfflinger, der Wiedertäuferprophet Johann von Leyden sind Schneider gewesen; in Amerika gibt es sogar eine Gattung von Schneidern, welche Präsidenten von den Vereinigten Staaten werden. Ich hab' ein Büchel, das will ich dir einmal zeigen, da wirst alle berühmten Schneider darin finden. Deswegen, Waldbauernbub, wenn du in dir wirklich die Neigung und das Talent zu diesem Stande empfindest, so bleibe da, und ich will dir lernen, was ich selber kann."

Ich nickte dankend mit dem Kopfe.

„Du wirst dich", fuhr der Meister fort, „von den Beschwerden des Berufes nicht abschrecken lassen. Bereitwilligkeit und Genügsamkeit ist wohl das erste, was ich verlangen muß. Ich will dich so halten, wie mich voreinst mein Meister gehalten hat. In der Woche arbeiten wir auf der Ster und haben dort Kost und Liegestatt. Zum Samstagfeierabend gehst allemal zu deinem Vater heim, der hat dir das Sonn- und Feiertagsquartier, die Kost und das Gewand zu geben. Sind wir an Sonn- und Feiertagen dort zum Mittagsmahl geladen, wo wir die Woche zuvor gearbeitet haben, so komm. Auch in die Sonntagsschul' mußt gehen, weil du bei deiner Freisprechung ein Religionszeugnis brauchst. Deine Lehrzeit dauert drei Jahre; nachher – wenn du brav und fleißig bist – laß ich dich freisprechen, und dann steht's dir frei, wenn ich dich brauch', für einen Wochenlohn bei mir zu bleiben, oder in die Fremd' zu gehen. Wenn's dir so recht ist?"

Wem sollte das nicht recht sein?

Später, als der Alpelhofer wieder in die Stube trat, um für das Mittagsmahl Suppenbrot aufzuschneiden, sagte zu ihm mein Meister: „Gelt, Bauer, du bist schon so gut, daß ich meinen neuen Lehrburschen bei dir da anfangen lassen darf?"

„Ja, wegen was denn nicht?" antwortete der Alpelhofer, „mich freut's. Wie heißt er denn, der jung' Schneider? Peter, so? Peter – liegt er nit, so steht er. Na, wenn heut der erst' Tag ist, da müssen wir ihn ja einstallen.[1] So, da hast einen Löffel, Peter. Schau nur zum Essen, daß du stark wirst. Vom Wald-

[1] installieren

bauern bist ein Sohn? Brav, brav. Geh, Natz, leg weg jetzt die Arbeit, 's ist zum Essen, Schneider."

Heute noch sehe ich ihn, den guten Alten mit den blauen Augen und den grauen Haaren. Er war ein großer Mann mit etwas vorgebeugtem Haupte, auf dem einst Drangsal gelastet hatte; er war nun schon bei den Siebzigen oben, aber noch so stramm und flink und warmherzig in allem, was er tat und sprach. Seit zweiunddreißig Jahren war er Dorfrichter in Hauenstein; in dieser Zeit ist zu Hauenstein nicht einer wegen Steuerrückständen gepfändet worden, denn der Alpelhofer zahlte allemal vorläufig alles aus seinem Säckel. Ja, die armen Kleinhäusler in der Gemeinde wußten oft gar nichts und erfuhren nichts davon; und erst spät, als man den alten Alpelhofer hinabgetragen auf den Gottesacker und daneben im Wirtshause geschwind einen andern zum Richter gewählt hatte, wunderten sich die paar Kleinhäusler, daß sie nun auf einmal Steuern zahlen mußten.

Als es nun an diesem ersten Tage meiner Schneiderschaft Abend geworden war und auf eine Stunde die „Lichtfeier" eintrat, fragte mich der Alpelhofer: „Petrus, was spricht Paulus?"

Als ich darauf nicht antworten konnte, gab mir mein Meister ein: „Sag nur gleich: Paulus spricht, wer nicht arbeitet, der soll auch nicht essen."

Hierauf winkte mir der Alpelhofer mit gekrümmtem Zeigefinger, daß ich ein bißchen mit ihm kommen möge. Er führte mich in den Keller hinab und mit einem Kerzenlicht zwischen Rüben- und Erdäpfelhaufen hindurch zu einem Holzbänklein. Dort schaffte er ein Gläschen Branntwein zustande, hob mir es in die Hand und sagte: „Petrus, den trink aus. Auf Glück!"

„Auf Glück, Alpelhofer!" sagte ich und war in meinem Gemüte sehr bewegt. Dann nippte ich von dem guten Geiste, der mir augenblicklich frischen Mut ins Herz goß.

„Schneider werden", sagte nun der Bauer, „wie ist dir denn

das eingefallen? Alleweil in der finsteren Stuben sitzen; in den meisten Häusern lassen die Leut' nicht einmal Luft zu den Fenstern hinein. Wenn du meinst, daß du für Bauernarbeit zu gefüg' bist, hättest nicht können was anderes werden? Ein Almhalter oder so was, wo du auf freier Weid' wärst gewesen! Na, trink! Jetzt bist einmal Schneider, so bleib dabei und schick dich, und wenn dir das Kreuz weh tut vom vielen Sitzen, so denk auf den da oben, der will's haben, daß der Mensch mit Müh und Fleiß sein Brot verdient. Kreuzer wirst nicht im Überfluß gewinnen, als Lehrling schon gar nicht. Nur alles schön mit Willen und Geduld, 's wird dir schon einmal bessergehen. Trink, Petrus! – In meinem Haus hast heut angefangen, so bin ich dir der Pat' fürs Handwerk. Wenn du ein Anliegen hast oder eine Klag', so komm zu mir, und nur alleweil wohlgemut – trink aus, trink aus!"

Während dieser Worte fühlte ich etwas in meiner hohlen Hand. Ich hielt es, bis wir aus dem Keller wieder heraufgestiegen kamen und das Ding in der Faust ganz warm und feucht geworden war. Ein Talerstück war's aus den Zeiten der Kaiserin Maria Theresia. Ich besitze es heute noch, und sooft ich es anschaue, kommen mir die Worte zu Sinn: „Nur alleweil wohlgemut."

In meiner Lehrzeit gab's wenig zu klagen; ich hätte mein Anliegen dem Alpelhofer auch nicht vorbringen können, denn der gute Mann ist schon fünf Wochen nach meinem Eintritt ins Handwerk gestorben.

Als ich meinen Lehrmeister nicht bestahl

Wenn am Jüngsten Tage darüber Rechenschaft gegeben werden muß, warum ich in meinen Schneiderlehrjahren so wenig gelernt habe, so wird sich mein Meister deswegen nicht zu melden brauchen. An ihm war keine Schuld. Er hatte weder ein Weib, das für die Küche bedient, noch ein Kind, das gewiegt, weder eine Kuh, die geweidet, noch eine Ziege, die gemolken werden mußte. Sollte das einzige Paar Stiefel, welches ich an den Sonnabenden für meinen Meister zu wichsen hatte, in die böse Waagschale fallen, so wollte ich mich eilends auf die gute setzen und rufen: Herr, wenn du auf mich Schneiderlehrling noch einiges Gewicht legst, so sei versichert, ich tat's in meiner freien Zeit, ich tat's aus freiem Willen, ich habe damit nichts versäumt!

Die Lehrmeister pflegen es allerdings so einzurichten, daß der Lehrling nach seinen vollendeten drei Lehrjahren nicht als Meister, sondern als Geselle hervorgeht. Sie lehren ihm das ABC ihrer Kunst, aber das Wörterbilden lassen sie ihn selber erfinden. Ich kannte alle Buchstaben, ich verstand das Fadenmachen, das Nähen mit Vorderstichen, mit Hinterstichen, mit Überwindlingstichen, das Steppen, das Säumen, das Heften, das Passepoilieren, das Locheinfassen, das Knopfeinhängen. Ich verstand das Lodenaufkrauen und das Bügeln, das Einlassen und das Ausschweifen, obwohl mir mein Meister in bezug auf letzteres einmal den Vorwurf machte, meine Hosen wären über den Stiefelrist nicht ausschweifend genug. Kurz, ich machte alle Teile des Rockes, aber ich machte keinen ganzen Rock.

Das Zuschneiden betrieb mein Meister nach Papiermustern. Solche, welche in Form von Ärmlingen, Hinter-, Vorderteilen usw. geschnitten waren, legte er auf den ausgebreiteten Stoff, erweiterte oder verengte sie mit Hilfe des Maßbandes, zeichnete sie mit der Kreide nach und schnitt sodann aus dem Stoffe die Teile heraus. – Das ist sehr einfach und leicht, besonders für den, der's kann; mir jedoch hat einmal einer den Spaß gesagt, ich hätte das Aufschneiden fortweg besser verstanden als das Zuschneiden. Solche Späße kosten per Elle einen Pfennig.

Der Meister übte seine Kunst stets vor meinen Augen aus, doch sagte er einmal, und zwar schon im ersten Jahre: „Wenn der Meister zuschneidet, so hat der Lehrjung' auf seine eigenen Finger zu schauen, die Gesellen pfuschen den Meistern ja noch früh genug ins Handwerk. Zuschneiden ist Meisters Sache. *Mein* Lehrmeister hat mir's auch nicht gezeigt."

Trotzdem habe ich bisweilen ein wenig auf des Meisters Zuschneidemuster gelugt, aber nicht so sehr ihrer Form, als vielmehr ihres Inhaltes wegen; denn die Muster waren aus alten Zeitungen geschnitten, und noch heute erinnere ich mich deutlich an den Friedensschluß von Villafranca, der auf dem Schulterzwickel einer Weiberjoppe stand.

So kam es auch, daß ich einmal mit meiner Nadelspitze nach einem Rockschößlingzuschnitt hindeutete und sagte: „Das ist ein schlechtes Muster."

Der Meister blickte mich auf dieses Wort starr an. Ich wiederholte: „Das ist ein schlechtes Muster."

Sagte endlich mein Meister: „Das wäre mir schon auch was Neues. Seit wann meistert der Lehrbub?" – Rasch unterbrach ich ihn: „Aber so schau der Meister doch, was da draufsteht! Die neue Gewerbefreiheit."

Er starrte das Papier an.

„Du höllischer Wicht!" murmelte er endlich und machte sein schalkhaft-lustiges Gesicht dazu, „deswegen also strauben sich alle meine Rockschößlein auf wie ein Ferkelschwanz! Weil von dieser vertrackten Gewerbefreiheit lauter Unglück kommt! Wart du, mich foppst nimmer!"

Und das Muster war vernichtet.

Im zweiten Lehrjahre erzählte mir eines Nachmittags, da alle Leute des Hauses draußen auf dem Felde waren und die liebe Sonne ihre Fenstertafel auf unsern Arbeitstisch legte, mein Lehrmeister von seinem Lehrmeister, der zu jener Zeit längst heimgegangen war.

„So viel kann ich dir nicht sein, Peter", sagte er, „als mein Lehrmeister mir ist gewesen. Mir und anderen wohl auch. Zu seiner Zeit hat die Kathreiner Pfarr' noch keinen angestellten Schulmeister gehabt; so hat mein Lehrmeister gesagt, wenn die Kinder alle Tag auf ein Stündlein zu ihm ins Stübel wollten kommen, er hätte beim Nähen wohl Zeit, daß er ihnen ein wenig Lesen, Schreiben und Rechnen beibringe, so viel er halt in seiner Einfalt selber verstünde. Da sind die Kinder von der Nachbarschaft in unser Häusel zusammengekommen, und mein Meister hat's allemal so eingerichtet, daß zur selben Stund nichts zuzuschneiden und nichts zu bügeln gewesen ist, so daß er beim ruhigen Nähen sich mit den Kindern hat abgeben können. Ich sehe ihn heute noch, den Greis mit seinem schneeweißen Haar, wie er dasitzt und nadelt und dabei die Kinder unterrichtet. Und wie nach der Schul' die Kleinen der Reihe nach zu ihm hingehen und ihm ihre kleinen Hände geben und sagen: Behüt' Euch Gott und vergelt's Euch Gott! – Ja, Peter, das ist sein ganzes Schulgeld gewesen, und er hat kein anderes verlangt, hat sich selber noch schier bedankt bei den Kindern, daß sie so gern zu ihm gekommen sind und so fleißig gelernt haben. Ich hab' mein Lesen und Schreiben auch von ihm. Er hat mir alles getan, was er hat gekonnt, hat mir alles gegeben, was er hat gehabt, hat mir alles gelernt, was er hat gewußt. Nur eins nicht. Nur ein einziges nicht. Das Zuschneiden hat er mir nicht gezeigt; das ist nicht der Brauch, und man muß den Lehrlling selber witzig werden lassen. Ich hab' mich auch nicht lang besonnen, hab' mir gedacht: ein tüchtiger Handwerker will ich werden, und in meinem zweiten Lehrjahr habe ich schon alle Muster von meinem Lehrmeister heimlich nachgeschnitten gehabt."

Und schon an einem der nächsten Tage nach diesem Gespräche war es, daß mich mein Meister in jenem Hause bei einer vorgerichteten Arbeit allein ließ und auf eine andere Ster zog. Er nahm stets alles mit, was man zur Arbeit bedarf, diesmal aber vergaß er seine Muster, die er nach dem Zuschneiden auf das Winkelkastel gelegt hatte. Da lagen nun die Wertpapiere, und ich – als ich sah, wie ich ganz mit ihnen allein war –, ich nahm sie, legte sie auf dem Tische auseinander und begann – zu lesen, was auf dem beschnittenen Zeitungspapiere stand. Freilich waren gerade die interessantesten Sachen mitten durchgeschnitten, aber ein halber Satz war mir lieber als gar keiner, und ich stückelte ihn aus eigenem an. Wirklich fatal war mir das nur bei einem Attentate auf den König von Italien, dessen Ausgang ich auch innegeworden wäre, wenn man damals die Frauenmieder nicht so weit ausgeschnitten getragen hätte.

Kurz, ich benützte die Gelegenheit, und als später mein Lehrmeister wieder kam und die Muster in etwas verkehrter Ordnung zusammengelegt fand, schmunzelte er ein wenig.

Als ich aber im dritten Lehrjahre in Abwesenheit des Meisters für den kleinen Almjackel-Buben ein Beinkleid derart verschnitt, daß es der alte, halbblinde Almjackel selber unternahm, vor meinen Augen das Höslein wieder auseinanderzutrennen, mich aber damit zu entschuldigen, daß er sagte: „Gott dem Herrn geraten nicht alle Leute und dem Schneider nicht alle Hosen“ – da stellte mich denn mein Meister etwas unwirsch darüber zur Rede.

So redete ich denn und sagte, das Zuschneiden, das verstünde ich nicht.

„Warum verstehst das Zuschneiden nicht? Hosenmachen habe ich schon in meinem ersten Lehrjahr können.“

„Aber der Meister hat mir ja das Zuschneiden nicht gezeigt.“

Jetzt stützte er seinen Ellbogen aufs Knie, schaute mich mit einem säuerlichen Lächeln an und versetzte: „Also, auf das Zeigen wartest du?“

Da mochte ich ihm einfältig ins Gesicht gestarrt haben. Er sagte:

„Armer Mensch, auf solche Art wirst du's nicht weit bringen.“

„Es ist halt eine harte Sach', das Zuschneiden“, meinte ich.

„Ja, *leicht* ist es nicht!“ rief er. „Daß du's ohne Muster nicht zuweg bringst, kann ich mir denken.“

„Aber Meister, die habe ich nicht.“

Da sagte er: „Machst dir doch so gern mit Papier zu schaffen, warum hast du mir die Muster nicht nachgeschnitten?“

Auf diese Frage antwortete ich, daß ich keine Erlaubnis dazu gehabt hätte. Jetzt tat mein Meister einen schrillen Lacher. Nichts als einen Lacher, dann war er lange still. Er nadelte scharf, daß schier der Faden pfiff. Mir wurde ganz unheimlich. Nach einer langen Weile hielt er mit großer Gelassenheit folgende Rede: „Ich habe meiner Tag' allerlei Lehrjungen gehabt, gescheite und dumme, brave und andere – aber so – so ehrlich wie du, ist keiner gewesen. Der Riegelberger Zenz ist zur nachtschlafenen Stund aufgestanden und hat mir die Kleidermuster heimlich nachgeschnitten. Der kleine Simmerl hat sie mir kurzweg gestohlen; und am gescheitesten hat's noch der Tonel getrieben, der ist mit meinen Mustern abgefahren und hat mir falsche dafür zurückgelassen, mit Fleiß verschnittene Muster, daß ich alles Gewand hätte verschneiden sollen und er meine Kunden bekommen hätte. So ein Spitzbub da! Aber was wirst machen? Jeder schaut, wie er obenauf kommt, und gefreuen muß es mich doch, wenn einer, der bei mir gelernt hat, ein tüchtiger Meister wird. 's ist eine recht schöne Sach' um die Redlichkeit, Peter, aber gar viel Ehre werde ich mit dir nicht aufheben, das sehe ich schon. Jetzt wartet er Woch' um Woch' auf das Freimachen und hat seinem Lehrmeister noch kein Muster gestohlen.“

Sagte es, war zornrot im Gesicht und nadelte.

Heilig habe ich mir zur selbigen Stunde vorgenommen, das Versäumte demnächst nachzuholen, aber der Meister gab nun die Muster nicht mehr aus der Hand und bewahrte sie mit Sorgfalt in seiner braunen Ledertasche.

Erst vor einem Jahre war es, als ich in jenen Bergen mit meinem alten Lehrmeister einen Gedächtnistag beging. Es waren zwanzig Jahre verflossen, seitdem ich an jenem 5. Juli 1860 bei ihm in die Lehre eingestanden. Wir frischten mit edlem Naß allerlei Erinnerungen auf. Da gestand mir denn der gute Greis, er hätte mit mir so manchesmal seine liebe Not gehabt, aber wahrhaft geärgert hätte ich ihn doch nur zweimal, nämlich als ich ihm keine Muster gestohlen hatte und als ich von ihm fortgegangen war.

Das Mahl

Es geht ein Bestreben, in den katholischen Ländern die Feiertage abzubringen, ja vielleicht auch die Sonntage insofern zu vermindern, daß nicht jeder siebente, sondern etwa, wie in Frankreich zur tollen Zeit, jeder zehnte Tag ein Ruhetag sei.

Damit treffe man wieder einmal die kleinen Leute. Die Großen machen sich Feier- und Ruhetage, wann sie selbst wollen, und kehren sich keinen blauen Pfifferling dran, was im Kalender rot oder schwarz ist. Die Herren Nationalökonomen sollen einmal ein halbes Jahr Schneidergesellen sein. Täglich 15–16 Stunden an der „Pudl" sitzen, da würden sie ihre nationalökonomischen Sünden zum guten Teile absitzen. – „Die Arbeit ehrt", sagen sie, aber in der Woche 6 × 15 = 90 Arbeitsstunden (manchmal werden ein rundes 100 draus) machen erstens verdammt müde und zweitens verdammt sozialdemokratisch.

An letzteres dachte ich zwar nicht, vielmehr meinte ich als Schneider: „Ja, ja, so geht's auf der Welt, der Mensch muß arbeiten, wenn er was zu essen haben will" – und seufzte dabei. Seither freilich habe ich Leute kennengelernt, die da sagen: „Ja, der Mensch muß arbeiten, wenn er sein Essen verdauen will!" – und seufzen dabei.

Na, ich will davon still sein; es ist mir bei Dingen, die man nicht gern hört, ohnehin schon gesagt worden, derlei verstünde ich nicht und der Mesner bleibe hübsch bei seiner Stange. Nun bin ich aber kein Mesner, bin's auch niemals gewesen, nicht einmal ein Schulmeister zu jener Zeit, da ein solcher noch bei der Fahnenstange stehen mußte, er mochte zur Kirchenfahne geschworen haben oder nicht. Das wenige, was ich tun kann, ist, daß ich beim Hirtenstab bleibe, beim Pflug oder bei der Nadel.

Die Nadel ist das netteste und leichteste Werkzeug, das man sich denken kann, aber mein Gott in deinem Reich! – wie mein guter Freund Eduard in Krieglach gern ausruft, wenn er etwas Verwunderliches hört oder sagen will – der knorpelige Hirtenstab auf der lichten Au und die Pflugschar im Bergfeld ist mir nicht so schwer geworden als wie dieses kleine höllisch spitze Ding, von dessen ewigen Sticheleien mein rechter Zeigefinger eine Art von Hornhaut bekommen hat, die er heute noch trägt, gleichwohl jetzt nichts mehr auf mich stichelt als etwa die Feder irgendeines schlauen Rezensenten, die, wenn sie den einen streicheln will, auf einen andern sticheln muß.

Heute habe ich keine so seligen Samstagabende mehr als dazumal.

Ich wüßte aus meinem heutigen Leben keine Freude herzunehmen, welche an Schein und Gehalt jener vergleichbar wäre, da mein Meister die Maßfäden von seinem Nacken nestelte, das Nadelkissen, welches mit seinen Nadeln die ganze Woche über wie ein kleiner Igel auf dem Tische gekauert war, zu rupfen begann, das Ränzlein zum Einpacken auf den Tisch legte und es mälig zu stopfen anhub.

„Lassen wir Feierabend!" sagte er.

Ich tat allemal auf dieses wunderschöne Wort nichts desgleichen und nähte noch etliche Stiche weiter, daß der Meister nicht merken sollte, wie der Schlingel schon lange innerlich nach dem Spruche gelechzt habe, der ihm auf sechsunddreißig Stunden die Freiheit gab.

„Laß es gut sein", sprach er dann, „und leg das Zeug schön zusammen. Bis wir heimkommen, wird's finster sein."

Die Bäuerin hatte stets schon eine geraume Weile heimlich gespäht, wann wir Anstalten zum Feierabend treffen wollten, denn da mußte die „Fortgehjausen" fertig sein; sie will die Strauben (Eier mit Mehl in Schmalz gebacken) frisch ausgekocht und nicht abgestanden auf den Tisch bringen, eine Sorge, die nicht die kleinste ist unter den Sorgen der umsichtigen Hausfrau.

Eine richtige Bäuerin an ihrem Herde ißt bekanntlich nicht, sie wird satt vom Kosten, vom Geruch ihrer Speisen und vom Lobe, das man denselben zollt. Und gerade nach dem Handwerkerlobe steht ihr der Gaumen, wie es dem Gourmet nach Nachtigallzungen gelüstet, denn das ist etwas Delikates, der Handwerker ist auf seinen Wanderungen von einer Küche zur andern ein Feinschmecker geworden, und eben er ist es, der den Leumund einer Köchin weiterträgt von Haus zu Haus und in alle Welt verbreitet. Daher müssen solche Zungen bestochen werden mit dem Feinsten, was die Küche zu bieten vermag.

Auch ich habe diesen Vorteil genossen; aber die „Fortgehjausen" hat mir niemals gemundet. Das Wort: „Lassen wir Feierabend" hatte mein Herz jedesmal in dem Maße geschwellt, daß der Magen nachgerade ganz in den Winkel gedrückt wurde. Die mancherlei Umstände, die an der Fortgehjause hingen, als die Lobsprüche über „das rechtschaffen gute Essen", das „Vergeltsgottsagen" und „Behütgottnehmen" waren mir lästig; nur fort aus der Stube, nur ins Freie und Weite, nur meinem Alpelhause zu!

Für den Meister kam, wenn wir die Ster vollendet hatten, nach der Fortgehjause freilich etwas, das ihm noch lieber war als die Freie und die Weite. Es kam der Bauer, wetzte und schleifte so eine Weile um den Kasten und um den Tisch, kraulte sich auch wohl den Haarstrupp und entschloß sich endlich zur Frage: „Tät' ich halt jetzt fragen, Schneider, was die Schuldigkeit wär'?"

Es stak häufig Angst in dieser Frage, und es stak auch viel Angst in der Antwort. Gegen Ende der Ster hatte den Meister allemal der Gedanke beschäftigt: Der Bauer, wird er zahlen oder wird er schuldig bleiben? – Mein lieber Meister hatte niemals über Gebühr gerechnet und stand nicht danach, daß ihm dieser Entscheid so gleichgültig sein konnte, maßen mancher Arbeitgeber das „Schuldigbleiben" in dem bekannten Sinn des Till Eulenspiegel aufzufassen liebte und schuldig *blieb.* So geschah es denn jedesmal mit beklommener Brust, wenn der Meister den verdienten Lohn aussprach: „Wir haben unser zwei eine Woche gearbeitet; für einen des Tags vierzig Kreuzer, tät' zusammen gerade vier Gulden achtzig Kreuzer ausmachen."

„Ist schon recht", sagte der Bauer, und wenn er das sagte und sonst nichts mehr, so war es gut. Dann lag das Geld auf dem Tisch. Wenn er aber sagte: „Vier Gulden und achtzig – so, so. Na, viel tät's eh nit sein, soweit rechtschaffen zufrieden, aber halt das schlechte Jahr, das ich heuer wieder gehabt hab'; der Schauer hat mich 'troffen. Holz haben wir keines mögen auf die Kohlstatt bringen, weil das Wasser den Weg just frei so viel zerrissen hat, und mit dem Vieh ist auch nichts zu machen gewesen – deswegen tät' ich halt wohl schön bitten, wenn –"

Es war zum Erbarmen, in solchen Augenblicken des Meisters Martyrium auf seinem Gesicht zu lesen. Die Rede, die hier so weich und gütig gesprochen wurde, als Schauer zerschlug sie dem guten Meister die Ernte, als Wasser zerriß sie seine Wege, als Seuche wütete sie in seinem Viehstand, denn seiner Hände Erwerb war alles, was er hatte.

Die Hauptsache war demnach heraus, der Bauer setzte nur noch bei: „Wenn halt der Meister ein kleines Nachwarten wollt' haben."

„Wegen einem kleinen Randel[1]", meinte der Meister etwas gedämpft, „wird's nicht aus sein."

Wird dem Bauer ganz warm ums Herz, daß die gefürchtete Sach' so rasch und gut abläuft. „Will schon trachten", sagt er, „daß ich ehzeit zahlen kann, will schon trachten, bin wohl recht froh."

Der Meister schweigt, er weiß, von nun an hat er einen mehr von denen, die ihm auf dem Kirchweg ausweichen.

Außer dem Zahlen oder Nichtzahlen gibt's zu Ende der

[1] Weilchen

Ster auch noch was anderes, was mir die Wonne des Feierabends oft höllisch verbitterte. Es ist der Brauch, daß der Meister vom Arbeitgeber nach vollendeter Arbeit den „Sterlaib" kriegt. Das ist ein großer Laib Weißbrot für die Familie des Meisters daheim. Da mein Meister weder Frau noch Junge hatte, denen er Futter hätte zutragen müssen, so ließ er sich den Sterlaib zumeist in Geld ausfolgen, wobei er ebenso bescheiden als unartig war, bescheiden, weil er sich stets mit ein paar Sechsern begnügte, unartig, weil er den großen, schönen Laib mit dem hohen glänzenden Bauch, in welchen die Bäuerin alle Sorgfalt und den ganzen Stolz einer Backfrau hineingebacken hatte, nicht höher als auf ein paar Sechser taxierte. Der Bauer dachte sich: Da behalt' ich mir das schöne Brot selber, schmier' mir Honig drauf und esse eine ganze Woche dran – und zahlte die Sechser; die Bäuerin dachte sich: Tust nicht Recht, Schneider, daß du meinen Laib verschmähst! Gib acht, verredtes[1] Brot wird viel gegessen. Der Lehrling dachte sich: Juchhe, da brauch' ich das Ungeheuer nicht zu schleppen! Und der Meister dachte sich: Um die zwei Sechser zwei Seidel Wein sind mir lieber als ein Laib trocken Brot.

Der ungarische Schneider – es wird von ihm noch die Rede sein – war aber einer, der mit jeder Bäuerin so gut stand, daß er ihren Laib selten verschmähte; doch vertraute er einmal seinem Freund, dem Schmied-Franzel aus dem Schwendgraben, er esse solches Brot lieber mit einem ei als mit einem ai, worauf der Schmied-Franzel antwortete: Mit einem Ei wäre es auch besser. Die Dotter waren einer wie der andere, waren beide nicht viel wert.

Mancher Bauer steifte sich und sagte: Wenn wir das Brot nicht wollten, Geld gebe er keines dafür; so wollte der Meister das Brot, und ich mußte den Laib mir auf den Rücken binden lassen und trappelte solchergestalt wie ein kleines Kamel keuchend hinter dem Meister her.

---

[1] verschmähtes

Sitte ist auch, daß der Handwerker an den Sonn- oder Feiertagen, die zwischen oder unmittelbar nach Schluß der Ster zu stehen kommen, vom Arbeitgeber zum Mittagessen eingeladen werde. Liegt ein Haus aber gar zu weit von der Wohnung des Handwerkers, oder der Kirche, wo er zum Gottesdienste ist, abseits, so wird das Mittagsmahl wohl auch mit einem mäßigen Geldbetrag vergütet. Der generöse Bauer jedoch lädt seine Handwerker anstatt für den nächsten Sonn- oder Feiertag gern für einen hohen Festtag ein, da sich seine Küche hervortut und er seinem Hausgesinde ein stattliches Mahl zu geben gewohnt ist. So war es mitten im Sommer, daß wir im Ziselhofe unsere Ster beendeten und der Bauer, nachdem er den Lohn proper mit einer Zehnerbanknote bezahlt, für den Sterlaib noch zwei Silberzwanziger auf das Papier gelegt hatte, in seiner höflichen Weise die Einladung machte: „Für den nächsten Sonntag zum Essen, das täte sich bei der Abgelegenheit von meinem Haus wohl nicht auszahlen; aber am heiligen Christtag, Schneider, tut's mir zum Mittagsmahl kommen – nicht vergessen."

„Werden schon kommen, wenn wir noch leben", antwortete der Meister.

Da schaute der Bauer so drein, ob's dem Meister nicht etwa doch zu lange hingezogen wäre mit dem Mittagsmahl. „Will's auch zahlen", sagte er, „wenn's Euch lieber ist."

„Beileibe nicht, Bauer, der Christtag bei dir ist uns schon recht. Und sollt' einer von uns Schneidern nicht mehr dasein, so gib dafür das Mittagsmahl dem alten Schandhans."

Der Schandhans war in Ehren grau geworden und lebte zu jener Zeit in einer Halterhütte als Besenbinder. Es ging ihm sehr schlecht; sein Name Johann Schand hatte ihn eigentlich zum Bettelmann gemacht. In der Jugend soll er im Begriffe gewesen sein, eine reiche Heirat zu machen; aber die Verwandten und besonderen Bekannten der Braut hatten diese so viel und so lange mit dem *Schand*-Bräutigam geneckt, daß sie den guten Hans stehengelassen hat und einem andern Burschen mit viel schönerem Namen zugelaufen ist, der sie aber erst recht in die Schand' gebracht haben soll. Wenn sich die meisten Leute auch über den Namen des ehrlichen, gutmütigen Hans hinaussetzten, so konnte man doch nicht behaupten, daß derselbe für den Träger eine besondere Empfehlung war, und dem Armen ging's in seinem Alter, wie es tausend anderen geht, sie mögen übrigens heißen, wie sie wollen.

Dieser Mann also war im Falle unserer Abwesenheit für den Christtag im Ziselhofe zum Mittagsmahl bestimmt gewesen.

Es kam der Winter, und am Christtage nach dem Gottesdienst stand der Ziselhofer schon auf dem Kirchplatz und fahndete nach uns, und wir sollten mit ihm kommen.

Nun war aber an demselben Tage ein solches Schneegestöber, daß man – wie der Egghofer zu St. Kathrein gern sagte – schier meinte, es habe im Himmel einen Bettler zerrissen, weil so viele Fetzen herabfielen. Die Leute auf dem Kirchplatz sahen wie Schneemänner aus, nur daß sie nicht so starr dastanden, sondern sich beizeiten aus dem wehenden Schneestaube machten. Bis zum Ziselhofe war es weit über eine Stunde, und doch gingen wir mit dem Bauer, fürs erste, um ihm den Beweis zu liefern, wie hoch wir die Ehre, daß er uns zum Christmahle geladen, zu würdigen wußten, und fürs zweite, weil wir kein anderes Mittagsmahl in Bereitschaft hatten.

Mit Mühe und Not kamen wir zum Ziselhofe. Ein ganz besonderer Duft, der uns aus dem Hause entgegenwehte, deutete uns sofort an, daß es sich der Mühsal verlohnen werde.

Als wir in die große Stube traten, wo wir im Sommer unsere Werkstatt aufgeschlagen gehabt, wandte ich meinen Blick vorerst auf den Hausaltar hinter der Tischecke, ob die lieben Heiligen wohl noch alle da wären, die uns dazumal bei der Arbeit so still zugeschaut hatten; auf sie wollte ich mich heute berufen, wenn ich allzu tief in den Genuß der Fleischkrapfen versinken sollte: sie hatten es durch ihre gläsernen Tafeln heraus gesehen, wie ich mir die Sache redlich verdient.

Auf den Bänken der Stube saßen die Knechte des Ziselhofes in ihren weiten und schneeweißen Hemdsärmeln herum und rauchten ihre Sonntagspfeifen; eins vor dem Essen, das soll Appetit machen; sie hatten zwar schon vom Kirchweg eine auserwählte Essenslust mit heimgebracht, aber heute konnte der Appetit unter keinerlei Umständen zu groß sein – das wußten sie. Nur dem kleinen Friedel, dem Schafjodel, wie sie ihn hießen, weil er die Schafherde verpflegte, hätte ich es nicht raten mögen, jetzt zu rauchen. Denn er tat's das erstemal. Und wahrhaftig, als die vorderste Schüssel herangedampft kam und der Bauer das Tischgebet lostat, war mein Schafjodel aus der Stube verschwunden und ist die ganze Mahlzeit über nicht mehr gesehen worden.

Als wir uns zusammensetzten – mein Meister und ich wurden höflich auf den Ehrenplatz geschoben –, ward uns eine Überraschung zuteil.

„Schandhans!" rief der Ziselhofer mit seiner weichen Fistelstimme, nach deren Flöten die ganze große Wirtschaft tanzte und der besonders zu dieser Stunde bereitwilligst gehorcht wurde, „Schandhans, geh nur her und setz dich zu den Schneidern."

Jetzt kroch vom dämmerigen Ofenwinkel ein altes, verdammt buckeliges Männlein hervor, aber heute hübsch glatt rasiert und gekämmt und ein sauberes Sonntagsgewand auf dem Leib. Er machte so etwas wie eine Referenz vor den Schneidern und rückte sich dann zu ihnen und saß ganz klein da, daß kaum seine breiten Achseln ein wenig über den Tisch heraufragten. Macht aber nichts, heute, wenn nur der Kopf mit dem Munde zugegen, so ist's häufig genug. Das alte Männchen betrug sich gar sittsam und bescheiden und wartete fast mit dem Löffel voll, bis er dazu vom Bauer extra eingeladen und pressiert wurde, und schämte sich fast ein bißchen, daß er auf der Welt war.

Mein Meister hatte, als der Schandhans vorgerückt war, den Bauer so von der Seite angelugt, und der Bauer wieder den Meister, so daß sich die Augen unterwegs begegneten und gute Bekanntschaft machten. – Ist's recht? fragten die des Ziselhofers. – Das gefreut mich toll von dir, Bauer, sagten die des Meisters. – Ist dein Wunsch christlich gewesen, sagten die Augen des Bauers, so wird wohl mein Christtagstisch auch christlich sein müssen. Der arme Mann soll heute mit uns essen, auch wenn die Schneider anwesend sind, euch Gästen zur Ehr'! – Sagten hierauf die Augen meines Meisters: Ich arbeite schon dreißig Jahre in deinem Haus, und daß ich dir noch nicht ein Handbreit Tuch stibizt hab', das gefreut mich heute zwiefach.

Aller anderen Augen hatten jetzt keine Zeit zum Plaudern, sie hüpften in der Schüssel um, nur daß etwa der Großknecht einmal die Großdirn anblinzelte: wie es heut schmecke?

Der drallen Ziselhoferin aber, die, während wir aßen, immer draußen am Herde waltete und zwei flinke Küchenmägde beschäftigte, ihr setze ich aus Dankbarkeit hier ein Denkmal, indem ich die Gänge der Mahlzeit verewige.

Zuerst kam eine große Schüssel würziger Rindsuppe, in welche der Bauer mit würdiger Opferhand Weißbrot schnitt. Die Suppe aßen wir aus der gemeinsamen Schüssel. So auch aus der zweiten Schüssel das reichlich mit Speck eingebrühte Grubenkraut, dessen Erinnerung noch heute imstande ist, mir in Zähnen und Gaumen begehrliche Gelüste zu wecken. Dann kam wieder eine Schüssel mit Rindsuppe, in welcher sich ein Schock dampfender Weizenknödel mit Semmel und Speck gefüllt herumwalgte. Diese Schüssel hatte einen Seitengänger, einen mächtigen Topf mit geräuchertem Schweinefleisch, aus welchem der Ziselhofer vermittelst einer Gabel jedem ein redlich Stück auf den Teller legte. Dabei fragte er allemal an, ob feist oder mager erwünscht? Nach feist war großes Begehren, nur wir Schneider erbaten uns mager, und der kleine Schandhans flüsterte: „Oh, vergelt's Gott, ich hab' schon rechtschaffen genug."

„Oho!" rief der Ziselhofer, „das dürft' nicht sein, wir fangen ja erst an."

Hierauf kam eine Schüssel Rindfleisch und ein Gefolge von Krensauce-Töpfen. Jeder nahm seinen Fleischlempen[1], tranchierte ihn auf dem hölzernen Teller und tauchte die Stücke mit der Gabel in den Kren.

Nach diesem Aufzuge erschienen Schweinsfüße in Sulze, hübsch mit Pfeffer gezuckert. Diese Schüssel sah aus wie ein zugefrorener Teich mit Asche bestreut.

„Da wäre es zum Eisschießen", bemerkte einer der Knechte.

„Ich denke, wir brechen es auf und fischen", sagte der Bauer und riß mit seinem Instrumente die Schweinsfüße mitsamt Haar und Klauen aus der Sulze empor. Als wir daran aßen, sagte die Weidmagd folgendes Wort: „Du verhöllte Sau, du bist mir im vorigen Sommer oft genug davongelaufen, jetzt, das ist dein letztes Laufen!" und steckte den Schweinsfuß in den Mund.

Nach diesem Gerichte wankte, von den runden Armen einer Magd getragen, eine ungeheure Schüssel hoch aufgespeichert wie ein Scheiterstoß – die Krapfen heran. Es waren große, viereckige Kuchen, üppig aufgebläht und mit Zucker überstreut. Auf den Bauerntisch kommen seit Bestehen der Welt keine solchen Krapfen, ohne daß einer die Bemerkung täte! „Schau du, heut hat's in die Schüssel geschneit!" Diesmal sagte es der Unterknecht, und der Waldbub setzte bei: „Ja, Unterknecht, du wirst eher als ich einen Wein trinken, hab's gerad' auch sagen wollen."

Das vom Weintrinken ist sprichwörtlich, aber es war nicht uneben angebracht. Der Ziselhofer erinnerte sich an das schwere, kühle Fäßchen, welches er auf der Wandbank stehen hatte. Er schenkte den großen grünen Krug, der bislang mit frischem Wasser um den Tisch gekreist war, mit Wein voll, und jetzt gab es – des mußten sicherlich die fetten Krapfen Ursach' haben – weit mehr durstige Leute an dem Tisch als früher. Der

---

[1] großes Stück Fleisch

Krug hatte dort, wo er herausrann, einen scharfen Schnabel, und da hielt mancher seinen Mund hübsch lange an diesen Schnabel, und die Kuhdirn fragte hernach den Hausvater:

„Bauer, wo kaufst denn du die Krüge, daß es daraus so gut trinken ist?"

„Beim Stockerwirt", antwortete der Ziselhofer.

„Ja", rief die Magd einfältig aus, „seit wann kriegt man denn beim Stocker Trinkkrüge?"

„Trinkkrüge nicht", schmunzelte der Bauer, „aber das, was hineingehört."

Der Schandhans ließ sich zu jedem Trunke nötigen und wischte sich allemal, bevor er ihn tat, mit großer Sorgfalt den Mund ab; dieser Umstand bewog mich, meinen Durst so zu regeln, daß er immer unmittelbar nach dem Schandhans zur Stillung kam.

Die Krapfen sprachen in ihrer Überzahl den Essern hohn; der größte Ansturm war gebrochen, ein guter Rest des schweren Geschützes wanderte in die Küche zurück. Alsbald kam eine Schüssel mit gekochten Zwetschken in der Suppe. Diese wurden vernichtet; dann erschien in wuchtigen Stücken ein Braten, dessen dicke, wohlgeschmorte Speckhaut in tiefen Schrammen klaffte. Als Zugabe appetitlich in Schüsselchen aufgeschnitten, mit Weinessig und Kümmel zubereitet, rote Rüben.

Hier wurden meinem kleinen Nachbar die alten Augen naß. – Er möchte noch gern, und er kann nicht mehr. –

„Bradel ess' ich wohl, ich", sagte der Großknecht und tat, was er sagte – und tat's gründlich.

Nach dem Braten kam – es ist die volle Wahrheit, ich schildere nur ein normales Festmahl bei dem oberländischen Großbauern – das deutsch-weizene Grieß-Schmalzkoch. Der Brei schwimmt, wie es sein muß, in Schmalz und ist reich bespickt mit Korinthen und Zibeben, was auch jedesmal zur Bemerkung Anlaß gibt, wieso denn der Köchin so viel Fliegen ins Koch gefallen wären?

Dieses Gericht erfreute sich nur mehr eines matten Zuspruches, was indes die Hausfrau nicht hinderte, sofort eine mächtige Schüssel mit Branntweinnudeln auf den Tisch zu schicken. Das waren kleine, in Schmalz gebackene, in Branntwein gedünstete und extra noch mit Branntwein und Zucker überschüttete Kräpfchen, deren Duft schon imstande war zu berauschen. Männiglich nahm die Gabel wieder zur Hand und zuletzt den Löffel, um den Branntweinsumpf auf dem Grunde der Schüssel trockenzulegen. Selbst der kleine Schandhans tat hier wacker mit, und sein Gesicht zog sich behaglich in die Breite. Während alldem war der stets neugefüllte Weinkrug immer lebhafter ins Kreisen gekommen, die Unterhaltung verwilderte, sogar die Schranken des Respektes gegen die Schneider wurden nicht mehr respektiert; keiner hörte mehr, wenn der Meister sprach, außer der Hausvater.

Mein Meister wurde allemal wehmütig, sooft er Wein trank, auch wenn's ein geschenkter war. So schaute er jetzt vor sich hin und sagte: „Ja mein lieber Gott, wer weiß, ob wir den Christtag noch einmal erleben!"

„Ja wohl", gab der Ziselhofer bei und stopfte sich den Mund mit der letzten Branntweinnudel.

Und nun kam aus der Küche noch etwas, von dem der Peter Haidenberger damals stetig behauptete, es richte die Bauernschaft zugrunde. Es war nämlich etwas Neues, aus der Fremde Gekommenes, ein Ding, das für die vornehmen Leute auf der Welt wäre und der Bauersmensch nur aus Hoffart zu sich nähme. Mein Ziselhofer hatte eigentlich dasselbe gesagt, aber seine Hausmutter hatte ihm bewiesen, daß die Sache zu einer rechten Mahlzeit gehöre, daß sie in allen „besseren" Häusern eingeführt sei und daß sie im Grunde um keinen Pfennig mehr koste als eine Schüssel mit Milchrahm und Semmelschnitten, wie man solche früher als letztes Gericht aufgetragen habe. Auch wußte der Ziselhofer bereits aus Erfahrung, das Ding trinke sich nicht schlecht – und so kam es, daß jetzt durch die weit offene Küchentür eine unermeßliche Schüssel mit Kaffee hereingetragen wurde.

Nicht etwa schwarzer – den kennt man in der Bauernschaft nur als Medizin –, sondern Milchkaffee, in welchen jetzt ein halb Dutzend Semmeln geschnitten wurde.

Kein Tropfen davon ist übriggeblieben.

Nach dem Kaffee lugte der Jungknecht nach der Küchentür, ob nicht noch etwas käme, aber der Hausvater sagte gegen meinen Meister und mich gewendet: „Müßt's halt vorliebnehmen, Schneider, wir sind fertig", und schlug das Tischgebet an.

Nach demselben stand alles vom Tische auf, das Gesinde der Reihe nach küßte dem Hausvater und der Hausmutter die Hand: „Vergelt's Gott, Bauer, vergelt's Gott fleißig, Bäuerin – vergelt's Gott!"

Wir, die Schneider, hätten gern etwas Feineres gesagt, aber es fiel uns nichts ein, und so blieben wir auch beim „Vergelt's Gott". Der Ziselhofer erwiderte unsern Händedruck und sagte: „Gesegne euch's Gott, 's ist zwar nicht viel gewesen, und ich denk', jetzund zünden wir ein Pfeifel an."

Der kleine Schandhans war im Laufe der Begebenheiten hübsch gesprächig geworden, er wollte dem Bauer jetzt beide Hände küssen, und da dieser die Bedrohten immer hinter dem Rücken barg, so torkelte der Alte so lange um den Ziselhofer herum, bis er sein Ziel zur Notdurft erreicht hatte.

Nach der Danksagung suchte sich jeder nach Belieben einen Platz zum Sitzen, sei es auf der Wandbank, sei es am Tische, sei es am Ofen oder auch tief unten auf einem Betschemel – man setzte sich, dampfte Tabak an, stocherte die Zähne mit Strohhalmen aus, erzählte, hörte oder duselte ein – je nach Talent und Neigung.

Mein Meister und ich gehörten zu den Zahnstocherern, der kleine Schandhans steckte seinen höllisch rußigen Pfeifentiegel vors Gesicht, und als er ins Zeug kam, fragte ihn der Hausvater, was er doch für einen starken Tabak rauche?

„Überreiterkraut“, schmunzelte der Hans; das war Ungarischer, Geschwärzter.

„Vertragst ihn?“

„Muß wohl“, antwortete der Alte, „rauch’ ihn fürs Podagra. Wenn mich das Deibelsding rechtschafffen zwickt, so rauch’ ich Überreiterkraut.“

„Sollst doch auch sonst was dagegen anwenden“, meinte der allzeit teilnehmende Ziselhofer, „sollst einen Bader fragen.“

„Weißt mir einen, der das Podagra hat?“ versetzte der Alte.

„Der’s hat?“

„Das Podagra muß er haben. Wer das Podagra nicht hat, zu dem hab’ ich in der Sach’ kein Vertrauen, er weiß es nicht, versteht es nicht. Mit einem, der das Podagra nicht hat, kann der Mensch gar nicht davon reden. Und zu einem Arzt muß der Mensch Sympathie haben, sag’ ich alleweil, wenn er zum Arzt keine Sympathie hat, so kann sein Lebtag auch kein Sympathiemittel helfen.“

„Mag wohl sein, das“, sagte der Ziselhofer, „und hilft der Tabak?“

„Sind halt wohl Tage“, fuhr der Hans fort, „wo auch das Überreiterkraut nicht angreifen will. Nu, da versperrt sich der Mensch in seine Hütten, vergrabt sich in sein Stroh und wartet, bis sich das Gespenst an den Knochen satt genagt hat.“

„Daß dir die Zeit nicht lang wird, Hans, in deiner ödweiligen Hütten, das wundert mich“, so sagte mein Meister und sprach uns damit allen aus der Seele.

„Ich bind’ Besen“, antwortete der Alte.

„Und kommst nicht bisweilen ins Simulieren?“ fragte der Meinige – wie die Schneider schon sind, die müssen zu der federleichten Handarbeit allemal auch eine Kopfarbeit haben, aber ja keine solche, wie der alte Bühelsteiger meint, wenn er die Stadtherren ärgern will. „Meine Ochsen arbeiten auch mit dem Kopf“, sagt der Bühelsteiger und bindet den Viehern das Zugloch an die Hörner. „Ich meine, Hans“, sagte der Meister,

„ob du nicht unterschussen[1] ins Nachdenken drüber kommst, daß andere Leut' um soviel besser leben als wie du, und gibt's viele dabei, die ihr Lebtag nicht so brav und fleißig gewesen sind wie du."

„Hab wohl schon dran gedacht", meinte der Alte, „hilft aber nichts, so denk' ich nimmer und bind' Besen."

Schüttelten halt mehrere von uns ihre Häupter, was immer gescheit ausschaut und ein Ansehen gibt.

„Ja, was glaubt ihr denn, Leut'!" sagte der Schandhans und tat einen wunderlichen lauten Lacher, „ich leb' nicht so schlecht, wie es ausschauen mag. Hab' auch meine heimlichen Sünden; wenn ich einmal gestorben bin, so fragt neuding[2] die Stocker-Rosel – die weiß was."

„Aber schneien tut's schon damisch draußen", sagte der Ziselhofer und legte seine Nase ans Fenster; er fand's nämlich hoch an der Zeit, die Unterhaltung zu wenden, er merkte, im alten ehrlichen Schandhanskopf begann der Wein zu blühen. Ja, das damische Schneien war richtig, aber mir wäre das Geheimnis der Stocker-Rosel lieber gewesen. Die Rosel – die Leute in der Gegend werden mir's heute noch bestätigen – war das schönste Dirnlein weit und breit; an Sonntagen war sie vormittags Primadonna auf dem St. Kathreiner Kirchenchor, und nachmittags machte sie daheim die Kellnerin und sang den lugenden Bauernburschen mit allerlei Schelmenliedchen den Verstand aus dem Kopf. Und dieses Mädel sollte mit dem Schandhans Heimlichkeiten haben?

In der Stube war es dunkel geworden, im Weinkrug auch, so rüsteten wir uns zum Nachhausegehen. Der alte Hans fand auf der Bank sein blaues Sacktuch nicht mehr; das kam jetzt an der Hand der Hausfrau von der Küche herein, als Bündel voll Krapfen und Braten, „daß halt der Hans morgen daheim auch noch was hätt'".

---

[1] von Zeit zu Zeit

[2] absichtlich

„O du Narrisch, du guter Narrisch“, stotterte der beglückte Alte der Ziselhoferin vor, „das ist schon gar zu viel, das kann ich nit vergelten, na wart’, Hausmutter, da muß ich dir doch nachst einen braven Besen herauftragen.“

Uns gab der Ziselhofer seinen stärksten Knecht mit, daß er uns den Pfad trete. So schob der baumstarke Kerl voraus, mit seiner Brust wie ein Schneepflug die Gasse bahnend – und hinter ihm drein hasteten die beiden dünnen Schneiderlein, die immerhin noch genug zu tun hatten, um mit Ehren weiterzukommen.

Als wir zu Hause im Stübel saßen, der Meister die Brillen auftat, mit der Schere die Kerze schneuzte und dann seine Hauspostille vornahm, um den heiligen Tag auferbaulich zu beschließen, begann ich im stillen eine Unterlassungssünde zu bereuen und konnte gar nicht begreifen, warum ich beim Mittagsmahle so wenig gegessen hatte. Wohl sagte mir das Gewissen: Beunruhige dich nicht, kleiner Schneider, du hast gegessen, so viel dir menschenmöglich gewesen, du warst ganz satt, ich weiß es.

„Bet auch was aus dem Büchel!“ mahnte der Meister und schneuzte das Licht mit den Fingern, weil’s ihm um die Schere für die Länge leid tat. Ich suchte im Überrock mein Gebetbuch und fand im auswendigen Sack einen großen Krapfen. Jetzt, das war ein würdiger Gegenstand meiner Andacht. –

Der Schandhans band nach diesem Tage noch eine Zeitlang Besen, dann begab er sich selbst dem Staube.

„Jetzt kommt er mir am Samstagfeierabend nimmer, und ich kann ihm sein Schnapsplutzerl[1] nimmer füllen“, so sagte am Tage seines Begräbnisses die schöne Stocker-Rosel zu den Gästen.

Sein Schnapsplutzerl! Du gute alte Haut – und das war deine heimliche Sünde!

[1] Plutzer = Kürbis.Hier für kürbisförmige Steingutflasche

Das Lehrstück

Den Bauer auf der breiten Eben hatten wir bloß um vierzehn Tage belogen. Wir hatten ihm unser Kommen für den „nächsten Montag“ zugesagt, und zwei Wochen später stiegen wir wirklich über seine Schwelle.

Wir hörten schon von Büchsenschußweite aus dem Hause ein dumpfes Pochen, und als wir eintraten, sahen wir das Unheil. Im Stubenwinkel, wo sonst der Tisch gestanden und wir stets unsere Werkstatt aufgeschlagen hatten, war ein schreckbar großer Schragen, ein Gerüste mit hundert Stäben und Balken aufgerichtet, und in diesen Schragen unter allerlei Gefädel und Geschleier hatte sich ein Weber eingesponnen. Der alte Weber Schoffel mit dem grauen Bart.

„Wenn's *so* ist, Bauer, haben wir bei dir keinen Platz“, sagte der Meister. Der Bauer von den breiten Eben war höllisch verlegen und stotterte, wir hätten ihn halt überrumpelt; wer hätte denken können, daß die Schneider nicht länger „zugäben“, er hätt' auf vier Wochen mindestens gerechnet, weil wir ihn sonst auch allemal so lang hätten sitzenlassen.

„Ist auch recht“, sagte der Meister, „so gehen wir halt wieder.“

„Ja, das wär's Wahre!“ rief der Bauer, „da kunnt' ich nachher Jahr und Tag warten, und der Schulbub geht in seinem Gewand eh schon wie ein zerrissener Pudel um. Ihr bleibt fein da; den Tisch rucken wir zum anderen Fenster, und so werden Schneider und Weber in meiner Stuben nit zu eng haben. Ja, bitt' Euch gar schön, Schneider.“

Der Weber Schoffel hatte mit seinem Geknarre nicht einen Augenblick eingehalten, und man sah ihm's wohl an, daß er nicht gewillt war, seine Herrschaft in der Stube aufzugeben.

Der Weber Schoffel, das war ein Saurer. Bei einem Handwerk aber, wo sich alleweil was knüpft, spannt, verwirrt und zerreißt, kann kein Menschenblut süß bleiben. Der Mann kaute fortweg an gedörrten Feigen, angeblich für die Brust, in Wahrheit jedenfalls, um sich das Leben ein wenig zu versüßen.

Kaum wir uns auf dem angewiesenen Platze einzurichten trachteten und der Meister unter dem Krachen des Webstuhles noch sagte: „Na, gesegne es Gott unseren Ohren!“, traten zur Tür zwei Schuster herein. Es war der alte Leitner aus dem Fischböckgraben, unter dem Spitznamen „der scheltend' Schuster“ bekannt, und sein Geselle.

Das war derselbig' scheltend' Schuster, der einmal solcher Gestalt in den Kirchbann getan worden war, daß er für jeden Fluch, den er ausstieß, für kirchliche Zwecke einen Sechser opfern mußte, und der auf diese Weise einen ganzen Weihbrunnkessel für die Fischbacher Kirche zusammengeflucht hatte. Nun er alt wurde und ihm seine Mittel diese Passion nicht mehr recht zu erlauben schienen, beschied er sich mit Knurren und Zähneknirschen, und das tat er denn auch weidlich, als er jetzt in die Stube trat und in derselben in der einen Ecke den Weber und in der anderen die Schneider sah.

Als sich's aufklärte, wieso auch die Schuster gekommen, waren wir Schneider gerechtfertigt. Wenn uns der Bauer auf der breiten Eben den Vorwurf gemacht hatte, daß wir diesmal zu wenig lang gelogen, so mußte er an den Schustern erfahren, daß sie gar nicht gelogen. Sie waren am Tag zuvor, also am Sonntag, gebeten worden, sie hatten zugesagt auf „morgen“, und der Bauer glaubte nach vielfachen Erfahrungen dieses „morgen“ getrost auf drei Wochen hinaus verlegen zu können.

Leder, Garn, Sauborsten und Schmer war allerdings in Bereitschaft, aber der Raum und der Vorrat für drei Landplagen auf einmal?! – Die Bäuerin war keines Wortes mächtig; der Bauer aber behielt seinen Kopf und sagte mit fester Entschlossenheit: „Was stellen wir jetzt an?“

Vom Weber traf ihn ein giftiger, vom Schuster Leitner ein

wütender, von meinem Meister ein wehmütiger Blick. Da tat sich der Schustergeselle hervor, ein junger Bursch mit schusterblassem Gesicht, aber dunklen, frischen Augen und einem schwarzen Schnurrbärtchen. Er warf gleich sein Zeugtrühlein, das er über der Achsel vorn, und seinen Leistenknäuel, den er über der Achsel hinten trug, auf den Boden hin, daß es knatterte, sogar den Weber überknatterte, warf seine Mütze und seinen Rock von sich, streifte die Hemdsärmel auf und sagte: „Schneider und Weber kümmern uns nit. Diese alte Kristen[1] muß hinaus!“ und legte seine Hand an das Ehebett der Bauernleute. Man stimmte bei, und nach wenigen Minuten war es entschieden, wo für die nächste Zeit das ehrsame Ehepaar schlafen würde: draußen in der Lauben, unter den Stangen, wo die Hühner ihren Aufsitz haben. Und in der Stube, wo das Bett gestanden, schlugen die Schuster ihre Werkstatt auf. Sie dehnten aber ihre Botmäßigkeit weiter aus. An den Webstuhlbalken spannten sie die gegerbte Kuhhaut aus, um sie zu schwärzen; an der Wand just über meinem Haupte schlugen sie den Haken ein, an welchem der schöne Schustergeselle mit Pech und Handfleck den Garndraht zog, daß es nur so dröhnte und die ganze Wand zitterte mitsamt den Schneidern, die daran saßen.

Wir wurden miteinander bald gut Freund, nur der Weber blieb eingesponnen und kam bloß hervorgekrochen, wenn einmal das Schiffchen dem Garn entlief und hinausflog in die Stube.

So ging's nun an, der Webstuhl knarrte, die Schuster pochten und hämmerten, wir Schneider bügelten, das Haus ächzte, und dem Bauer auf der breiten Eben sollen zur selben Zeit alle Ratten und Mäuse ausgewandert und seither nicht wieder zurückgekehrt sein.

Die Mahlzeit bewies, daß der Hof auf der breiten Eben einer dreifachen Attacke gerüstet war; sie wurde an unserem

[1] ungefüges Möbel

Schneidertisch eingenommen. Der Weber hatte seinen Durchziehfaden mit zum Tisch gezogen, so daß es spielte, als ob ein knurrender Kettenhund zum Troge gehe. Er schluckte fürs erste die gedörrte Feige hinab, allsogleich war sein Angesicht noch bitterer. Als die Knödel kamen, betupfte er den seinen auf dem Teller mehrmals mit der Gabel und sagte dann zu der mit dem Fleischtopf erscheinenden Hausfrau: „Du gelt, Bäuerin, den Taufschein hast nit zuweg vom Knödel da?"

„Wie meint das der Meister?" fragte das Weib bescheidentlich.

„Das Geburtsjahr von ihm tät' ich gern wissen", antwortete der Weber mit sanftmüthiger Stimme. Die Hausfrau sprang in die Küche und war trostlos. Da beugte sich aber der schöne Schustergeselle vor und sagte: „Weber, das ist ein alter Spaß, sicherlich viel älter als diese Klöße da, die sind gar nit so schlecht, daß man deswegen die Bäuerin kränken sollt'. Daheim in deiner Keuschen wärst froh, Weber, wenn du solche Knödel hättest, wolltest nach keinem Geburtsjahr fragen, das weiß ich."

Der alte Schoffel hatte für diese kecke Rede des Schustergesellen nichts als einen Blick der Verachtung, es war der letzte, den er auf den Burschen warf. Um so freundlicher sah ich den schönen Schuster an, er hatte mein Wort gesprochen; auch ich verteidigte die Klöße, und zwar am nachdrücklichsten, indem ich ihrer drei Stück verzehrte. Beim dritten schaute mir mein Meister schon so ein wenig scharf auf den Teller; die Leute müßten rein glauben, ich hätt' seit einer Woche nichts mehr gegessen.

Das Schwierigste kam erst gegen Abend. Die Bäuerin wagte sich nicht mehr in die Stube; der Bauer trat herein, ließ hinter sich aber die Tür offen, um im Falle es zur Flucht käme, ungehinderten Ausweg zu haben. Darauf teilte er mit, daß im Hause nur ein einziges Handwerkerbett sei, in welchem nicht mehr als zwei Mann Platz hätten.

In dem Augenblick blieb der Webstuhl stehen, die Schuster

hörten auf, das Leder zu hämmern, und uns Schneidern erlahmte der Arm.

„Ich nicht, ich“, knurrte der Weber, „daß ich der Narr sein werde. Ich bin der erste im Haus gewesen, ich forder’ meine Liegerstatt.“ Und schob eine frische Feige in den Mund.

„Ich bin nit heikel“, sagte mein Meister, „bin leicht mit was zufrieden, aber ein gutes reines Bett geht mir über alles.“

Der alte Schuster Leitner hieb jetzt mit doppelter Gewalt auf die Stiersohle und knirschte: „Das ist ganz höllisch in dem Haus.“

Jetzt tat der schöne Schustergeselle den Mund auf – er hatte schneeweiße Zähne – und sagte: „Es bleibt nichts anderes übrig, wir müssen Sauborsten ziehen. Unser sind drei Parteien, brauchen zwei kurze und eine lange; die lange hat das Bett.“

Was geschah? Er nahm drei schweinerne Nadeln zwischen die Finger – ich zog für uns Schneider – und zog die lange.

„Soll ich alter Mann etwa unter dem Webstuhl schlafen?“ fragte der Weber und kaute mit Macht.

„Gar nit, gar nit“, besänftigte der Bauer, „wer im Bett nit Platz haben sollt’, für den hätten wir schon ein frisches Stroh draußen im Geschoß; liegen Sommerszeit auch die Dienstleute im Nebengeschoß, ist ihnen lieber, sagen sie, als wie in der dunstigen Stuben. Ist eh wahr auch.“

„Ist mir auch noch nit vorkommen“, brummte der Schuster Leitner, „daß die Lehrbuben im Bett liegen und die Meister auf dem Stroh.“

Darauf sagte mein Meister: „Mein Peter da, das ist kein Lehrbub mehr, ist vorig Monat freigeworden.“

„Hab’ nichts gehört davon“, versetzte der Schuster, dann stand er auf und sagte: „Ist er bei der Innung gewest? He? Hat er in die Lad’ gezahlt? Haben ihm Meister und Gesellen ein Willkomm gebracht? Hat er getrunken mit bedeckter Schulter und unbedecktem Haupt, mit stehendem Fuß ohne Zukken und Rucken, ohne Bartwischen! Hat noch gar keinen, der

Lecker. Weiß er den Gesellenspruch, als: seid züchtig vor Vater und Mutter, vor Schwester und Bruder, wo ihr gehet und stehet und in dem Meisterhaus. Kömmt keine Klag', so ist keine Straf' – das Gebot ist aus. Weiß er das? Hat er ein Lehrstuck gemacht? He?"

Auf das verteidigte mich mein Meister: „Wirst wohl wissen, Meister, daß seit der Freiheit der alte Brauch nit mehr not ist. Der Peter hat nit getrunken, aber das Lehrstuck hat er gemacht. Seinem Vater eine neue Joppen mit grünen Aufschlägen und Schößeln – ist genug für einen dreijährigen Lehrbuben."

„Dem Lenz seine neue Schößeljoppen?" rief der Schuster und tat einen lauten Lacher. Mir ging der Lacher tief ins Mark, denn ich war mir wohl bewußt, woran die Joppen litt.

„Ich brauch' kein Bett", sagte ich, „lieg' auf dem Stroh!"

Mein Meister versetzte scharf gegen den Schuster hin: „Über meinen Gesellen seine Arbeit hat niemand zu lachen."

„Ja, wohl gewiß nit", war die Antwort, „und er selber am wenigsten. Das ist ein Lugendichter und Leutausrichter!"

„Ich lieg' auf dem Stroh!" rief ich und muß ein sehr rotes Gesicht gehabt haben.

„Beweis was, Schuster Leitner", forderte ihn mein Meister auf.

„Oh, recht gern. Hat er's nit ausg'sprengt, der Lump, daß ich, der ehrliche Schuhmachermeister, den Weihbrunnkessel in der Fischbacher Kirchen zusammengescholten hätt'?"

„Ich schlaf' auf dem Stroh!" schrie ich.

Der Schuster hieb schreckbar wild auf das Leder ein. –

Bald darauf kam die Dämmerung, wir schlossen das Tagwerk, und ich ging hinaus unter die Bäume. Ich sah die lustigen Burschen und die heiteren Mädchen vom Felde heimkehren, da vergaß ich bald auf die Kränkung, die wir uns angetan hatten. Und nun fügte sich's, daß mich eine halbe Stunde später der Schuster Leitner beim Rockkragen in die Stube führte.

„Da, da hast ihn!" knurrte er und schob mich vor meinen

Meister hin, „jetzt hab' ich ihn einmal erwischt dabei, da draußen im Schachen – deinen sauberen Gesellen."

„Was hat er denn angestellt?" fragte mein Meister.

„Frag ihn nur selber, untersuch ihn, wirst es schon finden. Wirst es schon finden!"

„Ich mach' ja kein Geheimnis daraus", sagte ich und übergab meinem Meister ein Notizbüchlein, „da hab' ich was hineingeschrieben."

„Gegen den Schustermeister?" fragte der Meister.

„Gegen den nichts, und Schlechtes ist's auch nichts", stieß ich heraus, „mir ist's nur so eingefallen, und ich hab's nicht bei der Arbeit gemacht. Wenn's dem Meister nicht recht sein sollt', so kann ich's für ein andermal ja lassen."

„Ich verlang', daß du mir's vorliest!" befahl mein Meister.

„Ich nicht, ich les' das nicht", rief ich, „wenn's der Meister selber lesen will."

„Mir ist's schon zu finster. Hat einer gute Augen?"

War der schöne Schustergesell da, er hätt' gute Augen.

„So lies das Zeug vor", sagte mein Meister, „will ich doch wissen, was mir der Bub hinter meinem Rucken zu kritzeln hat. – Halt, Peter, nichts davongeschlichen jetzt, du bleibst da!"

Der schöne Schuster legte seine Finger an ein schlecht geschriebenes Wort und fragte mich: „Was soll das heißen?"

„Das muß Höll' heißen", antwortete ich mit Fassung.

„Von der Höll' ist's was", murmelte der Weber, „nachher kann's nit viel Gottloses sein."

„Na, fang an!" brummte der Schuster Leitner; sein Geselle tat einen erzwungenen Huster und begann:

Ih bin jüngst verwichn
Hin zan Pfora gschlichn:
„Därf ih 's Dirndl liabn?"
„Untasteh dih nit, ba meiner Seel,
Wan du's Dirndl liabst, so kumst in d'Höll'."

„Ist recht brav das, recht brav!“ machte der Weber und wendete seine Feige. Der Schuster fuhr fort:

Bin ih vul Valonga
Zu da Muada gonga:
„Därf ih ’s Dirndl liabn?“
„Oh, mei liaba Schotz, es is no z’frua.
Nach funfzehn Jahrln erst, mei liaba Bua.“

War in großen Nöthn,
Hon ihn Vodan beten:
Därf ih ’s Dirndl liabn?“
„Duners Schlangl!“ schreit er in sein Zurn,
„Willst mein Stecken kostn, konst es thuan.“

Wos is onzufonga?
Bin zan Herrgott gonga:
„Därf ih ’s Dirndl liabn?“
„Ei so freili“, sogt er und hot glocht,
„Wegn an Büaberl hon ih ’s Dirndl gmocht.“

Der schöne Schuster hatte zu Ende gelesen, alles schwieg, und sie lugten ganz wunderlich drein und blinzelten; aber mein Meister sagte nach einer Weile zu mir: „Wo hast denn du das her?“

„Das hab’ ich gar nirgends her“, antwortete ich, „das hab’ ich mir nur so zusamm’denkt.“

„O du Lump du!“ riefen sie jetzt aus, „was das für ein Spitzbub ist, ein heimlicher! Man sieht ihm’s gar nit an.“

Mein Meister nahm mich beiseite und sagte: „Peter, da muß ich schon ein ernstes Wort mir dir reden. Ich hab’s nit gern, wenn du so lüderliche Gesangeln schreibst. So was wird gleich weitergetragen und auf Ja und Nein weiß der Pfarrer davon. Deswegen, ich sag’ dir’s in Güten: reiß das Blatt heraus und verbrenn’s, aber“ – setzte er leiser hinzu – „abschreiben laß mir’s früher.“

Der schöne Schuster machte hierauf folgenden Vorschlag:

„Die Meister sollen im Bett schlafen, so gehört sich's; haben schon Platz, alldrei, ist keiner gar groß. Ich und der jung' Schneider gehen aufs Stroh."

Und so wurde es.

Aufs Stroh schien durch eine Dachluke der Mond herein, den ruf' ich zum Zeugen. Im Augenblick, wo ich just einschlafen will, legt mein schöner Schustergesell die Hand auf mich herüber und sagt: „Liegst gut?"

„Ja", sag' ich, „liegst du auch gut?"

„Das schon", sagt er, „aber schlafen kann ich nit. Weißt, ich muß alleweil dran denken."

„An was mußt denken, Schuster?"

„Schneider", sagt er, „du bist ein höllisch gescheiter Mensch."

„Wenn du hänseln willst, Schuster, so geh auf ein anderes Stroh", sag ich, „ich will schlafen."

Da springt er empor und gerade auf mich her und sagt: „Du, Schneider, wenn du glaubst, daß es Schimpf ist, was ich dir gesagt hab', so bist ein Esel! Geh her und schau um und nenn mir einen, der so ein Gedichtetes zuweg bringt! Mußt nit bös sein, Schneider, ich versteh' in deinem Handwerk nit viel, aber nach dem, wie ich deinem Vater seine neue Joppen betracht', kann ich dir sagen: Schneider wirst du keiner zum besten. Dein Liedl – wenn du willst, ich sing's gleich – dein *Liedl, das* ist ein Lehrstück! Du, denk drauf, da beim Bauer auf der breiten Eben im Haferstroh hab ich dir's gesagt: Du bleibst nit Schneider. Du kommst in die Stadt und wirst was; du wirst ein Buchbinder! Paß auf, du wirst noch ein Buchbinder!"

„Hat dir denn mein Gedichtetes so gut gefallen?" frag' ich.

„Sag' dir nur soviel: den Ausgang davon schreib' ich der Meinigen. Der greift an. Wirst ihn gewiß auch der Deinigen schicken."

„Nein", sag' ich, „weiß gar nit, wo sie ist."

„Geh, plausch nit!"

„Hab' mir noch keine ausgesucht."

„Hast keine!" ruft er, „und wegen was schreibst nachher so Sachen auf?"

„Weil sie mir g'rad einfallen, und jetzt laß mich schlafen."

Der schöne Schustergeselle sagte nichts mehr weiter, stand aber leise auf und schlich davon. – Am nächsten Morgen, als durch die Dachluke der glutrote Sonnenstrahl hereinfiel, lag mein Schuster mit nassen Stiefeln im Stroh. Ich weckte ihn mit Mühe und fragte, wo er in der Nacht gewesen sei?

Er rieb die Augen, kraute sich die Strohsplitterchen vom Haar und sagte: „Ei ja so, das meinst. Na, weißt, dein Gedichtets hab' ich probiert."

„Ist's was nutz?"

„Für ein Lehrstück nutz genug."

Als ich davonging

In der Weihnachtswoche des Jahres 1864 hatten wir, mein Meister und ich, weit drinnen in einem Grabenhäusel der Hausteinerpfarr' auf der Ster gearbeitet, um den armen Leuten, die schon seit Michaeli her in ihrem Linnengewande froren, endlich für den Winter neue Lodenkleider zu machen. Es hatte die Tage arg geschneit und gestürmt, so daß ich insgeheim schon in großer Angst war, wir wären eingeweht und würden die Feiertage über müssen in der ödweiligen, rauchenden Hütte verbleiben. Schrecklicheres als das hätte ich mir nicht denken können; meine Hoffnung und Sehnsucht das Jahr über waren die lieben Weihnachten mit ihrer Weihe im Heimathause, mit ihrer Glorie in der Kirche, mit ihrem Festmahle und mit ihrer hübschen Reihe von Feiertagen. Da konnte ich bei meinen Büchern, Schriften und Zeichnungen sein. Ich konnte mir nun Schreibzeug kaufen, denn so außerordentlich hatte sich meine Lage gebessert.

Es war bereits davon die Rede. Drei Jahre lang hatte ich bei meinem Meister als Lehrling gedient bloß für die Kost und ein Paar mausfarbige Stiefel, die der Meister einmal für mich ablegte. Im ersten Jahre bekam ich gar kein Geld; im zweiten Jahre gab mir einmal der Schulmeister von Ratten, dem ich die Beinkleider seiner Jungen ausbesserte, zehn Kreuzer Trinkgeld, wofür ich ihm am nächstfolgenden Sonntag einen Dankbrief schrieb; im dritten Jahre gebührte mir auch noch nichts, bekam jedoch für meine brave Aufführung und wohlgemeinte Arbeit von meinem guten Meister zwei Silberzehner. Nachdem ich aber freigesprochen worden war, ging ein besseres Leben an; ich erhielt von meinem Meister – dem ich, wie dargetan worden, treu blieb, obwohl mir der Weg ins Weite offengestanden wäre – nebst der Verköstigung, die wir bei unseren Arbeitgebern hatten, wöchentlich einen Arbeitslohn von 90 Kreuzern.

Unter solchen Verhältnissen standen fröhliche Weihnachten bevor, und ich machte mir an den langen Winterabenden bei Nadel und Zwirn im stillen manchen Plan für Erzählungen, Gedichte, Dramen usw., den ich in den Feiertagen beim Ofen und bei der Fackel daheim ausarbeiten wollte. Und wenn wir dann spät um zehn oder gar um elf Uhr – bei dringender Arbeit vor Festtagen mußten wir stets tief in die Nacht hinein fleißig sein – aufs Stroh gingen, das uns die Bäuerin auf dem Fußboden in der Stube nahe an unserem Arbeitstische ausgebreitet hatte, betete ich recht aus der Seele tief, daß die Witterung sich zum Guten wende.

Und der Himmel läßt nicht vergebens flehen sein Schneiderlein im Stroh. Ein frischer Wind, ein heiterer Himmel, gute trockene Kälte, hie und da ein Schneeschaufler – so war der Heilige Abend. Mittags um ein Uhr sagte der Meister: „So, jetzt machen wir Feierabend." Ich zog die Fäden aus den Nadeln, steckte die Nadeln in das Kissen und das Kissen in das Ränzlein: die Schere, den Pfriemen, den Fingerhut dazu, fröhlich pfeifend, wie allemal zur Feierabendzeit – wie hätte ich das wissen sollen, daß es das letztemal sein sollte? – Mein Meister sagte noch die Worte: „Na, wie oft hab' ich dir schon gepredigt, daß man den Faden nicht aus dem Öhr zieht, wenn man einpackt – der gehört dem Schneider, und das Jahr über macht's einen Strähn. Bist auch just keiner, der seine Sach' wegzuwerfen hat."

Ein lieb- und sorgenreiches Wort. Ich weiß nicht mehr, ob ich den Faden noch eingesteckt habe. Die Bäuerin brachte die heiße Milchsuppe und die überzuckerte Semmelstraube, dann kam der Bauer, zahlte dem Meister den Arbeitslohn und der Meister mir den Wochenlohn aus, dann sagten wir gegenseitig „vergelt's Gott!" und „bedank' mich fleißig" und „glückliche Feiertage!" und gingen davon. Mein Meister ging in seinem Pelzspenser und mit dem Tuchkäpplein auf den grauenden

Haaren gegen Haustein hinab; ich eilte der Gemeinde Alpel zu.

Um vier Uhr war ich daheim und stieg mit den schlanken Beinen hoch über meine Schwester hin, die eben an der Türschwelle kauerte, um den Rest des Fußbodens zu scheuern. Auf dem Herde war ein wütiges Prasseln, meine Mutter schmorte vom geschlachteten Schwein das Fett aus. Mein Vater – ich kannte ihn schon an seinem langsamen, gelassenen Auftreten – ging oben auf dem Überboden herum, vielleicht, um die Festtagskleider zu holen oder den Weihrauch für das an diesem Abende gebräuchliche Räuchern im Hofe.

„Bist da?“ sagte meine Mutter mit ihrem vom Feuer geröteten Gesichte.

„Ja“, antwortete ich in fröhlich singendem Tone.

„So geh zum Ofen und tu die Schuhe aus; ich hab’ dir die Patschen schon hingestellt. Bist hungrig?“

„Nein“, sagte ich. – Das waren zur Winterszeit immer die ersten Worte, die zwischen mir Heimkehrenden und der Mutter gewechselt wurden.

In der Stubenecke stand ein kleiner Winkelkasten; dem ging ich zuerst zu – es waren meine Bücher und Schriften drin. Nun die vielen Feiertage da, sollte das wieder ein Leben werden! – Aber die Feiertage sind mir in diesem Jahre für meine Arbeiten gar nicht gedeihsam gewesen.

Kaum hatte draußen das Schmoren ein Ende, so kam meine Mutter in die Stube, schaute ein paarmal zum Fensterlein hinaus, was sie immer tat, wenn ihr irgend etwas anlag.

„Du, Bub“, sagte sie endlich zu mir, „weißt es schon?“

Ich sah sie an. Wenn sie mit den Worten: Weißt es schon? etwas einleitete, so konnte man stets auf Außergewöhnliches gefaßt sein.

„Du sollst morgen nach Krieglach hinabgehen“, redete die Mutter weiter, „auf der Post sollen allerhand Briefe und Sachen für dich da sein. Der Knittler Kohlführer hat es uns wissen lassen. Er kriegt's nicht mit, weil auch was zu unterschreiben ist."

„Briefe? Auf der Post?" Alle Geister waren in mir aufgeregt. Aber die Mutter ging so ein paarmal über die Stube und guckte wiederholt zum Fenster hinaus. Es kam noch was nach.

„– Und in der Neu-Zeitung sollst auch stehen", sagte sie plötzlich.

„Wer? Ich? In der Zeitung? Wer hat denn das gesagt?"

„Der Kohlführer hat's gesagt. In Krieglach täten die Leut' seit etlichen Tagen nichts reden, als von dir. Weiß selber nicht, was das bedeuten soll?"

Meine Ruh' war dahin.

Nicht erst morgen. *Sofort* zog ich mein Sonntagsgewand an, ließ mir die Stallaterne herrichten, die seit Jahr und Tag auf einer Wand die zerbrochene Scheibe hatte, und machte mich auf den Weg nach Krieglach. Die Nacht war dunkel, der Pfad im Schnee schmal und löcherig, ich mußte die Laterne immer so halten, daß die zerbrochene Glasscheibe gegen die Kehrseite des Windes stand. Trotzdem war das Lichtchen in derselben plötzlich hin, und ohne Feuerschein, wie ich stets war, mußte ich im Finstern den weiten Weg machen und die blinde Laterne an der Hand mit mir hertragen. Dennoch hatte ich soviel Sammlung, unterwegs an all die mutmaßlichen Ursachen zu denken, welche denn die „vielen Briefe und Sachen" für mich gebracht haben konnten. Vom Zeitungsherrn, dem ich durch den Firmpaten meine Schriften zutragen ließ?

Das konnte wohl *einen* Brief geben, aber viele? – Ich hatte keine Bekannten in der weiten Welt, keinerlei Verbindungen; was soll's denn sein?

Um elf Uhr nachts, als sie schon das erstemal zur Mette läuteten, kam ich in Krieglach an. Fenster und Türen der Postkanzlei waren mit Eisenläden fest verschlossen. Wenn ich warten müßte in meiner Aufregung bis zum lichten Morgen – was sollte das für eine Nacht werden?

Als der mitternächtige Gottesdienst anhub, ging ich in die

Kirche. Ich sah die hundert Kerzenflammen, die mich sonst so sehr entzückt, das erstemal nicht mehr! – Ich hörte die lieben Krippenlieder nicht. Ich betete, daß mich Gott den Morgen möchte erleben lassen.

Nach dem Gottesdienst nahm mich ein Bekannter, der beim Lebzelter Pferdeknecht war, mit in den Stall und teilte mir mit, daß er gestern im Gastzimmer an drei Tischen von mir sprechen gehört habe, jedoch nicht klug geworden wäre, ob's eine Ehrensach' gewesen oder eine andere. Der Schleiferbub sei halt auch in der Zeitung gestanden, wie er dem Neuhuber das Haus angezündet habe.

„Ich hab' kein Haus angezündet!" schrie ich auf.

„Das weiß ich wohl", sagte der Pferdeknecht gelassen „aber du hast voreh einmal Papierzehnerln nachgemacht –, hab' wohl eines gesehen. Und wenn du deswegen in der Zeitung bist, dann wirst auch eingesperrt."

Es ist eine böse Nacht im Pferdestall gewesen. Aber der liebe heilige Christmorgen ist doch gekommen.

Um sieben Uhr stand ich schon mir verfrorener Nase vor dem Posthause und versäumte den Frühgottesdienst, dessen Orgelton von der Kirche zu mir herüberklang. Um acht Uhr erst ging die Eisentür auf. Der Briefausträger machte sich eilig zu schaffen. Leute, die ihre Adressen selbst holten, kamen herbei, die Lotterieschwestern drängten (beim Postamte war auch die Lotterie), und endlich redete der Beamte mich an, was ich wolle.

„Briefe sollen für mich da sein?"

„Wie heißen Sie?"

Ich nannte meinen Namen, da hob der Beamte sein Haupt, sah mich eine Weile an und sagte dann: „Wollen Sie etwas später kommen, bis der Andrang vorbei ist."

Ich ging nicht mehr fort, im Winkel hinter der Tür blieb ich stehen und hatte bittere Gedanken. Alle anderen kriegen ihre Briefe; warum ich nicht? Bald jedoch ließ das Gedränge nach, und als das letzte Lottoweib glücklich bei der Tür draußen war, sah der Beamte lächelnd auf mich hin, hob dann aus einem Fache eine schwere Handvoll Briefe, Scheine und Packetchen, legte dieselben vor mich auf das Pult und sagte: „Alles für den steirischen Naturdichter."

So war's, als die erste Botschaft zu mir kam von jener Schicksalswende meines Lebens. Ich weiß nicht, ob es recht ist, daß ich selbst davon rede; aber ich tue es deswegen, weil ich von anderen Leuten diese meine Sach' schon oft erzählen gehört habe, aber immer mit so vielen Unrichtigkeiten, daß ich bei mir gedacht: Wenn die guten Menschen schon etwas von mir wissen wollen, so sollen sie das *Rechte* wissen. Und erzähl's nun. Will es aber nicht versuchen, die Gefühle zu schildern, die in mir lebendig wurden, als ich den liebevollen Aufsatz las, den Dr. A. V. Svoboda, der Redakteur der Grazer „Tagespost", in dieser Zeitung über mich und meine ihm gesandten poetischen Versuche veröffentlicht hatte.

– Es möchten sich Wohltäter finden, die es dem jungen Naturdichter ermöglichen, aus seinen kümmerlichen Verhältnissen hervorzutreten und sich etwa in der Stadt eine entsprechende Ausbildung zu erwerben! – Das war die Bitte Svobodas.

Nun waren mit einem Male Anträge da, freundschaftlich beglückwünschende Zuschriften, Bücher, sogar Geldspenden „auf ein gutes Glas für Weihnachten". Mir schwindelte der Kopf. In einem Jubelrausche taumelte ich nach Hause – und habe auf das Christmahl vergessen. Den Meinen las ich alles vor, sie verstanden noch weniger als ich, was es war. Aber die Mutter sagte: „Du, Bub, gib acht, daß sie dich nicht zum Narren machen!"

Es war nahe dran, und ich sagte mir noch: Schau, wenn du jetzt aus diesem wunderbaren Traume plötzlich erwachst, so mußt nicht verzweifeln. –

In den nächsten Tagen erhielt ich wieder Bücher und neue Briefe und darunter auch einen freundlichen Antrag vom Herrn Buchhändler Giontini aus Laibach. – Ich kann, wenn ich Lust habe, in sein Geschäft eintreten und die Buchhandlung lernen. Er macht mir so vorteilhafte Bedingungen, daß mir blau vor den Augen wird. Während der Lehrzeit monatlich 8 Gulden und die volle Verpflegung in seinem Hause und das Reisegeld!

Was soll ich tun! Sofort schrieb ich nach Graz an Dr. Svoboda. Ich schrieb meinen Dank, ich bat um Rat.

Nach Laibach gehen, war die Antwort. In Graz selbst war eben noch keine Nachfrage nach mir gewesen.

Nach Laibach! Nun war das wichtigste, zu erforschen, wo das Laibach wäre, und mittlerweile war auch schon das Reisegeld da.

Ja, sollte es denn ernst sein? Sollte ein Neues werden? Und sollte mein bisherig' Leben plötzlich abreißen, dort, wo es einundzwanzig Jahre alt und im Begriffe war, eine gutbestallte Schneiderexistenz zu werden?

Am nächsten Werktage ging ich in die Wohnung meines Lehrmeisters, er saß längst auf seiner Bank, hielt das linke Knie an den Tischrand und nadelte. Er machte ein finsteres Gesicht und überhörte meinen Gruß, denn es war um eine gute Stunde später, als ich sonst das Tagwerk anzufangen pflegte. Da er aber sah, daß ich im langen blauen Tuchrock und ohne Ränzel vor ihm stand, sagte er: „So? Von woher hast du dir den heutigen Feiertag kommen lassen? So einen möcht' ich auch haben."

„Meister", sagte ich klopfenden Herzens, „es hat sich was gar so närrisch geschickt, und jetzt soll ich nach Laibach hinein!"

Er ließ die Hand mit der Nadel auf dem Knie liegen, hob den Kopf und fragte: „Wo sollst hinein?"

Ich packte alle diesbezüglichen Urkunden aus, die Zeitung, auf der ich gedruckt stand, den Antrag des Buchhändlers Giontini, den Beirat Dr. Svobodas und das Reisegeld.

Der gute Meister sagte lange kein Wort; endlich hub er an, den Kopf zu schütteln; seine feinberunzelten Wangen waren rot, seine Lippen zuckten und er sprach: „Schau, schau, da ist auch wieder einmal einer, der das Gutsein nicht verbringen mag. – Nu, ich halt' dich nit auf. Bist dein eigener Herr, kannst hingehen, wo du willst – wenn du's nur nit einmal bereuest."

Solche Worte machten mir das Herz nicht leichter. – „Mir wär' halt auch darum zu tun", meinte ich nach einer Weile, „daß der Meister nicht harb[1] sein tät'."

„Gibst das Handwerk auf?"

„Freilich möcht' ich mein Glück anderswie probieren."

„Da hat man's!" rief der Meister und erhob sich, „solang's ein Elend war mit dir, hab' ich dich gehabt, jetzt, weil du zu brauchen wärst, läufst mir davon!"

Erstarrt stand ich da und heftete meinen Blick auf den Meister.

Er holte das Bügeleisen vom Ofen und drückte seine neue Naht aus, er schnitt ein Unterfutter zurecht und heftete das Lodentuch darauf. Endlich fragte er: „Wie lang willst denn noch so dastehen?"

Da regte ich mich und murmelte: „Ich bleib' schon."

„Meinetwegen geh nur", versetzte er, „ich möchte keine Schuld haben und mir nit vorwerfen lassen, ich wär' dir zu deinem Glücke hinderlich gewesen. 's mag dir ja recht gut gehen, ich wünsch' es."

„So bedanke ich mich tausendmal für alles", fuhr ich erleichtert drein, „was mir der Meister Gutes getan hat, und die Ellen hab' ich noch vom Meister, die schick' ich bei meinem Bruder zurück, und halt nichts für übel haben!"

So ging ich fort. Und als ich draußen an der Wand hinschritt, klopfte es am Fenster: ich sollt' noch einmal zurückkehren.

Ich tat's, der Meister kam mir bis zur Tür entgegen, tat sein Sacktäschchen hervor und drückte mir zwei Geldstücke, die zusammen fünfzehn Kreuzer ausmachten, in die Hand. „Da",

[1] ungehalten

sagte er, „das nimmst mit. Geht's dir wie der will, das gibst nit aus, das bewahrst zum Andenken an die Zeit, wo du dir, frisch und gesund, des langen Tags fünfzehn Kreuzer hast verdient. Vergiß dein Handwerk nit. Behüt' dich Gott!"

So ist der Abschied vom Meister gewesen. Anders war der von der Mutter. Sie war einverstanden mit meinem Schritte in die Welt. Der Vater war's anfangs nicht. „Schlechter geh'n wird's ihm nicht als daheim", meinte er, „aber verderben wird er uns."

„Ich hab' ein gutes Vertrauen", sagte die Mutter, „und wenn du das nimmst, unser Herrgott (sie meinte den Herrn Jesu Christi) ist auch in der Welt herumgekommen und doch nicht verdorben worden."

„Unser Herrgott und unser Bub ist gar kein Vergleich!" sagte der Vater, gab aber endlich doch seine Einwilligung.

Emsig war die Mutter beschäftigt in Anordnung der wenigen Dinge, die zu meiner Abreise nötig waren. Mir lag vor allem daran, irgendwo ein Holzkistchen zu bekommen, um meine Bücher und eigenhändigen Schriften und Zeichnungen, mit denen ich mich ordentlich zusammengewachsen fühlte, einzupacken; alles andere, was noch mitzunehmen, war mir Nebensache.

Und am 14. Februar, nachmittags um 2 Uhr, saß ich am Tische und sollte mein Scheidemahl essen.

Meine kleinen Geschwister standen alle in der Stube und sahen mich an. Ich nahm einen Löffel voll vom Roggenmus – wie Sägespäne war's; und die Mutter hatte gewiß in ihrem Leben nichts mit jener Sorgfalt gekocht als dieses Mahl. Übersättigt stand ich auf, und jetzt war mir, als würde die Brust zu eng. Meine ältere Schwester stand schon mit dem kleinen Pack, den sie mir bis Krieglach zum Bahnhof tragen sollte. Ich ging im Hause herum und suchte Vater und Mutter.

Den Vater fand ich im Hof am Brunnentrog, wo er mit einem Beil das Eis aufhackte, daß man zu Wasser gelangen konnte.

„Jetzt geh' ich halt, Vater", sagte ich.

Er lehnte das Beil hin und ging, ohne ein Wort zu sagen, mit mir in die Stube. Dort saß jetzt die Mutter auf einem Schemel. Und als sie sah, wie ich nun das letztemal auf sie zuging, um dann weit von ihr zu wandern, da brach sie in lautes Weinen aus.

„Fort willst!" rief sie schluchzend, „ja, warum willst uns denn fortgehen? Und wir wissen nicht, wohin, und wir wissen nicht, was die fremden Leute mit dir wollen."

Ich mag sie nicht wiedergeben, die tiefbetrübten, heiligen Worte, die sie noch sprach – sie sind Eigentum meines Herzens. –

Rasch verließ ich das liebe Haus auf dem Berge und ging noch ein letztes Mal die bekannten Wege durch Schluchten und Wälder, über Höhen und sanfte Niederungen hin gegen Krieglach. Meine Mutter schluchzte hinter mir nach.

Im Walde begegnete mir der Almhalter von den Heugräben, der fragte, ob ich eine Sackuhr oder Geld habe.

„Uhr", sagte ich, „habe ich keine bei mir, aber etliche Gulden Geld."

„Und fürchtest du dich auf dem Wege nicht vor den schlechten Leuten?" fragte der Almhalter.

„Fürchten tu' ich mich nicht", war meine Antwort.

„Aber was wirst denn machen, wenn dir einer das Geld wegnehmen will?"

„Ich rauf' oder ich lauf'."

„Damit wirst nicht weit kommen. Hörst, wenn dir auf der Straße einer unterkommt, dem du nicht recht traust: nur gleich anbetteln. Keck das Hütel herab und anbetteln; gibt er dir nichts, so nimmt er dir nichts. Behüt' dich Gott und laß dir Zeit auf dem Weg."

Das Wirtshaus zu Krieglach, wo ich über die Nacht bleiben mußte, war voll von Gästen. Sie hielten mir Hände und Gläser entgegen, als ich eintrat, sie waren alle meinetwegen zusammengekommen; ich hatte gar nicht gewußt, daß ich in dem großen, mir – die Pfarrkirche ausgenommen – völlig fremden Dorfe so viele Freunde besaß. Erst jetzt gaben sie sich zu erkennen, die Schäker. Und alle redeten mich mit „Sie" an und riefen mich beim Schreibnamen und setzten jedesmal das „Herr" dazu. *Vor* diesem Tage hatte kein Mensch auf der Welt „Sie" zu mir gesagt, aber als später, nach Jahren im lieben Krieglach, wieder das „Du" an die Ordnung kam, hatte es einen ganz anderen Klang und Sinn als vorzeitlich, da ich der arme scheue Alpelbauern-Junge war.

Am liebsten unter der Versammlung war die Tochter des Wirtes, welche mir zur Ehr' mit Begleitung der Gitarre nach schrecklich langem Stimmen der Saiten den „Abschied von den Bergen" sang.

Und am anderen Tage in der nebelfrostigen Morgendämmerung ging ich dem Bahnhofe zu. Der gemischte Zug führte mich weg. Ich blickte zum Fenster hinaus, sah aber von meiner Heimatgegend nichts als den grauen Nebel, und da sagte ich mir: jetzt schon bist du in der Fremde.

In Graz stieg ich auf einen Tag aus, um meinen Gönner zu sehen. Für die Wunder der großen Stadt hatte ich diesmal keine Zeit, mein Wichtigstes war, in der Welt Fuß zu fassen.

Dr. Svoboda lächelte, als er das Urbild seines von ihm öffentlich beschriebenen Naturdichters sah.

„Besitzen Sie keine Handschuhe?" war eines der ersten Worte, die Svoboda zu mir sprach, als er beim Händedruck meine krebsroten, eiskalten Finger fühlte. Nach seinem Überrocke eilte er, brachte ein Paar braune Tuchhandschuhe herbei und schob sie mir probierweise an die Hände. Und das war der erste Schritt zur Kultur – heute noch überflüssiger Aufwand, morgen Bedürfnis . . . Du mein lieber Gott, was diese ersten Handschuhe alles mit sich zogen!

Dr. Svoboda lud mich zu seinem Tische. Ich sprach ihm von meiner Vergangenheit, er mir von meiner Zukunft. Der Plan zu einem neuen Leben baute sich auf, daß ich erstaunte.

Unter den Büchersendungen nach Alpel waren auch Schillers Werke gewesen, aber ohne Namen des Spenders. Daß man was schenken kann, ohne sich selbst dabei zu zeigen, zu nennen, war mir was Neues, und ich wurde sehr neugierig auf den Freund, der so mit mir Versteckens spielte. Svoboda wußte es durch einen Zufall, wer der Spender war, und nannte mir den Großindustriellen Reininghaus. Ich wollte ihn in Graz besuchen.

„Sie werden abgewiesen werden", meinte mein neuer Führer. „Zwar von ihm nicht, aber von der Dienerschaft. Der Herr ist nicht zu sprechen, nicht zu Hause, wird es heißen. Doch dringen Sie darauf, und gehen Sie nicht eher vom Fleck, als bis Sie den Herrn gesehen haben."

Die Welt ist so eingerichtet, daß man nur durch Keckheit und Beharrlichkeit zu etwas kommen kann. Ich ging in das Etablissement und handelte nach der Weisung. Weil ich den Namen vergessen hatte, so fragte ich dem „Reineke" nach. Kein Mensch wußte, wen ich nur meinen konnte, bis mir ein großer Lastwagen zurechthalf, der mit schwarzen Lettern den gesuchten Namen trug. Seither vergaß ich ihn freilich nicht mehr. Eine kleine Stunde stand ich neben dem Torwart, nach welchem der Herr richtig nicht zu Hause war. Als er aber sah, daß ich warten wollte, bis der Herr nach Hause käme, wies er mich in das Gebäude. Ich fand mich in dem großen, von Menschen, Pferden, Ochsen und Wagen belebten Hof nicht zurecht, der Lärm der Maschinen von allen Seiten betäubte mich, ich verlor den Mut und sah mich nach dem Ausweg um. Da klopfte mir plötzlich einer ziemlich stark auf die Achsel: „Wen suchen Sie?"

„Den Herrn Reininghaus."

„Was wollen Sie ihm denn?"

„Mich bedanken; er hat mir Bücher geschickt."

Jetzt sah mich der Mann an. Da kommt so ein Junge, nicht um zu bitten, sondern um zu danken! – Reininghaus selbst war es. Er führte mich in seine Wohnung, die so fabelhaft schön war, daß ich gar nicht wußte, wie mir geschah. Ich sah mich in den Wänden widerspiegeln, ich hörte meine eigenen Tritte nicht; der Fußboden war mit lauter blumigen Tüchern belegt. Der Stuhl, auf den ich mich setzten mußte, war viel zu weich, als daß es ein gutes Sitzen gewesen wäre. Hier wurde wieder nach meiner Lebensgeschichte gefragt; und die war so langweilig, daß ich mich fast schämte, sie dem Herrn zu erzählen.

„Machen Sie mir eine Zeichnung; wie ich hörte, können Sie ja zeichnen. Kommen Sie hierher zum Tisch; da ist Papier und Bleistift. Zeichnen Sie, was Sie wollen."

Das war ein heißes Besinnen! Was könnte man so einem Herrn denn zeichnen? Einen Baum? Ein Pferd? – Der Instinkt ließ mich einen allgemein interessanten Gegenstand wählen, ich zeichnete ein Männlein und ein Weiblein. Daß ich was gelernt, konnte an der Korrektheit des Rockes und Beinkleides zu ersehen sein. Reininghaus lächelte, zeigte und erklärte mir hierauf die großen Bilder, welche an den Wänden herumhingen, unter denselben auch, gerade über dem Schreibtische, das Porträt seiner anmutsreichen Gattin. Da dachte ich ganz still bei mir: Ich hab' mir schon vieles ausgedichtet, aber so gut, wie's *der* Mann hat, ist mir noch nichts eingefallen. Ich wünsch' ihm's. –

Schließlich gab er mir Geld.

„Gehen Sie in Gottesnamen jetzt nach Laibach", sagte er, „und wenn Sie Rat und Tat nötig haben, so denken Sie an mich."

Und am anderen Morgen fuhr ich davon. So lernbegierig war ich, daß ich unterwegs alle Bahnstationen aufschrieb und auswendig lernte. Die Welt kennenlernen, da mußten ja doch auch die Bahnstationen dabei sein.

Nach einer siebenstündigen Fahrt war ich in der Hauptstadt Krains. Hier derselbe Frost und Nebel wie im Mürztale, aber die Leute hatten eine Sprache, die ich nicht verstand.

Es war schon abendlich, als ich mit meinem Reisepack unter dem Arm in die Buchhandlung trat und etliche Ladengehilfen ansprach, ob sie der Herr Giontini wären, bis ich endlich vor dem rechten stand, mich auswies und die Frage tat, ob ich nicht sogleich anfangen solle. Was ich gefürchtet, traf nicht ein, mein neuer Herr antwortete mir in schöner deutsche Sprache. „Heute", sagte er, „richten Sie sich in der Wohnung ein, dann sehen Sie sich die Stadt an und mein Geschäft. Morgen werden wir's versuchen."

Im Zimmer der Gehilfen wurde mir ein gutes Bett angewiesen. Ich stellte über demselben meine Bücher auf und ein Muttergottesbild, das ich von meiner Muhme geschenkt erhalten hatte und das mich der Versicherung nach in der Fremde vor den „Unchristen" schützen würde. Dann war ich eingerichtet und starrte die Hausfrau nur befremdet an, als sie mir eine Lade öffnete, in welcher ich meine Kleider bergen konnte. Für meine Kleider wußte ich nachgerade keinen besseren Platz als meinen Leib. Das viele Geld steckte ich hinter die Muttergottes. Dann ging ich und sah die ganze Stadt an, und wo eine Kirche offen war, trat ich hinein, um zu beten. Ich hatte in diesen Tagen eine seltsame Neigung zum Beten.

Als ich mich hierauf in der großen Buchhandlung, der ich nun angehören sollte, es war eine vorwiegend deutsche, umsehen durfte, erschrak ich über die Unwucht von Büchern.

Am nächsten Morgen, als ich aus einem anmutigen Traum geweckt wurde – einer der Gehilfen hatte herbe an der Decke gerüttelt –, war ich etwas unangenehm berührt, daß ich mich in einem weltfremden Hause fand. Tagsüber wollte ich mich im Geschäfte nützlich machen – es gab Pakete zu binden, andere zu lösen, eine slavische Heiligenlegende wurde gefalzt; aber ich mußte zu wenig anstellig sein, man arbeitete mir die Sachen schweigend von der Hand weg und ließ mich im Winkel stehen. Ich fühlte, daß ich mir nicht einmal den süßen Kaffee und das Butterkipfel, so ich an dem Tage schon genossen, würde verdienen können, und des grämte ich mich in die Seele hinein.

Erst am Nachmittage des dritten Tages führte mich Herr

Giontini in seine an die Buchhandlung stoßende Leihbibliothek, zeigte mir die Ordnung der Bücher, wo verlangte zu finden, zurückgebrachte einzuschieben wären, und sagte mir, das würde von nun an mein Geschäft sein.

Jetzt war ich zufrieden und wollte gleich all die kleinen Unordnungen der großen Büchersammlung am ersten Tage schlichten – und erfuhr es abends, wie unglaublich eine derartige Hantierung mit Büchern ermüde und im Kopf und Herzen leer lasse. Am Abend sank ich ins Bett und schlief; aber das mir stets durch ein scharfes Rütteln abgezwungene Erwachen am Morgen war übel. Mein Lehrmeister hatte mich auch jedesmal aufrütteln müssen, doch ich war durch daselbe nicht in die Fremde geworfen. Hier aber war ich in fröhlichen Träumen die ganze Nacht daheim in den grünen Waldbergen, daher das Erwachen eine bittere Enttäuschung. Und wenn ich dann die Socken anzog, die mir noch die Mutter selber gestrickt hatte, mußte ich weinen. Und wenn ich das Sacktuch hervortat, war es dasselbe, welches die Schwester so sorglich gewaschen und mit drei roten Kreuzchen gemerkt hatte, da mußte ich weinen.

Und so kam ich hinein in jene Stimmung, die mir alle Freude an meiner neuen Stellung vergällte. Am vierten Tage schon fragte mich Frau Giontini, warum ich so rote Augen hätte. Ich antwortete beiseite gekehrt, das käme vielleicht vom Bücherstaub. Dabei mußte ich schon wieder das Schluchzen zurückdämmen, und ich meinte, der Hausfrau am wenigsten dürfe ich mich vertrauen, daß sie nicht etwa glaube, die Behandlung sei mir zu schlecht.

Die Bücher, die sonst meine einzige Freude gewesen, ekelten mich an, und kam mir einmal ein solches zur Hand, das ich in Alpel schon gelesen hatte, da ging die Wehmut erst recht an.

Am fünften Tage mochte ich meinem Herrn nicht mehr geheuer vorkommen, denn er trat in die Leihbibliothek und sagte zu mir: „Es scheint, mein lieber Junge, daß Ihnen die beständige Zimmerluft nicht wohltut. Gehen Sie mitunter ins Freie und etwas spazieren."

Ich ging zur Sternallee hinaus und weinte. Dann ging ich bis zur Eisenbahn hin und sah die Schienen an. Das waren ja dieselben Schienen, die von hier ununterbrochen nach Krieglach führten. Dieser Gedanke tröstete mich außerordentlich. Ich ging in eine Kirche, um den lieben Gott für den Trost zu danken und ihn zu bitten um weitere Stärke, daß ich es in der Fremde aushalten und zu einem besseren Leben bringen möchte. Dann eilte ich in das Geschäft zurück und arbeitete frisch.

Bei meinem Spaziergang am sechsten Tage war der Nebel weg, und ich sah die Berge. Die Bäume waren beschneit und bereift ganz wie in Alpel, und es waren doch ganz andere, die in fremdem Lande standen und unter Menschen, die eine fremde Sprache redeten. Eine mächtige Sehnsucht erfaßte mich nach den beschneiten Bäumen in Alpel. In meiner Herzensnot beschloß ich, zu Doktor Costa zu gehen. Doktor Costa, eine bekannte Persönlichkeit Krains, hatte mir auf den Artikel in der Zeitung nämlich Bürgers Gedichte nach Obersteier geschickt. Mein väterlicher Freund in Graz hatte mir geraten, den Herrn gelegentlich in Laibach zu besuchen.

Es war ein alter, grauköpfige Mann. Ich stellte mich ihm vor, dankte für die Gedichte, und als er mich fragte, wie es mir in Laibach behage, hub ich zu schluchzen an.

„Was denn? Was ist denn?" rief er, „was fehlt Ihnen? Brauchen Sie was?"

Ich schüttelte den Kopf: „Heim."

„Ei so", sagte er gelassen. „Heimweh haben Sie. – Ja, lieber Freund, das müssen Sie überwinden. Wenn Sie es zu was bringen wollen, so müssen Sie ein Mann sein, verstehen Sie?"

Ohne Trost verließ ich ihn. „Daheim, o mein Daheim! und wärst du auch mit einem Dornenkranz umflochten. Leiden läßt sich's überall auf Erden, freudig sein im Herzen nur daheim!“ – So rief’s in mir, und weiter: „Zum Lieben und zum Scherzen war die Hütte der Heimat, nur zum Jugendtraum gebaut. Zum Leben und zum Taten zieh ins Weite und nur zum Ruhen komme wieder heim.“ – –

Traurig kehrte ich zu den Büchern zurück, schlug eins ums andere auf und wieder zu, und so übel war mir zumute, daß ich heute noch in den Buchhandlungen jenen Druckerschwärze- und Papiergeruch nicht vertragen kann, der damals mich sättigte. Heimweh ist ein von nur wenigen gekanntes Weh, aber wer es kennt, der wird mir’s glauben: Nie in meinem Leben war ich ärmer und verlassener als in jenen Tagen. Am zweiten Tag hatte ich einen Brief geschrieben an meine Eltern, daß ich glücklich angekommen wäre und wie gut es mir gehe. Am fünften Tage schrieb ich wieder, aber der Brief fiel so aus, daß ich ihn nicht abschicken konnte, sollte ich nicht auch noch meine Mutter unglücklich machen.

Von neuem zur Arbeit wollte ich meine Zuflucht nehmen. Am siebenten Tage sprang ich wie besessen die Wandleitern auf und ab und reihte Bücher ein. Neu von der Handlung kommende zeichnete ich mit dem Stempel der Firma und ordnete sie für den Buchbinder. Kunden wurden bedient, wohl oder übel. Und sobald ich wieder allein war, nagte im Herzen tief und tiefer das Weh. Traurig lehnte ich des Abends am Pulte, und über mir brannte mit ausgebreiteten Flügeln still die Gasflamme. Ich kam mir vor wie eine verlorene Seele. Es war Zeit zum Torschluß. Ich wollte in die Wohnung gehen und den Eltern schreiben, daß ich glücklich wäre und immer an sie dächte. Vielleicht, wenn ich ihnen meine Stellung recht freundlich ausmalte, daß mir leichter würde. – Noch hatte ich ein paar Bände „Gartenlaube“ in den Schrank zu stellen. Einer dieser Bände fiel mir zufällig zu Boden, daß die Blätter rauschten. Ich hob ihn auf, bog die Ecken zurecht; dabei fiel mein Auge auf folgendes Gedicht von Albert Träger:

„Wenn Du noch eine Heimat hast,
So nimm den Ranzen und den Stecken,
Und wand're, wand're ohne Rast,
Bis Du erreicht den theuren Flecken."

Das war entscheidend.

Eilig drehte ich die Flamme ab, ging in die Wohnung zu Herrn Giontini und teilte ihm mit, daß ich nach Hause müsse.

„Ich dachte mir's", sagte er. „Nun, gehen Sie mit Gott. Und wenn Sie wollen, so kommen Sie wieder."

– Gewiß nicht! schrie es in mir, während ich von Herzen und unter Freudentränen dankte für sein Wohlwollen und daß er mir mein Fortgehen von seinem doch so freundlichen Hause nicht für übel halte.

Das war kein Schlafen in derselbigen Nacht, das war eine Jubelstimmung, und am andern Tag war ich mit Sack und Pack um eine Stunde zu früh auf dem Bahnhofe.

So ging's wieder der Heimat zu. Als wir bei Trifail über die steirische Grenze fuhren, gab's mir einen Ruck in der Brust, als hätte das Herz einen Freudensprung gemacht.

Heim nach Alpl und wieder das fleißige Schneiderleben und an Sonntagen auf freiem Felde bei den Herden und im grünen Wald! Die Welt ist zu vielfältig und reißt den Menschen auseinander. Sie ist zu ruhlos, zu heiß und zu kalt. Bleibst daheim und lebst zufrieden. –

Da kam das Merkwürdige. Je weiter ich in unser Steierland hereinfuhr, desto mäßiger wurde die Sehnsucht nach der Heimat. In Graz gedachte ich auf einen Tag auszusteigen, um mich bei meinen Gönnern für ihren guten Willen zu bedanken und dann für immer ins stille Waldtal zurückzukehren. Spätabends kam ich in die Stadt und übernachtete bei einem jungen Bekannten, einem Schriftsetzerlehrling, den mir auch der Zeitungsartikel zugeführt hatte. Der gute Junge wohnte bei einem Schuhmacher und schlief die Nacht auf zwei aneinandergerückten Stühlen, um mir sein Bett zu überlassen. Wir wurden noch an demselben Abende du und du zusammen, und er sagte mir, daß ich in Graz, im Herzen des Landes, daheim wäre und daß ich doch nicht daheimer als daheim sollte sein wollen.

Am anderen Tage ging ich zu Doktor Svoboda; dort wurde ich anfangs tüchtig gescholten und dann mit jener treuen Herzlichkeit zu Tische gebeten, mit welcher der wackere Mann in den verschiedenen Lagen meines Lebens bis heute mein unwandelbarer Freund geblieben ist. Am Nachmittag begab ich mich zu Reininghaus. Er lachte, als er mich sah, und meinte, es wäre recht, daß ich wieder zurückgekommen. Es wäre eine Schande für das Land, wenn junge strebsame Leute, die arm sind, aber was lernen wollen, über die Grenze hinausziehen müßten. Ich solle in Graz bleiben, brav studieren und das Weitere seine Sorge sein lassen.

Am nächsten Tage eine Bitte in der „Tagespost", es möge eine Lehranstalt unentgeltlich sich öffnen für den jungen unbemittelten Naturdichter, dessen jüngst gedacht worden.

Aber die Pforten aller öffentlichen Lehranstalten hatten rostige Angeln und Schlösser. Doktor Svoboda gewann den jetzigen Assistenzarzt der Irrenanstalt, Herrn J. Zach, der damals noch Studierender war, mir täglich ein paar Stunden Privatunterricht im Rechtschreiben und Rechnen zu erteilen. Erst gegen Ostern hin gelang es dem jetzt als Gelehrten bekannten Herrn R. Falb, der damals als Professor an der Akademie für Handel und Industrie in Graz tätig war, mir an dieser Lehranstalt einen Freiplatz zu gewinnen.

Bald reihte sich meinen Gönnern auch der Direktor der Akademie, Herr Franz Dawidowsky, an, welcher mich in sein Haus nahm und wie seinen Sohn hegte und pflegte.

Wie es
dem Waldbauernbuben
bei den Stadtleuten erging

Mein Graz

Am 28. Oktober 1858 saß der Waldbauernbub im Kaffeehause „Zum Helm“ am Murplatz zu Graz, saß am gesprenkelten Marmortischlein und zählte die Bestandteile seines Kaffeegeschirres – zwei Porzellantassen mit Deckeln, eine Schale, ein Zuckerschälchen, ein Löffel, ein Glas, ein Teller, im ganzen neun Stück zu den paar Löffelvoll Kaffee. Daheim gab es nichts als eine einzige Schale, aber unvergleichlich mehr Kaffee. – So saß er denn da den ganzen Vormittag, schaute wohl auch durch die Spiegelscheibe auf das Straßengewirre hinaus in den feuchten Nebel und wartete auf den Bischof.

Ein Krieglacher Bürgersmann, der in Geschäften nach Graz gereist, hatte den kleinen Waldbauernbuben mitgenommen, um ihn dem Bischof Ottokar Maria Grafen Attems vorzustellen, damit der hohe Herr das wunderliche Bübel vielleicht in sein Seminar aufnehme. So war der Bürgersmann nun gegangen, um den Bischof zu suchen. Gegen Mittag kam er ins Kaffeehaus zurück mit dem betrübenden Bericht, der Bischof sei gar nicht in Graz, sei in Untersteier bei der Weinlese, und sein Kaplan habe gesagt, das Seminar sei schon voll, da habe kein Waldbauernbub mehr Platz, und wenn er auch noch so klein wäre. – Während hernach der Geschäftsmann seine Gänge und Einkäufe machte, versuchte es der Bub, damit er nicht ganz umsonst nach Graz gekommen, mit dem berühmten Schloßberg. Kam aber kaum bis zur Hälfte hinauf; da sah man nur Land und Berge. Solche konnte der Kleine daheim auch haben und noch größere, er kehrte daher wieder um. Aber in den engen, lärmenden Gassen der Stadt wurde ihm auch unheimlich, da ging er in eine Kirche, wo Gottesdienst war, und wartete auf den Abend. In der Nacht fuhren sie auf der Eisenbahn wieder gen Krieglach, und der Waldbauernbub meinte, auf dieser mißlungenen Stadtreise Graz das erste- und das letztemal gesehen zu haben.

Aber nach reichlich sechs Jahren, im Februar 1865, kam er wieder, kam als Studentl, als mägerlich angehendes Stadtherrlein. Die ersten paar Nächte war er Gast eines Schriftsetzerlehrlings beim braven Schuster Brunner in der Sackstraße, dann schossen gute Stadtmenschen für das bäuerliche Figürlein Geld zusammen, und er nahm in der Wickenburggasse (heute Nr. 5, erster Stock) ein Zimmer auf. Ein rechtes Herrenzimmer, die Wände mit Blümlein bemalt, der glatte Fußboden mit Wachs gewichst, die Tür mit zwei weißen Flügeln und so groß, daß man schier ein ganzes Waldbauernhäusel durch dieselbe hätte hineinschieben können. Drinnen glänzende Nußbaumkästen, aber der dumme Bub hatte nichts hineinzutun, denn sein Kleiderschragen war er selber und die Rocktaschen waren seine Vorratskammern. Dieses Zimmer hatte er von einem alten Finanzrat gemietet, und hier konnte man nicht sagen, daß guter Rat teuer ist, denn der gute Finanzrat überließ den Raum mitsamt allem Zugehör, später auch mit Kost und Verpflegung, dem Waldbuben um ein gar Leidliches. Doch mußte das Studentl dem alten Herrn dafür auch Gefälligkeiten erweisen. Dieser hatte nämlich Stiefel und Beinkleider, die er selbst nicht mehr trug, die er aber auch noch nicht verderben lassen wollte. Der Bub war so gut, sie ihm umsonst abzunehmen und an seine langen Beine zu streifen, was dem spindelhaften Bürschel gleich das richtige Ansehen gab. Die Brust war schmal, das Gesichtel blaß, das Haar mit Wasser hübsch geglättet, nach rückwärts gekämmt – und das richtige Bettelstudentlein war fertig.

In dieser Wohnung ist der Waldbauernbub mit Unterbrechungen acht Jahre lang geblieben. Eine Unterbrechung war gleich nach dem ersten Jahre. Da hatte er nämlich ein zärtlich geliebtes Hausherrnsöhnlein in der Salzamtsgasse täglich in die Schule zu begleiten und ihm die Hausaufgaben machen zu helfen. Dafür überließ ihm der Hausherr ein Dachkämmerlein um denselben Preis, als das Zimmer beim Finanzrat gekostet. Allein der Bub ersparte an Heizmaterial, denn die Kammer hatte keinen Ofen, und er ersparte an Kleidern, denn vor Kälte kroch er in jenen Dezembertagen schon um fünf Uhr unter die Decke und betrieb seine Studien als Handelsakademiker zwar in behaglicher Bettwärme, aber bei frierenden Fingern, die das Buch hielten, und bei frierender Nase, die sich in alle kaufmännische und andere Weltweisheit zu stecken begann. Das eigentliche Übel dieser Tage bestand aber darin, daß das Instruktorlein des Hausherrnsohnes gemeiniglich noch weniger konnte als der Schüler. So dachte sich der Bub, das tut's nit, stieg nach vierzehn Tagen herab von der dunklen Dachkammer und kehrte wieder ein beim alten guten Finanzrat.

Die zweite Unterbrechung dieser Stätte war eine längere, sie währte vom Herbst 1866 bis Sommer 1869. In dieser Zeit lebte der Bub im Privatinstitute des Handelsakademie-Direktors Dawidowsky, der ihn zu seinem Leibsekretär erhoben und gleichzeitig ihn den Zöglingen, den Kaufherrnsöhnen aus aller Herren Länder, als Muster des Fleißes, der Bedürfnislosigkeit und Verträglichkeit aufgestellt hatte. Dieser Beruf war ehrend, allein dem Buben wollte es anfangs gar nicht gefallen in dem lärmenden Gebäude, wo unten die Schießstätte war, fortwährend die Schüsse knallten und oben im ersten Stock die Rangen johlten und polterten. Das fromme Musterl kauerte sich in seinen Studierwinkel, studierte aber nicht, sondern hatte leise blutendes Heimweh nach dem stillen Zimmer beim Finanzrat. Ohne Prüfung, wie der Bub 1865 in die Akademie als „Hospitant" aufgenommen worden, so wurde er 1869 entlassen. Er war geprüft genug. Doch bekam er ein Zeugnis, in welchem seine literarischen Kenntnisse und poetischen Anlagen in so glänzendes Licht gestellt wurden, daß kein Kaufmann es wagte, diesen Handelsbeflissenen ins Geschäft zu nehmen. Also kehrte der Bub zurück zum Finanzrat und hub ernstlich an zu dichten. Jetzt geschah ein Wunder. Er bekam für sein Gedichtetes allmählich so viel Geld, daß er nachgerade davon leben konnte, ja, es langte noch für weite Wanderungen in den Alpen und für zwei große Reisen, die er in den nächsten Jahren machte, die eine nach Deutschland, Holland und in die Schweiz, die andere nach Italien.

Mittlerweile hatte der Waldbauernbub sich so herausgemacht, daß ein Stadtfräulein sich in ihn verliebte. Er verstand aber in solchen Dingen keinen Spaß, sondern heiratete sie vom Fleck weg. Sie hatte es eigentlich auch nicht anders gemeint. Nun ade, du guter Finanzrat mit deinem traulichen Zimmer! Nun wird es noch viel traulicher, und zwar in der Sackstraße Nr. 31, erster Stock. Dort an der rauschenden Mur, du mein lieber, armer Waldbauernbub, dort bist du eigentlich erst zum Menschen geboren und mit dem Schmerze getauft worden. – Davon wird später noch berichtet werden.

Sechs Jahre nachher ein anderes Bild. Eine Wohnung in der Elisabethstraße. Ein neues Heim, eine ankeimende Familie, eine junge Frau, die er – nach dem Unglück wieder halbwegs zu sich gekommen – aus einem obersteierischen Bergschlosse sich hervorgeholt hatte. Denn diesem vertrackten Waldbauernbuben war kein Turm zu hoch und kein Burgfräulein zu stolz; aber ich glaube, er warb weniger mit begehrlichen Worten als mit traumhaft schwärmerischem Blicke. – Schon im nächsten Jahre wurde Umzug nötig in die größere Wohnung, Burggasse Nr. 12, dritter Stock, wo der Mann mit dem ewigen Waldbauernbubenherzen im freundlichen Ausblick aufs Grüne, im zufriedenen Einblick auf den Kreis der Seinen, in Dichten und Arbeiten dreizehn Jahre lang ein gedeihsames Leben geführt hat. Wie sehr er in dieser Zeit auch mit Krankheit, mit einem drohenden Siechtum zu kämpfen gehabt und wohl auch mit manch tieferem Leide – es war doch die gute, fruchtbare Zeit.

Dann hat er manchmal sein Ränzel geschnürt und ist auf Wanderschaft gegangen, als wäre aus dem einstigen Schneiderlehrling wirklich ein Geselle geworden. Nach der Elle hat er denen draußen den Steirerloden seiner Dichtungen vorgemessen und gelegentlich mancherlei, was ihm gegen den Strich ging, tüchtig niedergebügelt. – Im übrigen hat er, die Sommerszeit im Waldlande verbringend, sich um die vornehme Welt nie viel gekümmert. In die geistig schöpferischen Kreise der Stadt war er allmählich eingeheimt, in den Salon niemals. Abgestandenes Leben.

Auch Waldbauernbuben, wenn sie lange leben, werden endlich fünfzig Jahre alt. Um solche Zeit hatte der unsere viel Ehr' und Zier über sich ergehen lassen müssen. Das hat er frohgemut – gleichwohl insgeheim ein wenig bangend – ertragen. Mittlerweile gebot die wachsende Familie eine noch größere Wohnung, und eine solche fand sich in der Parkstraße Nr. 11 zu Graz. – Nun, Waldbauernbub, hast du vor deinen Fenstern wieder den Wald, den Stadtpark, den Schloßberg – nichts als Wald.

Den Schloßberg, der dir dazumal, an deinem ersten Grazer Tage zu hoch gewesen, du hast ihn seither bis zu seinem platten Gipfel erstiegen, hast hinabgeblickt auf die weit sich ausbreitende Stadt, wo du deine Menschen, dein Leben gefunden, hast hingeschaut ringsum auf die liebe Steiermark, in die du, kleiner Knirps, allmählich hineingewachsen bist wie in einen großen grünen Rock. – Dort unten in der Grabenstraße, siehst du das stattliche Gebäude mit den beiden Giebeln? Es ist das bischöfliche Seminar. Wenn damals der Bischof nicht in der Weinlese geweilt hätte und wenn das Seminar nicht schon voll gewesen wäre – stündest du heute auch da auf der Höhe des Schloßberges, als der Freieste im Land?

Neige dein Haupt in dankbarer Demut und laß nun einmal sehen, was du dir über dein Weltleben aufgeschrieben hast. Erzähle es wohlbeherzt des Näheren selber, wie es dir bei den Stadtleuten ergangen ist. Den Dichter schicke derweil auf eine Erholungsreise. Sprich ganz – wie du es weißt und empfindest – als freimütiger Mensch.

Mein Weib

So vieles aus meiner irdischen Pilgerfahrt habe ich zu erzählen, äußerlich Erfahrenes, innerlich Erlebtes. Das eine, das bedeutsamste Geschick aber, das mein Leben erschüttert und gewendet hat, das wird nicht auszuschöpfen sein, das wird zum großen Teile ungehoben in der Herzenstiefe ruhen, wo es immer lebendig war, immer Seligkeit gab und immer wehe tat.

Wehe tat.

So vieles andere, was ich litt, ich habe es auf die Herzen meiner Mitmenschen überlasten dürfen und können, die Mitteilung hat mich erleichtert, hat das Gemüt wieder frei gemacht für neues Leben. Das eine einzige Geschick aber ist zu schwer, um es zu heben, fast zu heilig, um es der Welt aufzuzeigen. In sich geschlossene Gemüter, die mitten auf dem Meere der Menschheit einsam wie Robinson auf der Insel leben, werden vielleicht das Bedürfnis nach Gemeinsamkeit in Freud und Leid nicht begreifen, und glücklich preise ich jeden, der mit den Mächten des Herzens allein fertig zu werden vermag. Der Poet aber, der an aller Menschen Glück und Weh Anteil nimmt, möchte auch *sein* ureigenes Seelenleben mit allen teilen. Und denen ich's erzähle, sind es nicht auch Menschen, die mit mir fühlen können, die vielleicht selbst schon ähnliches erlebt haben und denen meine Darstellung sagen mag: Uns allen gemeinsam ist das Sonnenlicht und das Erdenleid. – Was mich aber bisher am stärksten abgehalten hat, von meinem ersten Weibe zu erzählen, es war die Rücksicht auf das zweite. Unmöglich, so dachte ich mir, kann es der zweiten Frau gefallen, das Gedenken an die erste lebendig zu sehen. Damit aber habe ich meine zweite Anna mit einem zu alltäglichen Maße gemessen. Sie ist es, die in meinem Hause still mit mir das Andenken an die Heimgegangene ehrt, sie ist es, die zu Allerseelen schweigend frische Kerzen aufstellt an ihrem Bilde und am ersten Mai dasselbe mit Rosen schmückt. Sie, meine zweite Anna, ist es, die meine Kinder der ersten mit der gleichen Umsicht und Fürsorge hegt und hütet wie ihre eigenen. Hat sie selbst mir nicht schon zu verstehen gegeben, daß ihr meine Treue zur Toten eine Gewähr ist für die Treue zur Lebendigen? Und daß – wenn *sie* die erste gewesen, sie so wenig vergessen sein könnte, das muß sie fühlen. Wenn ich nun in den folgenden Zeilen meinem ersten Weibe ein Denkmal zu stiften suche, so geschieht es auch in der Liebe zum zweiten, das mir mein Ideal vom Adel des deutschen Frauenherzens durchaus nicht getrübt hat und an dessen Seite ich nun Kraft und Mut finde, jene längst vergangenen Tage noch einmal aufzuwecken, ohne daß meine Seele in Wehmut vergeht.

Nachdem die Handelsakademie hinter mir war, setzte ich meine Studien als Hospitant an der Universität in Graz fort. Die Sommermonate verlebte ich in meiner Heimatgegend. – Da war es am 20. Juni 1872, daß ich von Krieglach aus eine Almkuppe, das Hochegg, bestieg. Von einer besonders gehobenen Stimmung fühlte ich mich an diesem Tage beseelt, und auf dem Heimwege im hinteren Massinggraben setzte ich mich auf einen Baumstrunk und skizzierte in meinem Notizbüchlein die schon seit Wochen keimende Idee zu einer größeren Erzählung, die später unter dem Titel „Die Schriften des Waldschulmeisters“ bekanntgeworden ist. – Abends nach Hause gekehrt, stellte sich heftiger Kopfschmerz ein, und ich ging bald zu Bette. Da klopfte es noch spät an der Tür, Freund Georg Auer, in dessen Hause ich damals einige Wochen wohnte, teilte mir durch die Wand mit, daß mit dem Abendzuge aus Graz in Kammerhofers Gasthause zwei fremde Damen angekommen wären, welche morgen eine Wanderung nach Alpel zu meinem Geburtshause machen wollten und einen Führer suchten. Ob ich bereit sei, mitzugehen? „Ich bitt’ dich, Georg, laß mich aus mit fremden Damen!" Auer ließ sich aber nicht sofort abweisen. „So was man sich unter Damen denkt, sind sie eigentlich nicht", sagte er, „daß sie gebildete Stadtfräulein sind, sieht man ihnen wohl an, aber sonst ganz einfach und gemütlich. Jung sind sie beide, eine ist aber noch ein wenig jünger. Die hat Augen wie eine Mutter Gottes und einen Mund, so frisch und rot wie Waldkirschen zu Maria Himmelfahrt. Ich an deiner Stelle ginge mit. Wir haben derweil aber nichts gesagt, daß du vorhanden bist, die Damen glauben, du bist in Tirol oder sonstwo." – „Sei so gut und lasse sie bei diesem Glauben, und ich will jetzt schlafen." – „Dann werde ich sie begleiten", sagte Auer. „Tue es. Gute Nacht!"

Am nächsten Morgen ging ich zeitlich ins Pürscherhaus zu meiner Freundin Julie. Dieser war ich zugetan wie einer Schwester. Obwohl seit ihrer Jugend stockblind, war sie doch gebildeter als ihre Dorfgenossinnen, denn sie hatte einige Zeit den Unterricht für Blinde zu genießen Gelegenheit gehabt. Sie war vertraut mit den Eigentümlichkeiten der Leute, wußte eine Unmenge von Volksliedern, konnte zur Laute sehr schön singen, und ich mußte ihr häufig vorlesen, auch Eigenbau, was ich gar gerne tat. Julie war damals die Vertraute meiner täglichen Erlebnisse, und ihr erzählte ich nun auch von der Anwesenheit zweier fremder Damen, deren Begleitung nach Alpel ich abgelehnt hatte. „Bist aber doch nicht gescheit", sagte Julie, „steigst denn sonst immer im Gebirge um, warum just heute nicht! Sie würden sich gewiß sehr freuen, da sie schon dein Geburtshaus besuchen, wenn sie auch dich kennenlernen möchten." – „Ich mag aber nicht", darauf meine Antwort. Dann nahm ich ein Buch und ging ins Seitental hinein, durch welches der Fußsteig führt gegen Alpel. Dort setzte ich mich hinter einen Haselnußstrauch und begann zu lesen, aber so, daß mein Auge häufig zwischen das Gezweige hindurch auf den Weg lugte, ob die fremden Touristinnen nicht schon herangingen.

Nach einiger Zeit gingen sie heran. Auer mit Stock und

Rucksack schritt an der Seite des einen, wie es schien, älteren Fräuleins und plauderte mit ihm. Hinten drein ging das jüngere Fräulein, es hatte ein blasses längliches Gesicht und große dunkle Augen, mit denen es träumerisch ausblickte in die waldigen Berge. Sie hatte ein einfaches veilchenfarbiges Kleid mit weißen Sternchen an und einen lichten Strohhut auf. Unter dem Strohhut legten sich zwei geflochtene Haarsträhnen glatt über den Nacken hinab. Kaum zwanzig Jahre alt konnte sie sein. – Sie wandelten vorüber, und ich blickte ihnen nach, solange sie zu sehen waren. Dann klappte ich mein Buch zu und ging auf meine Stube. Und wußte nichts Rechtes anzufangen. Mein Mittagessen bei Pürscher nahm ich rascher ein als sonst, nach demselben sagte ich zu Julie: „Ich gehe jetzt nach Alpel."

Zwei Stunden von Krieglach, im Walde am Höllkogel, zweigt beim Kreuze rechts ein Weg ab ins Alpel. Und auf diesem Wege bin ich ihr begegnet. Die Stelle bezeichnet heute ein Baum, in dessen Rinde ein Herz geschnitten ist. Die kleine Gesellschaft war schon auf dem Rückweg. Sie hatte mein Geburtshaus hoch auf dem Berge besucht und meinen kränklichen Vater, der damals nicht mehr in seinem Stammhause wohnte, sondern in einem Ausgedinghäusel unten am Berghang. Wenige Monate vorher war ihm sein Weib davongetragen worden im Sarge. Damals war es, daß im fernen Graz ein junges Mädchen hörte, die Mutter des Waldpoeten wäre gestorben, und sich von ihrem Vater ausbat, anstatt auf Bälle des Faschings zu gehen, im Sommer mit der Freundin das Geburtshaus des Lieblingsdichters besuchen zu dürfen. Persönlich kannte sie denselben kaum, nur, daß er einmal bei einem Touristenfeste in Graz, an dem sie mit ihrem Vater teilnahm, vorübergehend zufällig ein wenig an ihr Kleid gestreift hatte. – Nun, mitten im Gebirgswalde standen wir uns gegenüber, und Auer stellte uns gegenseitig vor. „Herr Rosegger. – Fräulein Minna Thurnwald, Lehrerin. – Fräulein Anna Pichler, Tochter des Hutfabrikanten Herrn Josef Pichler in

Graz." – Auf steinigem Waldwege bot ich dem Fräulein Pichler den Arm, und wir wanderten zusammen nach Krieglach zurück. – Allmählich besann ich mich, wie es denn kam, daß ich diesmal nicht bis zum Häuschen meines Vaters gegangen war, sondern mitten im Walde umgekehrt und einem fremden Fräulein den Arm geboten hatte. Einem fremden Fräulein? Das war doch kein fremdes Fräulein! Es ging ruhig und freundlich sprechend und hörend neben mir her und blickte mich so unbefangen treuherzig an. Das war ein trauter Mensch, mit dem ich in Ewigkeit so gegangen war und ohne weiteres in Ewigkeit so dahingehen werde. So fast war mir in jener Stunde ums Herz. Wir plauderten von ganz gleichgiltigen Dingen. Ich begleitete sie bis zum Gasthause zurück. Dann verabschiedete ich mich. Am nächsten Morgen sind sie abgereist, um einen Tag auf dem Semmering zu verleben. Meiner Julie berichtete ich: „Das Fräulein Anna ist sehr lieb."

Am andern Morgen kam aus Graz mein väterlicher Freund Dr. Svoboda. Er wollte mit mir einen Ausflug machen, ich schlug eine Partie auf den Semmering vor. Damals stand auf dem Berge, wo heute die prachtvolle Villenstadt Semmering steht, nur ein einziges Haus, der Gasthof „Zum Erzherzog Johann". Wir kehrten ein, ich sah dort weiter keinen Bekannten. Wir stiegen auf zum Sonnwendstein, begegneten weiter niemand Bemerkenswerten. Auf der Rückfahrt sah ich im Bahnhof von Mürzzuschlag die zwei Fräulein aus Graz. Ich grüßte sie flüchtig und stieg rasch ins Gelaß. Svoboda fand, daß ich echauffiert wäre. „Wüßte nicht, wovon", darauf ich. Svoboda fuhr denselben Abend nach Graz, ich stieg in Krieglach aus, um eine schreckliche Nacht zu erleben. Aus mitternächtlichem Schlafe weckte mich ein heftiges Pochen an der Tür. Nicht die Ankunft fremder Damen wurde diesmal gemeldet. Mitten aus dem Dorfe stieg eine Feuersäule auf. Schreiend und planlos liefen die Leute auf den rot beleuchteten Gassen um, im Gewirre der Rettungsarbeiten sah ich auf einmal Anna Pichler, einen Eimer Wasser herbeischleppend. Ein heransausender Wagen stieß ihr den Eimer aus der Hand. Da eilte sie, herumirrende Kinder zu sammeln und dieselben im Baumgarten zu hüten. Sie hatte mich nicht gesehen. Erst am Morgen, zwischen den rauchenden Brandstätten von zehn niedergebrannten Gebäuden, begegnete sie mir mit ihrer Freundin. Beim gestrigen Abendzuge wären sie auf der Heimfahrt hier ausgestiegen, weil es schon spät gewesen. Mir war in der Nacht beim Ausräumen ein Kasten an die Brust gestoßen worden, ich achtete nicht der Beklemmung, sondern führte die beiden Fräulein in Begleitung mit meiner schwesterlichen Freundin Julie über die Felder zum Walde hinaus. Dort zwischen hohen Fichten auf dem Angerlein rasteten wir, an derselben Stelle, wo heute der Tisch und die zwei Bänke sind und wo die Säule steht mit der Aufschrift: „Annenruh".

Um die Mittagstunde sind sie abgereist nach Graz. Am Friedhofe, auf dem Grabe meiner Mutter lag ein frischer Kranz aus Tannenreisern. –

Von diesen Tagen an wurde es in mir anders, sachte anders. Es verging kein Tag, an welchem ich mit Julie nicht von Anna Pichler sprach, und es verging keine Stunde, an welcher ich nicht ihrer gedachte. Nicht das Vorhandensein einer Leidenschaft empfand ich, nur das behagliche Gefühl, dieses Wesen auf Erden zu wissen. Als die Leute anhuben, mich wegen meiner häufigen Erinnerung an die junge Touristin zu necken, hörte ich auf, von ihr zu sprechen. Aber damit ward's nicht besser. Lebhafter meldete sich der Wunsch, ihr es einmal sagen zu können, wie ich an sie denken müsse; daß auch sie meiner gedachte, fand ich selbstverständlich. Die Gelegenheit brach ich fast brutal vom Zaune. Es kam der Annentag. Mit einer Kühnheit, die heute mein Staunen erweckt, schrieb ich an Fräulein Anna Pichler in Graz den folgenden Brief:

Krieglach, den 25. Juli 1872.

Hochgeehrtes Fräulein Anna!

Der Tag, den wir morgen begehen, ist ein lieber Festtag. Der Name Anna erinnert mich an eine junge Touristin, die mir diesen Sommer so weihevoll verklärt hat. Sie können nicht ahnen, mein Fräulein, wie oft ich seither auf meinen Waldwanderungen, bei denen ich einsam bin, der lieben Touristin gedenke. In meinem glücklichen Leben ist mir schon manches Liebe erzeigt worden, aber nichts hat mich so im Herzen gepackt, als Ihr Besuch meines Geburtshauses und meiner Mutter Grab. Es freut mich so innig. In Krieglach-Alpel habe ich Sie kennen gelernt, in der Waldheimat, als ob mir meine selige Mutter statt ihrer wen anderen zuführen wollte. Deuten Sie mir es nicht übel, wenn ich an Ihrem Namenstage Ihnen danke, daß Sie das Grab meiner Mutter mit einem Kranze geschmückt haben. *Vor* Ihnen hat das niemand getan, *nach* Ihnen könnte es mich von niemandem so bewegen.

Vor kurzem war ich in Graz, hätte gern angeklopft an der Thür Ihres Hauses, hab' mich aber nicht getraut. Und nun thut es mir leid, Fräulein, Sie nicht gesehen zu haben. Um mich teilweise zu entschädigen, hätte ich heute eine schöne Bitte. Erweisen Sie mir zu Ehren Ihres Namenstages eine Wohlthat, schenken Sie mir von Ihnen eine Photographie. Ich begrüße Sie aus ganzer Seele. Bewahren Sie mir Ihr Andenken, so wie ich die liebe Wallfahrerin nach den verlassenen Bergen meiner Heimat nimmer vergessen werde.

Ihr aufrichtiger

Peter Rosegger.

Fräulein Anna pflegte ihren Namenstag im lieblichen Maria-Grün zuzubringen, wo sie mit ihrer guten unzertrennlichen Freundin Minna den ganzen Tag im Walde saß, lesend, plaudernd oder auch still träumend. Dorthin, in den stillen Wald bei Maria-Grün, schickte ihr der Vater die eingelaufenen

Glückwunschbriefe nach, und dort hat sie auch mein unerhörtes Schreiben gelesen.

Ich sagte mir entschieden vor, daß sie mir nicht antworten werde. Und doch wartete ich Tag für Tag auf Antwort.

Am 5. August habe ich diesen Brief erhalten:

Graz, den 4. August 1872.

Geehrter Herr Rosegger!

Ein schöneres Angebinde zu meinem Namenstage hätte mir nicht werden können als durch Ihr freundliches Schreiben. Ich hätte nicht geglaubt, daß Sie sich meiner noch erinnern würden, und nun sagen Sie, daß meine Anwesenheit in Ihrer Heimat Ihnen Freude gemacht habe! Glauben Sie, auch ich werde der Tage nie vergessen, die ich in Ihren Bergen verlebte, nicht die Tannen vor Ihrem Vaterhause, nicht die Stätten, wo Sie den ersten Atemzug gethan. Wie glücklich wäre ich gewesen, hätte ich auch Ihrer Mutter Hand noch drücken können, wie mir es Ihrem lieben Vater zu thun gegönnt war. Es freut mich sehr, daß mein schlichter Strauß das Grab Ihrer Mutter schmücken darf.

Wenn ich Ihnen mit Übersendung meines Bildes wirklich eine Freude mache, so erfülle ich Ihren Wunsch gerne und lege selbes mit Erlaubnis meiner Eltern diesem Briefe bei. Auch darf ich Sie versichern, daß es meinen Eltern ein großes Vergnügen bereiten würde, Sie in unserem Hause begrüßen zu dürfen. Ich besonders hege den Wunsch, Ihnen für Ihre zarte Aufmerksamkeit zu meinem Namenstage danken zu können. Indessen mit vielen herzlichen Grüßen

Ihre ergebene

Anna Pichler.

Die Beilage, eine gute Photographie in Visitkartenformat, ist ein Heiligtum meines Lebens geworden. Während sie selbst erschien und verschwand, ist dieses Abbild geblieben: Heute ruht es in einem aus Holz geschnitzten Monumentchen, das auf einem Tische meines Zimmers steht. Nach diesem Bildchen ist später ein größeres Ölgemälde hergestellt worden. Doch ihr bestes Bildnis an Leib und Seele, ein lebendiges, hat sie mir hinterlassen an unseren Kindern Sepp und Anna.

Wie ruhig, wie heiter ging ich damals der dunklen Lose entgegen ... Ich reiste im Herbst nach Italien. In den Ruinen von Pompeji machte ich an einem sonnigen Sonntagsnachmittage ein Gedichtchen auf das einsame Haus in ferner Alpenhöh', das einst von einem holden Mädchen aus der Fremde besucht worden. – In Venedig kaufte ich ein Armband, zierlich aus winzigen Muscheln und Schneckenhäuschen zusammengesetzt. Und bald nach meiner Rückkehr nach Graz habe ich einen Besuch gemacht im Bürgershause des Herrn Josef Pichler, Sackstraße Nr. 33. Fräulein Anna war in jener gleichmäßigen heiteren Ruhe wie damals in Krieglach. Ihr Vater, eine sympathische Erscheinung, ein Bürger nach altem Schrot und Korn, hieß mich willkommen, und ihre Mutter, eine noch jugendliche, schöne Frau, reichte mir freundlich, aber unter einem Hauche von Schwermut die Hand. Fräulein Anna und ich fühlten uns schon wie alte Bekannte, sie stellte mir ihren halberwachsenen Bruder Josef vor, einen bescheidenen, offen blickenden Jüngling. Ein zweiter Bruder, Anton, war zur Zeit in der Lehre in Wien. Derselbe wurde mir geschildert als ein überaus lustiger, zu allen Scherzen und Schnurren aufgelegter junger Mann; sein Leben, das einen romantischen Verlauf, ein tragisches Ende genommen hat, soll später noch angedeutet werden.

Ich dankte dem Fräulein mündlich für ihre Sommerreise nach Krieglach, für ihren Brief, für ihr Bild, überreichte ihr das Armband aus Venedig und bat ihre Eltern, manchmal in ihrem Hause einen Besuch machen zu dürfen. Wie man sieht, schlug ich einen sehr geraden Weg ein, wohin er führte – dachte ich damals daran? – Manchen Abend habe ich im Hause Pichler verlebt. Der Vater erzählte gern von seinen Reisen als Handwerksbursche, er war weit herumgekommen in der Welt und wußte alles mit gutem Humor vorzubringen. Er war eine praktisch und tatkräftig veranlagte Natur und hatte es von seinem kleinbürgerlichen Elternhause in Hartberg zu einer hochgeachteten Stellung in Graz gebracht. Er saß zur Zeit im Gemeinderate und war Armenvater in seinem Bezirke. Er hatte ein weiches Gemüt, ohne sentimental zu sein. Kein Armer ging ungetröstet von ihm, aber wenn im Hofe des Kriminalgebäudes ein Spitzbub gehenkt wurde, da konnte er als Amtszeuge mit aller Ruhe zusehen und sich nach der Exekution behaglich eine Zigarre anzünden. Seine Frau, ebenfalls zu Hartberg gebürtig, war eine echt volkstümliche, doch überaus feinbesaitete Natur. Wenn sie mit lebendiger Anschaulichkeit und Innigkeit von ihrer Kindheit und Jugend, von Sitten und Gebräuchen unserer gemeinsamen Heimat sprach, da war mir, als hörte ich wieder meine Mutter. So saßen wir oft traulich zusammen, und ich ahnte nicht die bange Sorge, die durch mein Erscheinen ins Haus gekommen war. Eines Tages hatte ich das Fräulein Anna um ein Stammbuchblatt von ihrer Hand gebeten. Da schickte sie mir den folgenden Vers: „Wer hat den Weg durchs wilde Meer gefunden? Der nie mit Todesstürmen stritt? Es ist ein Herz mit seinen Wunden mehr wert, als eins, das niemals litt.“ – Das schreibt ein blühendes Mädchen von kaum mehr als zwanzig Jahren! Bezog es sich auf mich, auf *meine* Herzenswunden? . . .

Später hat es Vater Pichler mir erzählt, wie sehr Fräulein Anna damals verändert war, wie sie gleichgiltig für ihre Umgebung die Einsamkeit suchte in ihrem Kämmerlein oder im Hausgärtchen am Strande der Mur, wie sie vor sich hin träumte, manchmal schluchzte und dann aufgeschreckt in Verwirrung war, als sei sie bei etwas Unrechtem ertappt worden. Die Mutter nannte es ihrem Manne zuerst, was das war. Aber was soll daraus werden! Ein junger Mensch ohne Stellung . . .! Ein Dichter, das ist ja recht schön, aber kann man leben davon? Sie hatten schon beschlossen, mich zu bitten, meine Besuche in ihrem Hause, „so angenehm ihnen dieselben auch wären“, aus gewissen Rücksichten vielleicht etwas seltener werden zu lassen. Aber ich war ihnen zuvorgekommen.

Fräulein Anna spielte die Zither. Und das so gut und schön, daß auch ich so etwas lernen wollte. Die Zeitschrift „Bohemia“ in Prag hatte mir für eine kleine Erzählung eben ein großes Honorar geschickt. Davon kaufte ich mir eine Zither, ging damit zu Pichlers, und an Sonntagsnachmittagen saßen wir, Anna und ich, in der großen Stube beisammen und trieben Musik. Dazwischen plauderten wir, ich von meinen dichterischen Plänen, sie von ihrem Hauswesen, vom Geschäftsladen, wo sie die ganze Woche hinter dem Pult stehen und den Leuten Hüte aufs Haupt setzen mußte. Ich merkte wohl, daß ihr diese Obliegenheit nicht gar angenehm war, obschon sie nie etwas davon verlauten ließ. Um so inniger gab sie sich am Sonntage ihren Lieblingsbeschäftigungen hin, der Musik, den Büchern, den Blumen zwischen den Fenstern. An einem Sonntagsnachmittage im November war es, daß wir wieder miteinander Zither spielten. In der Stube war niemand anwesend. Da ließ ich plötzlich die Saiten ruhen, wendete mich zu ihr und sagte: „Anna, wollen Sie mein Weib werden?“ Ich kann mich nicht mehr erinnern, ob diese Frage eine vorsätzliche war oder ob sie mir ganz unvermittelt über die Lippen sprang. Anna senkte ihr Haupt, und ihre Hand zitterte ein wenig. Ich habe die Frage wiederholt, und sie hat dann ganz unmerklich mit dem Kopfe genickt.

Noch an demselben Abende redete ich mit ihrem Vater. Wir gingen im Stadtpark die Kastanienallee entlang von der Schillerbüste gegen das Burgtor hin. Im Glanze der wenigen Gasflammen sahen die fallenden Schneeflocken aus wie zarte Apfelblüten. Nun gestand ich Herrn Pichler, daß ich seine Tochter lieb hätte. – Er schwieg eine Weile, dann sagte er wie unter einem Seufzer: „Das haben wir wohl bemerkt.“ – „Ich will ohne sie nimmer leben!“ fuhr es mir heraus. Er seufzte wieder und sagte: „Es ist halt ein Kreuz.“ Weiter gab er keine

Antwort. Als wir dann auseinandergingen, sagte er: „Am Katharinentag ist mein Geburtstag. Kommen Sie am Abend desselben Tages zu uns. Da ist auch die Frau zuwege, da können wir weiter davon sprechen."

Als ich in meinem Zimmer war, mit mir ganz allein, kam es mir erst zum Bewußtsein, was jetzt angefangen worden war. – Am nächsten Tage ging ich zu zweien meiner Gönner und erzählte ihnen mein Vorhaben. Der eine war Dr. Moritz von Kaiserfeld, damals Landeshauptmann von Steiermark. Der rief hell aus: „Was? Heiraten wollen Sie? Um Gottes willen, wie sollen Sie eine Familie ernähren, Sie haben ja nichts!" Der andere war Dr. Svoboda. Der sagte schmunzelnd: „Sie haben recht. Ein Poet muß ein schönes edles Weib haben. Ich habe es schon damals in Mürzzuschlag gemerkt. Eine Familie werden Sie ernähren so gut wie andere. Sie sind ja ein Mann."

Und am Katharinentage fand ich mich ein im Hause Pichlers. Es war eine ernste Stunde, als ich Vater und Mutter bat um ihre Tochter Anna. Der Vater sagte: „In Gottesnamen! Das Mädel ist ja schier verrückt." Die Mutter weinte unversiegbar und sagte: es sei ihr ja recht, wenn es Gottes Willen wäre und wenn ihr Kind glücklich werde, aber ein Stein läge ihr auf dem Herzen, nicht zu sagen . . . Beim Nachtmahle ist es gemütlicher geworden. Einige muntere Freunde des Hauses waren vorhanden, Anna und ich saßen bei Tische nebeneinander, Vater Pichler erklärte uns als Verlobte. – Ich habe mir die Neuverlobten stets gedacht als von unbeschreiblicher Befangenheit gequält. Davon war an mir nicht viel zu spüren, es war ja ganz selbstverständlich, daß nun meine Anna neben mir saß. Sie war auch ruhig, verriet aber ihre innere Aufregung dadurch, daß sie nach dem Mahle auf dem Fußboden stolperte und nach allerlängs hinfiel. Der Schreck war bald vorüber, als sie munter wieder aufsprang. Beim Abschiede der Kuß war diesmal nicht so flüchtig wie sonst. Wir brauchten daraus kein Geheimnis mehr zu machen und konnten uns dabei Zeit nehmen.

Eine Woche später wurde auf Wunsch des Vaters Pichler die Verlobung das zweite Mal gefeiert, und zwar zu Krieglach in jenem Gasthause, in dem damals die zwei Touristinnen eingekehrt waren. Dieses Fest war für meinen Vater und für meine Geschwister angesetzt, die von der Gegend, aus Berg und Tal, zusammengekommen waren, um ihre künftige Schwiegertochter und Schwägerin kennenzulernen. Die Hochzeit wurde bestimmt auf den Mai des nächsten Jahres. Mir aber schien es einfach unfaßbar, daß der „Ausstattung" wegen so unabsehbar viele Zeit des Glücks versäumt werden sollte!

Daß ich nun jeden Tag ins Haus der Braut kam, daß wir unsere Zukunft besprachen, unsere Absichten bestimmten und vorbereiteten, ist alles selbstverständlich. Daß ich eines Abends spät, als Anna schlafen gehen wollte, im Dunkeln an der Tür ihres Kämmerleins stand und auf sie wartete – das ist mir heute wie ein dämonischer Schatten über die liebliche Idylle dieser Zeit. Als ich ihren Namen flüsterte, erschrak sie so sehr, daß sie einen Schei ausstieß. Ich sagte ihr erregt gute Nacht und eilte mit pochenden Schläfen davon.

Als endlich der Hochzeitstag in die Nähe kam, trat eines Morgens ein mir bekannter und wohlgesinnter Priester in mein Zimmer. Er sei gekommen, sagte er, ohne auf dem gebotenen Sessel Platz zu nehmen, um als Hirte ein Schäflein zu suchen. Zwar verzage er schier an seiner Mission, denn er wisse, wie schwer ich als Schriftsteller öffentlich angegriffen würde von der katholischen Presse. Ob diese Presse recht oder unrecht habe, darum handle es sich heute nicht, nur möge ich es der Kirche nicht entgelten lassen und nicht meiner Seele. Ich würde wissen, daß als Vorbereitung zum Sakrament der Ehe das Sakrament der Buße und des Altares nötig sei. Er wolle mir aber gerne den Weg zur Kirche ersparen, wo ich etwa die Gaffer scheue, er sei bereit, mir die Beichte auf meinem Zimmer abzuhören und habe dafür gleich auch die Stola mitgebracht. Es sei weiter keine Formalität nötig, wir wollten uns gemütlich zusammensetzen, und ich sollte ihm wie einem

Freunde das Bekenntnis ablegen. Da der junge Mann bei dem Eintritte in den Ehestand mit seinem früheren Leben abschließe, so gezieme es sich auch, sich von den Sünden zu reinigen, die bei jungen Männern leider so häufig vorkämen. Mit erleichtertem Gewissen könne der Bräutigam sonach zur Jungfrau Braut hintreten, und der Ehestand, solchergestalt mit Gott angefangen, würde gesegnet sein. – Ähnlich hatte er zu mir gesprochen. Gerührt von solcher Herzlichkeit, sagte ich zu, die Beichte gerne ablegen zu wollen, bemerkte aber, daß ich mich von meinen Sünden erst wahrhaft befreit erachten würde, bis ich dieselben meiner Frau eingestanden und von ihr Absolution empfangen hätte. Der Priester blickte mich ernst an, dann tat er einige Fragen nach weltlichen Dingen und ging bald davon, ohne daß vom Beichten noch einmal die Rede gewesen war. Mir tat es herzlich leid, daß er meine Worte für eine Geringschätzung des Sakramentes verstanden hatte.

Die Hochzeit fand statt zu Graz am 13. Mai 1873. Am kühlen sonnigen Morgen fuhren wir in mehreren Wägen, unter Begleitung von Verwandten und Freunden, hinaus zum Waldkirchlein Maria-Grün. Vor und nach der Trauung wurden uns mancherlei Ehren zuteil, die mich freuten, besonders meiner Braut wegen. Sie stand in ihrem weißen Schleier wie eine Erscheinung des Himmels neben mir am rosenumdufteten Altare. Als der Priester ihre kühle Hand in die meinige legte und beide Hände nach kirchlicher Sitte mit der Stola umwickelte, da dachte ich: Wie es denn sein kann, daß auf einmal dieses liebste Wesen in mein Leben eingetreten ist! Wie es denn möglich gewesen, so lange ohne sie zu leben, und wie ein weiteres Dasein auf Erden denkbar wäre ohne sie! – Jemand hat nachher gefragt, warum ich sie, wie der Brauch nach der Trauung, in der Kirche nicht auf den Mund geküßt hätte? – Habe ich es nicht getan? Dann unterblieb es wohl, weil wir nicht allein waren, weil die ganze Kirche voll von Menschen gewesen.

Als wir nach der kirchlichen Feierlichkeit durch das Kroisbachtal hinausfuhren gegen die Stadt, lief plötzlich vom Walde herab ein Mensch in braunem Überrock und grauem Hut und gerade auf unseren Wagen zu. Ich ließ halten, denn ich erkannte einen Jugendfreund, den Schriftsetzer Robert Wagner. Einige Jahre früher war er zu Graz in Arbeit gestanden, wir waren viel beisammen gewesen. Als er in die Welt ging, sagte er zum Abschied: „Wenn du heiratest oder stirbst und ich lebe noch, so komme ich zu dir." Nun hatte er Wort gehalten und war aus der Ferne herbeigeeilt, um meiner Trauung beizuwohnen. Beim darauf im Hotel „Zum Erzherzog Johann" stattfindenden Hochzeitsmahle hatte er sich nicht eingestellt. Denn kaum hatte er mir und meiner jungen Frau zum Wagen herein die Hand gereicht, war er wieder davongeeilt in die weite Welt. – Die Wägen fuhren dahin, und im ersten derselben war ich nun allein mit *meinem Weibe.* Wir hielten uns an den Händen, an deren Fingern die neuen Ringe funkelten, wir schauten uns ins Auge. – Nach dem Festmahle, bei welchem mein alter Vater der Braut gegenübergesessen war und sie immer angeschaut hatte, ließen wir uns auf den Wunsch der Eltern photographisch aufnehmen. Dann zog meine Anna das weiße Kleid mit dem Schleier aus, wohl nicht ahnend, daß ihr dasselbe – noch ehe zwei Jahre vergingen – wieder angezogen werde würde.

Gegen Abend des Hochzeitstages sind wir nach Krieglach gefahren, wo im Hause Mitteregger ein Zimmer aufgenommen worden war, um die ersten zwei Wochen in meiner Heimat zuzubringen. Denn so war es Annens Wunsch. Nicht durch eine Hochzeitsreise wollten wir unser junges Glück zerrütteln lassen. Die blumigen Matten, die von Vogelsang durchklungenen Wälder der Heimat und darüber der Mai – so war's uns gerade recht. Die Hochzeitsreise haben wir später gemacht, im August, nach dem Murtale zu meinem Jugendfreunde August Brunlechner, dann nach Kärnten: Friesach, Villach, zurück ins Gesäuse und nach Eisenerz, wo wir überall Verwandte meiner Frau besuchten. Auf einem heißen Spaziergange von Villach bis zum Ossiachersee zeigte ich wesentlich einen meiner Fehler. Erschöpft, bestaubt und des Weges unkundig, wurde ich mißmutig und polterte etwelches. Und da trat eine ihrer Tugenden hervor, sie hatte ein treuherziges, gütiges Zureden, und das brachte mich sofort ins Gleichgewicht. Als wir nachher auf einem Kahne sänftiglich über den See fuhren, waren meine durch Sonnenglut und Ermüdung aufgeregten Nerven wieder ruhig geworden. „Anna", sagte ich, „immer einmal bin ich halt ein garstiger Zornnickel." – „Ja, wart nur!" antwortete sie, „ich werde dich schon züchtigen!" Und sie tat's. Wenn ich – was in jüngeren Jahren nicht allzuselten geschah – wegen irgendeiner Nichtigkeit aufbrauste, so blieb sie ruhig vor mir stehen, schwieg und blickte mich mit ihren unbeschreiblich schönen, sanftmütigen Augen betrübt an. Sofort war ich gebändigt. Im zweiten Jahre unserer Ehe war von dieser überaus törichten Eigenschaft des Jähzorns in mir kaum eine Spur mehr vorhanden. Sie zeigte sich erst später wieder, als die sanfte Tierbändigerin längst nicht mehr um mich war.

Während unserer Flitterwochen in Krieglach hatten uns die Eltern Pichler im Nebenhause ihres Wohnsitzes, Sackstraße Nr. 31 zu Graz, im ersten Stocke eine Wohnung mit vier traulichen Zimmerchen eingerichtet. Die Wohnzimmer waren gassenseitig, mein Arbeitszimmer murseitig. Von diesem sah man durch seine drei Fenster auf den breiten Fluß und auf die Berge. Es war ein Poetenheim, wie ich seither keines mehr gefunden. Damals mußten zur Ausstattung noch nicht die schwerfälligen altdeutschen Möbel, die braunen Öfen, die roten oder sauerkrautgrünen Wände, das wurstbraune Parkett, die schweren dunklen Fenstervorhänge sein, Dinge, die eine Wohnung so düster machen. Bei uns war alles licht: die Öfen, die Türen, die Vorhänge weiß und luftig, die Wände taubengrau, die Fußböden blank gescheuert, die Möbel glänzend lackiert, die Rahmen der Kupferstiche hell vergoldet.

Und in solch freundlicher, friedlicher Wohnung ein sanftes, gemütlich heiteres, regsames Weibchen – so ein Leben darf sich wohl sehen lassen auf dieser schönen Welt. Als wir zwei das erste Mal in eigener Wohnung, an eigenem Tische Mahlzeit hielten – sie war einfach, aber wie köstlich hat sie gemundet! Anna war zwar, als sie die Suppe auftrug, etwas befangen, wie sie später gestand, vor Angst, das Essen würde mir nicht schmecken. Und wie waren wir dann vergnügt, wie knusperten wir Roggenbrot, als wäre es Torte, wie stießen wir mit den Gläsern an, als wäre Rheinwein drin statt Wasser! Viel später sind wirkliche Torten gekommen und wirklicher Rheinwein. Aber Anna ist nicht mehr bei mir gewesen.

Für den Haushalt sezten wir monatlich fünfzig, später, als eine Magd kam, siebzig Gulden aus. Einmal fand ich Anna schluchzend in der Küche sitzen. Auf mein Andringen gestand sie, daß ihr die Wirtschaft Sorgen mache. „Aber Kind!" rief ich aus, „so nimm mehr Geld, du weißt doch die Lade!" – „Noch mehr?" sagte sie leise, „wo sollst es denn hernehmen! Mir ist nur manchmal so hart, daß –" – „Nun, warum denn, Anna, warum ist dir hart?" – „Daß ich dir gar kein Vermögen mitgebracht habe." – Fuhr ich freilich empor: „Jetzt hör mir aber auf! Vermögen! Da müßtest erst sehen, ob ich dich genommen hätte. Weiber mit Vermögen, darüber habe ich meine Ansicht, du weißt ja. Übrigens haben wir doch die Wohnung umsonst. Das übrige, was wir brauchen, erwerbe ich spielend. So leicht kommt mir jetzt das Arbeiten an."

Und wahrlich, in jener Zeit arbeitete ich mit Lust und Erfolg. Mehrere Werke schrieb ich in einem Jahre, darunter die „Schriften des Waldschulmeisters", zu denen an jenem inhaltsreichen 20. Juni der Plan entworfen worden war. Lust und Kraft zur Arbeit, stillvergnügt und heiter – war das die Liebe? Ja, sie war's. Ich fühlte mich umgeben, gesättigt von jenem milden, ruhigen Glücke, das keinen andern Wunsch kennt als den, es möchte so bleiben. – An einem glückseligen Abende tat ich das, was ich damals vor der Hochzeit hätte tun sollen. Ich beichtete die Sünde. Aber nicht dem Priester, sondern dem Weibe. Anna hörte mir sehr aufmerksam zu, und dann ging sie ins Nebenzimmer. Als ich ihr nachging, kauerte sie am Ladekasten, vor dem Bilde ihrer Mutter, und weinte so sehr, daß ihr ganzer Leib schütterte. Da habe ich gesehen, daß man doch lieber dem Geistlichen beichten soll als dem geliebten Weibe. Sie hat mir hernach zwar einen langen, innigen Kuß gegeben. Ich war absolviert, hatte als Buße aber die Ahnung, daß von diesem Tage an ein Schmerz in ihr sei, den wir Männer nicht zu messen imstande sind.

Ich gelobte damals, diesem Wesen alles zu sein, was ich bin und sein kann. Es ist nicht viel. Was habe ich mein Lebtag schöne Worte verschwendet an Nichtigem, und dort, wo ich geliebt, innig bis in den tiefsten Herzensgrund geliebt hatte, dort war ich stumm, unbeholfen an Ausdruck, Gebärde, Benehmen, stand scheinbar gleichgiltig und kühl vor dem Weibe, für das ich im gegebenen Augenblicke mein Leben mit Freuden geopfert hätte. Auch Anna hat in Worten nie geschwärmt, aber ihr ganzes Wesen und Walten um mich war ein einziges Hohelied der Liebe. Was in meinem Werke „Heidepeters Gabriel“ von jener Anna erzählt wird, es ist leicht zu merken, wer dazu das Vorbild gewesen.

Und doch ist diesem goldenen Herzen der Ehestand ein Wehestand geworden. Nach der Trauung waren kaum vierzehn Tage vergangen, als sie die Nahrung nicht mehr vertrug und an Krämpfen zu leiden begann. Ihr Vater tat scherzhaft die Bemerkung, ob ich nicht wüßte, was es nach dem Sprichwort bedeutet, wenn eine junge Frau kein Rindfleisch ißt? – Die Leiden dauerten vom ersten bis zum letzten Tage, Anna ertrug sie voll himmlischer Geduld, selig schien sie zu sein in dem Wissen, für was sie litt. Am ersten Weihnachtsbaume waren wir noch allein, aber es ging dabei hoch her. Wir hatten es schon bei Beginn unseres Haushaltes eingeführt, daß täglich ein Zehnkreuzerstück in die Sparbüchse geworfen werden mußte für den Christbaum. Als nun einige Tage vor dem Feste die Tonbüchse zerbrochen ward, fand Anna zu ihrer freudigen Überraschung den Betrag so groß, daß sie ausrief: „Peter, denke dir, das Tonschweindel ist fett!“ Da gab es dann unter dem Christbaume Handschuhe und Socken, Backwerk und sogar eine Flasche Wein! Und eine Schillerbüste aus Gips, die heute noch auf meinem Bücherkasten steht. Annens Eltern und Brüder leisteten uns Gesellschaft im Bewundern dieser Herrlichkeiten.

Schwager Toni war ein hübscher, wie schon bemerkt, damals noch sehr lustiger Junge. Doch zeigte sich in ihm ein heftiger Wille und etwas Unstetes, ein Wünschen und Streben, das über die Verhältnisse hinausging. Er hatte sich in den Kopf gesetzt, beizeiten ein wohlhabender Mann zu werden. Bald nach Vollendung seiner Lehrjahre ging er als Hutmacher nach dem Norden, ein Jahr später nach dem Westen, ins Amerika, von wo aus er Briefe nach Hause schrieb, aus denen zu schließen war, daß es ihm drüben außerordentlich behage und er die Absicht habe, Europa ganz den Rücken zu kehren. Auf einer kleinen Reise nach Bayern, die ich zur selben Zeit machte, begegnete ich am Postschalter zu München urplötzlich dem – Schwager Toni. Auf einmal amerikamüde geworden, war er in die Heimat zurückgekehrt. Später, ich greife hier weit vor, übernahm er mit seinem Bruder das väterliche Gewerbe und heiratete. Er widmete sich mit Leib und Seele dem Geschäft, aber das Tatsächliche wollte mit seinen hochfliegenden Plänen nicht immer stimmen. Ich hatte den in der Jugend so heiteren, freundlichen Knaben liebgehabt und suchte den nun mit dem Ernste des Lebens ringenden Mann oft zu beruhigen und auf seelische Güter zu verweisen. Seine ruhelose Seele war so ganz das Gegenteil von der Sanftmut und dem verkörperten Herzensfrieden meiner Anna. Vielleicht war er eine zu Großem geborene Natur, wenn er Glück gefunden hätte, wer weiß das? Kleine Landpartien und Reisen waren das einzige, was ihn zu zerstreuen schien. Im Frühjahre 1890 machte er, ohne weitere Vorbereitung, ohne Abschied und

Andeutung, einen Ausflug nach Fiume. Von dort aus ging er nach Marseille. Auf dem Friedhofe dieser Hafenstadt schrieb er einen Brief nach Hause, daß er mit einem großen Schiffe nach Spanien zu reisen gedenke und dann wahrscheinlich nach Alexandrien. Zu Hause möge man machen, was man wolle, und auf ihn weiter keine Rücksicht nehmen. Nach längerer Zeit kam ein Brief von ihm aus Australien, wo er in einem Hotel Hausdienste verrichtete. Später war er als Sklavenaufseher in einer Farmerei, hernach Arbeiter auf einem Schiffe. Dann zeigte ein flüchtiges Schreiben an, daß er in Dar-es-Salam, einer deutschen Kolonie in Ostafrika, eine Beamtenstelle verwalte, und bald darauf kam die Nachricht, daß er im Juli 1892 dort gestorben sei. Seine Mutter, deren Abgott Toni gewesen, war ihm längst vorausgegangen, schwer aber verwand der alternde Vater Pichler diesen Schlag. Er sprach nicht viel von seinem dahingegangenen Sohne, oder höchstens mit einem Seufzer: „Es ist halt ein Kreuz."

Und nun wieder zurück zu meiner bescheidenen Häuslichkeit.

In der Nacht vom 19. auf den 20. Februar 1874 erwachte ich um Mitternacht aus dem Schlafe. Meine Gattin vertraute mir, daß sie merke, es nahe die Zeit, aber ich möge nur weiterschlafen, ich sei ja doch müde von der Arbeit. Natürlich schloß ich mein Auge nicht mehr, und der nun folgende Tag wurde mir zur peinvollen Qual und zum seligen Glücke. Nach unsäglichen Schmerzen und unter bedenklichen Umständen gebar mir Anna am 20. Februar um die erste Nachmittagsstunde einen Knaben. Am nächsten Tage wurde er zu Ehren seines Großvaters getauft auf den Namen Josef. Damals schrieb ich in mein Tagebuch: „Josef war der Nährvater des Heilandes, möge *mein* Josef sich an den Ideen des Heiles nähren! – Ich kann mich gar nicht satt sehen an dem Bübel. Das ist die größte Poesie und das größte Wunder, so ein Kindlein. – Ich kann Tag und Nacht nicht ruhen vor Freude und Sorge."

Schon am zweiten Tage machte der Junge seiner Mutter

das erste Herzleid. Er wollte nicht trinken an ihrer Brust, er zog gewässerte Kuhmilch vor; er gedieh dabei, und so hatte sie ihm seine Sprödigkeit bald verziehen.

Nun war der höchste Grad des irdischen Glückes erreicht. Eines Abends saßen wir am Bette des Kleinen, ich zur einen, Anna zur anderen Seite, und schauten ihn an. Zu Füßen saß Großmutter und nähte an einem Wollhäubchen, daneben stand Großvater und knüpfte an ein eben heimgebrachtes Kindertrompetlein ein grünes Umhängband. Der Kleine konnte aber noch gar nicht blasen. „Macht nichts, er wird's schon lernen.“ Und wie wir so im Kreise beisammen waren um den herzigen Mittelpunkt, der mit den Füßchen strampelte und seine Händchen reckte, da sagte Anna plötzlich lachend: „Jetzt fehlt nur noch Ochs und Esel, daß das Krippenspiel fertig ist!“

Als das Frühjahr kam, haben wir den Knaben in ein Wäglein getan und hinausgeführt in die Wälder der Hilm und um Maria-Trost. Wo es bergwärts ging, da zog die Mutter an und ich schob hinten nach, und so vornehm fährt kein Prinz.

Für laute Vergnügungen und Festlichkeiten war Anna nie zu haben gewesen, selbst Einladungen in befreundete Häuser nahm sie nicht gerne an; ihr war der Brauch nicht recht, daß man uns bei Tische nie zusammensitzen ließ, daß sie mit fremden Leuten, die ihr gleichgiltig waren, reden mußte. Sie sprach wenig, stets in schlichter, ungezierter Art, aber immer sinnig und klug. Einmal, als bei einem Festmahle im Hause des Großindustriellen Reininghaus zu Graz Doktor Rechbauer, damals Präsident des Abgeordnetenhauses, einen Toast ausbrachte auf meine Anna und alles mit klingenden Gläsern auf sie einstürmte, war ihr nach späterem Eingeständnis, „als müsse sie in den Boden sinken vor lauter Schämen“. Kleine Ausflüge mit mir in die Natur waren ihr das liebste, wo es aber unbehilfliche Kinder gab oder arme gefangene Tiere, da war sie nicht vom Flecke zu bringen. Je hilfloser ein Wesen, desto liebreicher gab sie sich mit ihm ab. – Seit der Knabe erschienen, war alle äußere Welt für sie versunken. Auch Theater, Konzerte, denen sie sonst zugetan gewesen, ließ sie jetzt beiseite, nur daß sie zu Hause manchmal Musik trieb. Nebst der Zither spielte sie das Klavier, und zwar immer nur das, was mir am liebsten war – Volkslieder. Sie begann mir damals eine entzückende Welt von Volksliedern zu erschließen, die in späteren Jahren ihre Kinder noch erweitert und fast unermeßlich bereichert haben.

Die beiden Sommer unserer Ehe verlebten wir in Krieglach, im Hause Mitteregger. Meine alte Freundin Julie war auch die Freundin meiner Anna geworden. Aus Alpel hatte Anna meine jüngste Schwester herabgeholt, ein Bauerndirndel, das sie mit Liebe und Geduld für unsere Wirtschaft abrichtete. Die Schwester Marie ist dann jahrelang in unserem Hause geblieben.

Vom Frühjahre 1874 an hatte Anna wieder mit deutsamen Beschwerden zu kämpfen, aber ihr Wesen blieb stets heiter und mit Hintansetzung eigener Leiden voller Fürsorge für Kind und Vater. Einmal hatte sie einen großen Jammer. Beim Einwickeln in die Windeln, die mit einer heißen Wasserkanne erwärmt zu werden pflegten, hub das Kind an, unmenschlich zu schreien. Es meldete sich sonst selten, außer wenn es laut lachte oder mit den Gliedern zappelnd jauchzte. Und diesmal schrie es so heftig und schmerzhaft, daß sein Gesichtchen rot wie ein Paradiesapfel wurde. Anna hob es, schaukelte es, legte es, wickelte es auf, wickelte es ein, das Kind schrie immerfort zum Herzbrechen. Wir wußten uns nicht mehr zu helfen, ich lief nach dem Arzt, da stellte es sich heraus, daß der kleine Sepp am Unterschenkel eine Brandwunde hatte. Von der blechernen Wasserkanne. Ein Ölumschlag tat bald seine wohltätige Wirkung, aber Anna war trostlos. Nicht des Kindes wegen, vielmehr ihretwegen. Laut weinend zankte sie sich selbst aus, daß sie eine schlechte Mutter wäre, eine ungeschickte und unverläßliche Kindespflegerin, die nichts anderes wert sei, als daß man sie verjage! Mit langer Mühe nur konnte ich sie beruhigen, und an jenem Tage das einzige Mal habe ich ihr in wahrer Leidenschaft vorgehalten, daß sie die klügste, sorgsamste, beste Mutter sei, die sich Tag und Nacht dem Kinde opfere; die all ihre Freude und Erholung, ja ihre Gesundheit hintangebe für das Kind, und daß sich feingebildete Damen, ja Königinnen, an ihr ein Beispiel nehmen könnten, wie ein rechtes Weib, eine deutsche Gattin und Mutter sein müsse; das einzige Unrecht an ihr seien die Selbstanklagen, mit denen sie sich quäle! – Sie fiel mir um den Hals und küßte mich weinend: Wenn ich mit ihr zufrieden sei, dann wolle sie leben und sterben! – Das bißchen Brennen der Brandwunde, mein Sepp, konntest du dir schon gefallen lassen, es ward Ursache, daß ich deiner Mutter ein Wort gesagt, welches ich sonst blöden Sinnes wohl für immer in mich verschlossen hätte.

Am 14. Dezember feierten wir ein schönes Fest. Das erste und einzige, welches wir einem Gaste geben konnten. Es waren zehn Jahre vorbei seit dem Tage, als Doktor Svoboda den für meine Zukunft entscheidenden Aufsatz in der Grazer „Tagespost" veröffentlicht hatte. Wir luden den teueren Mann an dem Gedächtnistage zu einem Mahle zu dreien. Ich sehe meine Anna noch heute, wie sie vor Glück strahlte, als junge Hausfrau den edlen Anwalt und Führer ihres Mannes bewirten zu können. Aber als Doktor Svoboda den Spieß umdrehte und zuerst auf *ihr* Wohl trank, anstatt wir auf das seine, da errötete sie und zitterte vor Erregung. Als Svoboda sich verabschiedet hatte, standen wir allein im stillen Zimmer vor dem noch reichgedeckten Tische und teilten uns gegenseitig das Bedenken mit, ob der liebe Gast wohl auch zufrieden gewesen, ob er nicht etwa hungrig oder durstig heimgegangen ist! – Wer kennt nicht die Stimmung nach einem Gastmahle, wenn die Gäste fort sind, man steht mit noch schnell pochendem Pulse völlig einsam in dem lichterdunstigen Zimmer, in der Seele den Nachhall des fröhlichen Lärms, noch halb gefüllt die Gläser. Wir gehörten uns wieder allein.

Zu Weihnachten 1874 hatte der Knabe schon zwei schneeweiße Zähnchen am Unterkiefer und zwei solche am Oberkiefer. Diesmal war am Christbaume also auch das Wichtigste vorhanden – ein Kind. Ich kann unsere Freuden nicht beschreiben. Jetzt noch in schlaflosen Nächten, wenn alles um mich still ist und dunkel, sehe ich die beiden stehen vor jenem Christbaum. Die Mutter in dunkelblauem, weißgesterntem Gewande; am Halse eng geschlossen der schmale, weiße Kragen mit Spitzenrand, am schwarzen Samtbande das goldene Kreuzlein. Das braune Haar glatt zurückgekämmt, von einem schwarzglänzenden halbkreisförmigen Kamm gehalten, am Nacken in zwei langen Zöpfen auslaufend. Das Gesicht blaß, das Auge voll sanfter Glut, die Lippen ein wenig aufgeworfen und frisch rot – die ganze Gestalt voller Jugend und Güte. – Und neben ihr tief unten das Knäblein, schon auf den Füßen stehend und mit den runden Händchen sich an die Rockfalte der Mutter haltend. Der Kleine trägt ein dunkelrotes Kleidchen, mit schwarzem Sammet ausgeschlagen, am Kinn ein weißes Überschläglein, wie es die Pastoren haben. Sein anfangs goldliches Haar spielt bereits ins Dunkle, ist hübsch an der linken Seite abgeteilt und glatt gekämmt. Mit seinen großen runden Augen im vollen Gesichtlein schaut er fast betroffen zur bunten, leuchtenden Erscheinung empor, dem Christbaum . . .

Daß ich jenes Glück nicht etwa erst heute in der Nachstimmung empfinde, wie das so oft vorzukommen pflegt, wenn es vorbei ist, nein, daß ich mir desselben schon damals klar bewußt war, beweisen alle meine Aufzeichnungen aus jener Zeit. So hatte ich dem lieben Weibe meine Gedichte aus der Kindes- und Jugendzeit (in einen Band zusammengeschrieben) unter den Weihnachtsbaum gelegt. Die Widmung lautete:

„Nicht nur die Gegenwart und Zukunft allein,
Auch mein vergangenes Leben sei dein.
Ich lege dir heut' meinen Jugendtraum,
Im Walde geträumt, vor den Weihnachtsbaum.

Mein süßes Sehnen, mein stilles Hoffen.
Lieb' Anna, du hast es noch weit übertroffen.
Weihnachten 1874."

Als der kleine Sepp hierauf bald anfing, allein zu laufen, verheimlichten wir das den Großeltern bis zum 11. Februar 1875, an welchem Tage sie in froher Häuslichkeit ihre silberne Hochzeit begingen. Wir brachten unsere Huldigung in folgender Form dar. Ich hatte einen ganzen Tag lang an den Dingen gearbeitet, und noch einmal kam die edle Schneiderkunst in mir zur glanzvollen Geltung. Wir zogen dem Knäblein ein weißes Chorhemd an, hingen ihm eine blumige Stola um, banden ihm um den Hals ein Kolare[1], setzten ihm ein schwarzes Barett auf, gaben ihm eine Tasse mit zwei silbernen Ringen in die Hände und ließen ihn durch die Türe ins Zimmer der Großeltern spazieren. So trippelte der kleine Priester vor das silberne Hochzeitspaar, dem er mit gar ernsthaftem Gesichtchen die Ringe überreichte. Sie haben die Ringe an ihre Finger gesteckt, und somit war ein närrischer Traum der Großmutter in Erfüllung gegangen, in welchem sie mit ihrem Manne von ihrem Enkel getraut wurde. Daß dieser Enkel Priester war, wie schön! Aber daß dieser Priester schon allein trippeln konnte, das war dabei das großartigste.

So brachte jeder Tag eine neue Freude. Unser Hauswesen war ruhig und freundlich in allem, Wohnung und Wirtschaft in musterhafter Ordnung. Und das Glück, die harmlose Heiterkeit teilte sich damals auch meinen literarischen Arbeiten mit. Um diese Zeit hatte ich mehrmals nach Wien oder zu meinem Verleger Heckenast nach Preßburg zu reisen. Da kam mir wohl jeden Tag ein Briefchen nach: „Buberl und mir wird langweilig, wenn Vater fort ist." – „Peperl macht ein trauriges Gesicht, wenn er Vater nicht findet." – „Wenn Vater fort ist, spielt Peperl den Hausherrn." – „Komm, komm bald! Hätte

[1] Kollar

ich unser Buberl nicht, ich wollte Dir nachreisen, Du schlimmer Mann, daß Du so weit von uns fortgehst!“ Nun, mir in der Fremde ging es ja noch viel schlechter, ich hatte auch das Buberl nicht. Eines Tages im selbigen Winter fuhr ich nach Krieglach und ging nach Alpel, um meinen Vater zu besuchen. Trotzdem ich am nächsten Tage schon wieder zu Hause sein wollte, schrieb ich unterwegs im Eisenbahnwagen und dann auf dem Alpsteig mit halbverfrorenen Fingern an einem Briefe für meine Anna, ihr nichts sagend, als daß ich immer nur an sie denke, daß sie mein Leben, mein alles sei, und was sich Liebesleute eben zu schreiben pflegen, die zu schamhaft sind, um es sich persönlich zu sagen. Als ich abends aus Alpel nach Krieglach zurückkehrte, war schon eine Depesche da: „Ist mein Mann nicht dort? Rückantwort bezahlt.“ – Ich fuhr sofort nach Hause. – Eine Ahnung war in uns beiden, daß die Tage gezählt seien . . .

Anfang März äußerte Anna den Wunsch, sie möchte noch einmal nach Maria-Grün gehen. Wir fuhren hinaus, es war ein nebeliger Tag. Als ich sie so vor dem Altare, an dem wir einst getraut worden, stehen sah, unverwandt aufblickend zum Marienbild . . ., da befiel mich plötzlich eine große Bangigkeit. Auf dem Heimwege nahm sie mich bei der Hand, schaute mich an und sagte: „Nicht wahr, mein Peter, du wirst stark sein!“ Ich bezog das Wort auf die nahe bevorstehende Entbindung und antwortete, es würde gewiß nicht so viel zu leiden geben als das erste Mal. –

Am 3. März trat der beliebte Schauspieler Martinelli als Gast in einem Anzengruberschen Volksstück auf. Ich schwankte in der Wahl, ob ich zu Hause bei Anna bleiben oder ins Theater gehen sollte, und entschloß mich endlich für das letztere. Damit hatte ich den letzten Abend verscherzt, der mir noch gegönnt gewesen wäre, gesund und froh mit Anna zu verleben. Alle Theaterabende meines Lebens wollte ich geben, könnte ich damit diesen einen Abend für Anna und mich zurückerkaufen. Das Kind schlief, sie hatte wohl bangend an die nächste Zeit gedacht, und ihr Mann hatte sie allein gelassen. – Als ich nach Hause kam, ruhte sie. Aber bald nach Mitternacht stand sie auf, machte Licht und setzte sich hin neben das schlummernde Kind. Unverwandt blickte sie es an und wußte nicht, daß ich von meinem Lager aus wachend auf sie hinsah. Dann seufzte sie schwer, ging hinaus und weckte die Magd. Ich sprang auf und eilte in die Stadt um eine Helferin. In einer Stunde war alles glücklich vorbei. Einen besonderen Wunsch hatte sie gehabt: Ein kleines Annerl! Das war jetzt auch erschienen. Es vergingen ein paar Tage in aller Ordnung. Der kleine „Peperl" stand vor dem Kissen des Schwesterleins und bemutterte es. Dann kroch er zur Türe, um zu gucken, ob die fremde Frau, die es gebracht, noch im Vorzimmer sei, dann trippelte er zur spanischen Wand, die am Ofen stand, und rüttelte daran, daß sie wackelte und über ihn zu fallen drohte. Die Mutter sprang aus ihrem Bette, um den Unfall abzuwenden. Erst am nächsten Tage hat sie das gestanden, als sich Leibschmerzen einstellten und wir der Ursache nachforschten. Am selben Tage hörte ich sie leise zu sich selber sagen: „Es kommt doch so, wie ich mir gedacht habe . . ." Dann erschien der Doktor. In der darauffolgenden Nacht wurde ich veranlaßt, im anstoßenden Hause der Großeltern zu schlafen. Ich dachte nicht nach, warum. Am nächsten Tage sah ich verstörte Gesichter. Anna hatte die Nacht über hell geschrien vor Schmerz. Eine Bauchfellentzündung. Ich wußte damals noch nicht, was das in diesem Falle bedeutet. Daß es nichts Geringes war, konnte ich mir wohl denken. Wenn Anna, die Heldenhafte, einmal schrie vor Schmerz! Und sie schrie nun tagelang, daß es uns durch Mark und Bein ging. Dazwischen schalt sie sich, daß sie so wehleidig sei, dann wieder kümmerte sie sich um die Kinder und wollte sie in der Nähe haben und winkte sie doch wieder ab, wenn der Anfall kam. Mich hielt sie oft an der Hand und fragte, ob ich mein gewohntes Essen hätte und daß ich schlafen solle, daß ich doch auch an mich selber denken möge, ich dürfe nicht krank werden. Und dann hub sie wieder an zu schreien. Ärzte kamen und gingen, Konzilien wurden gehalten. Vorrichtungen für Eisbehandlung wurden hergestellt und angewendet. Betäubende Medizinen, rings um das Bett fremde Leute. Und Anna schrie und schrie und suchte mit den Augen nach mir. Ich wußte nicht, wie mir geschah, es war wie ein schwerer, wüster Traum.

Nach dem vierten Tage dieser Qual kam die entsetzlichste Nacht. Das Schreien hörte man auf der Gasse. Nach dieser Nacht war ihre Stimme gedämpft. Anna hatte auf den Wangen rote Flecken, die Lippen waren gesprungen vor Dürre, sie hatte unlöschbaren Durst. Die Worte, die sie sprach, waren nicht deutlich. – Vater Pichler redete von einem Geistlichen, die Ärzte widersprachen ihm nicht. Ein Freund des Hauses, Monsignore Hebenstreit, wurde gerufen. Bevor er erschien, ließ Anna den Knaben ans Bett kommen und nahm Abschied von ihm. Der Kleine schaute verblüfft drein. Dann ließ sie das junge Annerl zu sich tragen, wollte es noch einmal an die Brust drücken, berührte aber nur mit der Hand ein wenig das kleine Haupt. Ein unbeschreiblicher Blick – mein Gott im Himmel, ich vergesse ihn nimmer, diesen Blick, mit dem sie von den Kindern Abschied nahm! – Dann bat sie, daß man dieselben in die Wohnung der Großeltern bringe, und verlangte nicht mehr nach ihnen. – Hernach faßte sie meine Hand und sagte auffallend gesprächig, aber mit schwerer Zunge: „Jetzt, mein Peter, ist's an uns. Laß mich noch einmal in deine lieben Augen schauen. Mußt stark sein, Peter. An den Waldschulmeister mußt du denken. Ich habe auch von ihm geträumt." – „Du wirst wieder gesund, Anna!" unterbrach ich sie. „Im Frühjahre wollen wir dann in eine südliche Gegend gehen, daß du dich bald ganz erholen kannst. Krieglach wird dir dies Jahr zu rauh sein." Sie schwieg eine Weile, dann sagte sie leise: „Ich gehe gerne hinauf." Später habe ich einen Doppelsinn in dieses Wort gelegt. – Es kam der Priester. In frommer Ergebenheit empfing sie die Sakramente. Die Weihelichter brannten trübe im dunklen Zimmer. Wir knieten im Nebengemach und beteten. An der Wand hin Raffaels Madonna ... Maria, hilf uns! Um ihrer Kinder willen, um deines Kindes willen, rette sie! – Das war mein Seelenschrei, anders konnte ich nicht beten.

Nach der heiligen Handlung verfiel Anna in einen Halbschlummer, aus dem sie später nur noch dumpfe Anfälle der Schmerzen weckten. Manchmal schaute sie nach mir hin, der ich halb gelähmt am Bette saß. Eine Gnade Gottes, daß ich betäubt war. Heute ist es mir unfaßbar, wie jene Tage konnten ertragen werden. Es ist mir unfaßbar, daß ich mich hinwegführen ließ von ihrem Bette, daß ich Bissen aß, die sie mir vorlegten, und vom Biere trank, das sie mir vorgesetzt hatten. Der Kinder wegen müßte ich mich erhalten! Solche Worte, glaube ich, sind gesprochen worden. Hatte ich denn Kinder? –

So währte es mehrere Tage. Am 15. März nachmittags kam Dr. Svoboda und führte mich ins Freie. Wir gingen den Feldweg der Mur entlang, den wir so oft in fröhlicher Stimmung miteinander gegangen waren. Und heute hatte der Freund mich vorzubereiten.

Er tat es zögernd und zaghaft. Er sprach von der Grausamkeit der Natur, die Blumen und junge Menschenleben breche mit der gleichen Gedankenlosigkeit, von dieser brutalen Natur, der ein Einzelwesen nichts ist. Ihr Um und Auf sei die Erhaltung der Gattung, und in den Kindern lebe die Menschheit fort ... Leichter ist mir nicht geworden bei solchen Betrachtungen. Welch reiches Geistesleben in der großen Stadt, und *kein* Trost für mich! Nur die alte Frau gab einen Funken, die Bedienerin, die an der Haustüre stand, als ich zurückkehrte. Diese meinte: „Solang Leib und Seel beisammen sind, darf man nicht verzagen."

Und in der Tat, es hatten sich an der Schwerkranken einige Anzeichen gezeigt, die eine glücklich überstandene Krisis bedeuten konnten. Ich sprang in mein Zimmer und schrie laut auf vor Wonne über die „Rettung".

Es kam die Nacht. Anna war nach einem schwächeren

Schmerzanfalle am Abend eingeschlummert. Sie atmete ruhiger als sonst; im Traume lallte sie: „Wie sie schön singen!“ Dann rief sie: „Licht!“ Und schlummerte wieder. Mein Bett stand so neben dem ihren, daß sich dazwischen noch die Wärterinnen bewegen konnten. Sie gingen leise zu und ab, sie setzten sich auf ihre Plätze, hielten die Hände in den Schoß gefaltet und blickten auf die Schlummernde, die nach so schweren Qualen blaß und friedlich dalag. Das Nachtlicht brannte matt. Auch ich fühlte mich ruhiger und schlief bald ein.

Nach einer Weile wachte ich auf. Es war Unruhe im Zimmer, die Wärterinnen huschten hastig umher. Am Krankenbette, mir dasselbe deckend, standen Vater und Mutter Pichler, ich hörte leise beten und sprang aus dem Bette . . .

Am 16. März 1875, morgens dreiviertel auf fünf Uhr, ist mein Weib gestorben.

Wie ein Marmorbild lag sie da auf dem Sterbebette. Unter einer der Augenwimpern lag ein helles Tröpflein. Die hilflosen Kinder mutterlos zurückzulassen auf Erden!

Ihre Eltern waren in dieser Stunde gefaßt. Die Mutter hat unter einem Seufzer gesagt: „Gott Lob und Dank, daß sie erlöst ist!“ Der Vater forderte mich auf, der Toten den Ehering vom Finger zu ziehen. So ist es alter Brauch.

Ich trat aus dem Hause. Durch feuchten Nebel tagte der Morgen, das Straßengewühl war wie immer. Ich soll fremden Leuten zugerufen haben: „Jetzt ist mein Weib gestorben!“ Ich weiß es nicht. Die weiteren Erinnerungen dieser Tage versinken in Dämmerung. – Ich weiß nur, daß ich ins Haus der Großeltern ging. Das kleine Annerl hatte schon eine alte Kindsfrau bekommen, deren Sprache von windischem Klang war. Nicht das Mutterantlitz, ein fremdes Gesicht hat sich niedergebeugt über das zarte Wesen. Ich ging zum Knaben, der arglos mit Bausteinen spielte. Ich hob ihn auf, unter raschen Schritten trug ich ihn in der Stube hin und her, der

Kleine lachte laut. – Wie mir war? „Du mußt dich nicht noch selber quälen!“ sagte Vater Pichler und nahm mir den Kleinen aus den Armen. Ich solle spazierengehen, für mich sei es nichts jetzt im Hause. Dann haben sie mich umhergeführt draußen im frostigen Märznebel. Zu Mittag kam, von Vater Pichler gerufen, mein Jugendfreund Brunlechner aus Obersteier und nahm mich mit sich nach Niklasdorf, wo er mit seiner jungen Frau und einem Kinde in glücklicher Häuslichkeit lebte. Die guten Menschen, alles Mögliche haben sie getan, um mir über diese Tage hinwegzuhelfen, aber schon am nächsten Frühmorgen eilte ich nach Graz zurück.

In unserer traulichen Wohnung war es anders geworden. Fremde und Verwandte waren da und gingen planlos umher. Das Zimmerlein, wo zweimal der Christbaum gestanden, war schwarz ausgeschlagen – eine mit vielen Kerzen beleuchtete Nacht. Zwischen den hohen Leuchtern, unter Palmen, Kränzen und Blumen in einem Metallsarge ruhte sie. Jung – schön – kalt. – Heute ist mir in traumhafter Erinnerung schier so, als sei ich immer neben der Bahre gestanden, habe in ihr weißes Antlitz geschaut und wäre unermeßlich selig gewesen . . .

Dann kam die Stunde des Begräbnisses. Zwei Freunde, Eduard Teutsch und Anton Schönegger aus Krieglach waren da, die hielten mich in meinem murseitig gelegenen Arbeitszimmer fest und suchten mich zu zerstreuen. Aber ich hörte von draußen herein den Trauerchoral der Priester. Sie trugen den von einer Menschenmenge begleiteten Sarg entlang den Gassen der Stadt, sie trugen ihn in die Stadtpfarrkirche, wo er eingesegnet wurde, und dann haben sie ihn hinausgetragen nach St. Peter auf den großen Friedhof.

Mich ließ es nicht bleiben in meiner Stube, ich ging hinüber in die anderen Zimmer, wo im Herzleid immer meine liebe Trösterin zu finden gewesen. Jetzt waren diese Stuben leer, Türen und Fenster standen offen. Im Trauergemache niedergebrannte Lichter, abgefallene Blätter von Blumen und Kränzen. Der schwarze Laden leer.

Ich fuhr hinaus auf den Friedhof. Das Begräbnis war vorüber, aber die Gruft noch nicht geschlossen. Sie war einstweilen beigesetzt in einer verfallenden Mönchsgruft, um welche tauender Schnee lag. Der Sarg stand tief unten in einem trüben Wassertümpel. Leute kamen und zerrten mich weg von der Grabstätte.

Vater Pichler begann schon in nächster Zeit den Bau einer eigenen Familiengruft, in welcher Anna dann beigesetzt werden sollte. Ich aber wollte ihre Gebeine in Krieglach haben auf dem Friedhofe zwischen Matten und Feldern, wo meine Mutter schlief, deren Hügel sie gerne geschmückt hatte. Von ihren Eltern erhielt ich auch Erlaubnis zur Überführung. Schon wurde dort am südlichen Rande des ländlichen Gottesackers ein eigenes Grab bereitet, an welchem die Erinnerung lebelang gepflegt werden sollte. Da teilte mir Vater Pichler in Graz beklommen mit, seine Frau schluchze die ganzen Nächte durch und klage, daß man ihr auch das Letzte, das Grab des Kindes, wegnehmen wolle. So habe ich auf die Überführung nach Krieglach verzichtet.

Für mich kam nun eine Zeit größter Ruhelosigkeit. Die beiden Kinder waren einstweilen bei ihren Großeltern. Mich zog's zu ihnen jeden Tag, und eine andere Macht zerrte mich fort ins Weite. Ich wanderte zu Fuß durch die halbe Steiermark. War ich müde, so setzte ich mich auf einen Stein und weinte. Der einzige Gedanke nur mein Weib, mit dem ich so glücklich gewesen, das so engelhaft sanft und gut gewesen, das so unsäglich hatte leiden müssen und das uns verlassen hat. Ich kehrte ein in einsame Bauernhöfe, ich rastete in windumbrausten Alpenhäusern, ich dachte nichts als an mein Weib. Ich reiste nach Wien zu meinen Freunden Anzengruber, Schlögl, Bacano. Sie suchten mich zu zerstreuen. Ich reiste nach Ungarn zu meinem Verleger Heckenast, er tröstete liebreich, aber mir wurde nicht leichter. Ich wanderte nach Kärnten, aber in Gegenden, wo ich einst mit ihr gewesen, ward das Leid noch wilder. Ich stieg hinan den Berg Luschari in die

Felswildnis, zur Kirche unserer lieben Frau, aber nichts und nichts konnte ich denken und empfinden als sie und nur sie, die im fernen Graz unter der Erde lag. Und inzwischen riß es mich immer wieder zurück zu den Kindern, und je frischer sie gediehen, je lieblicher und herziger sie sich entwickelten, desto mehr war mir weh.

Als in demselben Jahre der Christabend kam, lag hoher Schnee auf dem Friedhofe. Als es schon dämmerte und in einzelnen Fenstern der Stadt Christbaumschein leuchtete, soll mich ein Freund gefunden haben, an der Gruft beschäftigt, mit einer Schaufel den Schnee wegzuheben. Mit gütigem Ernste hat er mich vom Grabe weggeführt und zu meinen Kindern hin, in deren leuchtenden Äuglein sich bald die Lichter des für mich mit so schwerer Trauer umwehten Weihnachtsbaumes spiegelten.

Die nun folgenden Jahre waren gesättigt in Herzweh. Es war kein Anfang und es war kein Ende ohne Gedenken an sie. Ich hub an, das Leid wie ein weihevolles Gut zu empfinden, mein Leben und Weben war ein Kultus der Erinnerung. Wie seltsam aber, daß manchmal plötzlich helle Lebenslust auflohte! Neue Frauenminne winkte, sie war mir wie eine Verletzung des Rechtes der Toten, und sobald unwillkürlich eine Lebendige mit der Heimgegangenen verglichen ward, war's um alle junge Freude geschehen. Ganz weltabgewendet führte ich mit den gedeihenden Kindern, mit ihrer alten Kindsfrau Anna Hresch und meiner Schwester Marie das kleine Hauswesen weiter unter der Mithut von Mutter und Vater Pichler, bis nach Jahren auch diese hinabgestiegen sind in die Gruft zu ihrem geliebten Kinde.

Als nach Jahr und Tag der herbeste Schmerz sachte gewichen war, begann das Gefühl der Vereinsamung in einer anderen Form zu beunruhigen. Zur Zeit hatte ich in Krieglach ein junges Mädchen kennengelernt; es war kein heimatlich Kind, es war die älteste Tochter der Wiener Familie Knaur, die auf ihren Landgütern Rainhof und Feistritz bei Krieglach ihren jährlichen Sommeraufenthalt hatte. Dieses schöne, seelenvolle Wesen hat die heimliche Trauer des Einsamen geahnt und er ihr heimliches Bangen um ihn. – Nach längerem mutlosen Zögern wurde es gewagt. Am 1. Mai 1879 habe ich die neunzehnjährige, weltumworbene Anna Knaur aus dem Schlosse Feistritz geführt als meine Frau. In opferfroher Liebe ist sie mir gefolgt in mein kleines einfaches Heim, um das Los eines deutschen Poeten mit mir zu teilen.

Ein fremder Herr

Das war auf meinem Häuschen zu Krieglach. Ich saß mit der Feder weit von aller Welt, mitten in der Wildnis meines „Jakob des letzten", am toten See bei Altenmoos, dort wo es im Frieden Gottes heißt. Klopft's an die Tür. Ich schreck' auf – ein Fenster? – ein Bücherkasten? – Wo bin ich denn? – Ei ja so, in meiner Schreibstube bin ich, und die kürzlich erst eingestandene Magd kommt herein, um zu melden, daß ein fremder Herr im Vorzimmer sei.

„Ein fremder Herr? Was ist das, ein fremder Herr? Fremde Herren gibt's genug, was gehen mich fremde Herren an?"

„Bitt', der fremde Herr will den gnädigen Herrn sprechen."

„Der gnädige Herr ist nicht vorhanden. Ich heiße Herr Vater, verstehen Sie?"

„Bitt', gnädiger Herr Vater –"

Stand der Fremde auch schon in der Tür. Ein untersetzter Mann mit schönem blonden Vollbart, hoher Stirn, dunklem Gesichte, blitzenden Augengläsern, einem grauen Überrock auf der Achsel, einem lichten Sonnenschirm in der Hand. Aber mein Gott, mir tanzte noch das ganze Altenmoos im Kopfe herum, fast taumelte ich, während der Fremde eingeladen wurde, „einen Augenblick Platz zu nehmen". Charmanter kann man ja doch niemanden hinauswerfen, als mit diesem „einen Augenblick Platz zu nehmen", erfahrenere Leute setzen sich auf solche Einladungen auch gar nicht nieder. Meinem Fremden aber mußte das neu sein, denn er setzte sich nieder. Den Schweiß trocknete er sich von der Stirn, denn es war ein heißer Sommertag und der Mann zu Fuß aus Mürzzuschlag gekommen, mehr als zwei Stunden Weges auf sonniger, staubiger Straße. Nun, so ließ ich ihn sich sammeln. Dann bemerkte er, daß wir für diesen Sommer Nachbarn wären, er habe sich in Mürzzuschlag niedergelassen für etliche Wochen, und die Gegend sei auch recht anmutig. Der Aussprache nach war er ein Norddeutscher, und als solchen, dachte ich, würden ihm wahrscheinlich die Berge zu niedrig sein in Steiermark. Doch beschwerte er sich nicht darüber, und mir war's auch recht; in Altenmoos um den toten See herum gab es allerdings höhere Berge als im Mürztal. Hingegen verwunderte sich mein Fremder über die große Hitze, die in Steiermark hersche; ich widersprach ihm, lag doch frostiger Nebel in der Schlucht, und der See hatte Eiskrusten. Ja so, das war in Altenmoos. Da er einen Blick auf das offene Klavier warf, so fragte er, ob ich denn auch musikalisch sei?

„Besonders viel gesungen wird", antwortete ich, „über die Feldlehne hin ziehen in weißen Fäden die Fußsteige, auf welchen jetzt zur Feierabendzeit junge Bursche zu zweien, oder auch zu mehreren gesellt, langsam dahingehen und helle Jodler singen."

Da merkte ich, daß er mich etwas verdutzt ansah, ich hatte zu meinem eigenen Schreck einen Satz aus „Jakob dem letzten" gesagt.

Nun wurde es ein bißchen still, und ich dachte, jetzt wird er gleich mit der Bitte hervorrücken, um eine Zeile oder sonst ein kleines Andenken – wie das regelmäßig zu geschehen pflegt, wenn ein werter Besuch sich zum Abschiede bereit macht. Mein Fremder jedoch rückte mit keiner Bitte hervor, sondern war der Ansicht, er würde sich denn wieder auf die Beine machen sollen. Obschon dem Manne recht gut ins Auge zu gucken war, so widersprach ich seiner Ansicht nicht gerade offen. Dann stand er gelassen auf, empfahl sich freundlich und ging davon.

Ich eilte wieder an meinen Arbeitstisch. Dort lag die Visitkarte noch, die des Fremden, welche die Magd hingelegt hatte. Nun – wie mag der Mann heißen? Ein Blick auf die Karte: Wie? Was? Johannes Brahms? Der berühmte Komponist? Das ist nicht möglich! Das ist nicht möglich!

Stürzte meine Frau zur Tür herein: „Du, denke dir, wer jetzt an unserem Hause vorübergegangen ist? Brahms, Johannes Brahms! Er muß es gewesen sein, nach dem Bilde."

„Ich bin ein Unglücksmensch!" war mein Schrei, indem ich den Kopf zwischen die Hände nahm. „Er war ja bei mir, hat mich besucht! Auf diesem Stuhl ist er gesessen, und ich – ich hab' ihn nicht erkannt!"

„Du bist ein –" der Name, den sie mir gab, paßte weniger auf mein Äußeres als auf mein Inneres; ich steckte ihn also ein, und wir schauten zum Fenster hinaus. Dort auf der sonnigen staubigen Straße, den lichten Sonnenschirm aufgespannt, schritt er langsam dahin – Mürzzuschlag zu.

„Nachlauf' ihm! Auf der Stelle laufe ihm nach und bringe ihn zurück!" rief mein Weib. Aber mir waren die Füße wie in die Dielen gebohrt, ich fühlte mich gelähmt. Es war überhaupt nicht mehr gutzumachen. Und der Fremde schritt dahin die lange Straße, immer weiter fort, bis von ihm nur noch das lichte, zuckende Scheibchen des Sonnenschirms zu sehen war.

Dann schleuderte ich die Blätter meines Jakob, der mir so heillos vors Licht gestanden, in den Winkel, und dann ging der laute Jammer an. Er war den weiten Weg gegangen, um uns die Ehre eines Besuches zu erweisen. Ohne ein Dankeswort, ohne einen Tropfen Labnis habe ich ihn fortgehen lassen, nicht ahnend, daß er eigens zu mir gekommen war, nicht ahnend, daß ein Mann über die Schwelle meiner Hütte getreten, dessen Name nach hundert Jahren noch klingen wird in deutschen Landen. Erst am Abende zuvor waren wir wieder entzückt gewesen von seinen Sonaten, die meine Frau so schön zu spielen verstand. Mein ältester Knabe spielte Brahms und Brahms und konnte sich nicht genug Brahms spielen, und seine liederlustige Schwester konnte nicht genug Brahms singen. Und nun *das!* Wenn in einem Hause der Hausvater nicht ein so brauchbares Einrichtungsstück wäre, ich wüßte nicht, wie es mir ergangen an demselben Tage! Was half es, daß der

Stuhl, auf dem der Künstler gesessen, mit Ranken und Rosen bekränzt wurde, was hilft es, daß er noch heute der Brahmssessel heißt! Es ist gerade so, wie die Deutschen herrliche Denkmäler setzen ihren großen Männern, die sie im Leben vernachlässigt, nicht erkannt und ganz versäumt haben.

Das Selbstverständliche wäre nun gewesen ein Buß- und Bittgang nach Mürzzuschlag. Aber dazu hatte ich nicht den Mut. Mir schien es fast am besten, den so Hochverehrten und so Schwermißkannten an seine Wanderung nach Krieglach gar nicht mehr zu erinnern. Glücklich wäre ich, wenn er beim Verlassen meines Hauses nicht anderes gedacht hätte als: O du armer, du zerstreuter Poet! – Nach einigen Tagen wagte ich es aber doch und ging nach Mürzzuschlag, ihn zu suchen. Da hieß es: Meister Brahms ist gestern abgereist.

Beim Kronprinzen Rudolf

I

Endlich bin ich auch oben gewesen. Vom Steinhaufen, auf welchem einst der barfüßige Halterbub sein eingedorrtes Stück Mittagsbrot gegessen, bis zur Tafel des Erzherzogs und Kronprinzen ist ein etwas umständlicher, aber ganz amüsanter Weg.

Im Nachwinter des Jahres 1887 war's, daß ich eingeladen wurde, in dem neuaufstrebenden Kurort Abbazia eine Vorlesung zu halten.

Einen Tag vor meiner Abreise nach Abbazia erhielt ich vom Komitee des Vortragsabends eine Depesche, es würde meine Vorlesung in steirischer Mundart höchstwahrscheinlich auch das dort weilende hohe Kronprinzenpaar besuchen, demnach werde ein recht lustiges Programm gewünscht, nur solle ich auf speziellen hohen Wunsch das eine ernste Stück lesen: „Wia da Woldseppel gstorbn is". Letzteres war mir schon recht, aber das „lustige Programm" machte mir Kopfzerbrechen. Wenn die hohen Herrschaften schon einmal da sind, so sollen sie mit meinem Besten bedient werden; es solle mehr der Poet als der Hofnarr zu Worte kommen.

Als ich am Tage des Vortrages nach Abbazia kam, fand ich das Komitee in einer gewissen Aufregung. Das kronprinzliche Paar wurde erwartet und hatte sein Erscheinen um halb neun Uhr abends in Aussicht gestellt. Die Parole war: Heiteres! Die Kronprinzessin erbat sich im Laufe des Nachmittags ein Programm, welches ich erst eilig niederschreiben mußte.

Um acht Uhr saß ich in meinem Zimmer, um das Vortragsmanuskript in Ordnung zu stellen und auch den Anzug. Weiße Krawatten mißfallen mir nicht so kurzweg, ich band heute also eine um; Fräcke aber mißfallen mir kurzweg, daher zog ich keinen an. Um acht ein Viertel Uhr stürzte der Arrangeur atemlos die Treppe herauf und in meine Stube: Um Gottes willen! Schnell kommen! Die Kronprinzessin sei schon da!

Aber es würde das Publikum nicht in Ruhe gekommen sein, war mein Einwand, da die festgesetzte Anfangsstunde noch nicht geschlagen!

Das sei alles eins, man könne die hohe Frau nicht warten lassen. Der Kronprinz sei von der Jagd noch nicht zurückgekehrt.

So packte ich meine Siebensachen zusammen, wobei ich natürlich auf dem Tische das schöne Paar Glacéhandschuhe vergaß, und stieg hinab in den großen Saal des Hotels Stefanie. Ich trat in den Saal, der gefüllt war; vom anwesenden Adel war alles erschienen, das weitere durfte heute kaum in Betracht kommen. Mitten in der ersten Sitzreihe, gerade meinem Tische gegenüber, saß die Kronprinzessin. Die Verneigung darf nicht zu auffällig sein, dachte ich, edle Menschen fühlen sich vor Kriecherei und allem, was ihr ähnelt, angewidert. Doch mein Auge blieb unwillkürlich hängen an dieser Gestalt. Sie war in einfachem weißen Kleide, das frisch blühende Angesicht sympathisch, schalkhaft freundlich das veilchenblaue Auge, schlicht gekraust das blonde Haar.

Ich las außer den ernster angelegten Stücken „Der Ehestreit" und „Wia der Woldseppel gstorbn is", Schwänke und Schnurren, natürlich nur solche zahmerer Gattung.

Als ich mich bei einer kleinen Pause in ein Nebenkabinett zurückzog, war das Komitee stark darüber konsterniert, daß ich mich beim Applaus nicht jedesmal speziell vor der Kronprinzessin verneigt hätte. Ich hatte aber das Gefühl gehabt, als sei es in zweifacher Weise unfein, nur die hohe Frau immer zu verfolgen und das Publikum zu ignorieren. Ich habe später erfahren, daß mein Gefühl das richtige gewesen. Daß ich während des Lesens stets nur an Stefanie dachte, würde jedem Psychologen gegenüber ohne Erfolg geleugnet werden; ich mußte mich in acht nehmen und mich hüten, daß nicht jedes pointierte Wort, jeder Blick just ihr ins Gesicht geschleudert wurde. Diese Auffassung und Sorgfalt, ein wenig diskret zu sein, ist eben einmal *meine* Art von Höflichkeit, ob sie die gebräuchliche oder richtige ist, weiß ich nicht.

Zum Schlusse der Vorlesung verließ ich rasch das Podium, um in mein Versteck zu gelangen.

War im Gedränge noch nicht sehr weit gekommen, als man mich festhielt. Ich werde von einer Hofdame verfolgt – hieß es –, und diese habe den Auftrag, mich lebendig oder tot zur Kronprinzessin zu bringen. Lebendig ist's mir lieber. Bald stand ich dort, und die hohe Frau, zu der mittelgroße Männer buchstäblich emporblicken müssen, fragte mich nach einigen schmeichelhaften Eingangsworten, was ich am nächsten Tage vorhätte?

Ich gedächte mit dem Frühzuge nach Graz zu fahren.

Ob das sehr dringend sei? Ob ich denn nicht noch einen Tag in Abbazia bleiben wolle, um bei ihr mittags zwölf Uhr das Dejeuner einzunehmen und dem Kronprinzen etwas vorzulesen, der bedauere, heute nicht erschienen sein zu können.

Wäre bloß vom Essen die Rede gewesen, ich hätte Ausflucht nehmen können; da aber eine Leistung gewünscht wurde, so glaubte ich loyalerweise die Einladung nicht ablehnen zu dürfen. Mich hatte bisher noch jeder Kreis des Weltlebens, der sich mir neu erschloß, enttäuscht, und manche Illusion hätte ich doch gerne mit ins Grab genommen.

Nun, ich war eingeladen, und die Sache war abgemacht.

Aber einige Herren, mit denen ich später darüber sprach, meinten, es sei unmöglich, es sei platterdings unmöglich. Wenn ich keinen Frack am Leib hätte, könne ich nicht ins kronprinzliche Haus treten.

„Warum nicht?“ fragte ich blöde genug; sie blieben dabei, ich müsse mich nach einem Frack umsehen. Nach einigem Bedenken sagte ich: „Wißt ihr was, ich versuche es im deutschen Rock. Das Kronprinzenpaar ist vornehmer Gesinnung, ich sündige darauf. Nicht aus Dünkel, um Gottes willen nein! Zur Tafel eines Geldbarons oder Emporkömmlings würde ich es nicht wagen, ohne Frack zu erscheinen. Dem Kronprinzen gebührt eine Ausnahme.“

Sie zuckten die Achseln, und wir tranken Sekt.

Am nächsten Morgen ging es im Kurort um: Der Bauernpoet speist beim Kronprinzen! Wo ich stand und ging, alle Blicke waren auf mich gerichtet, mancher warb um meine Bekanntschaft. Er speist beim Kronprinzen! Als ich des Morgens in Begleitung eines Freundes durch den Kurpark schritt, saßen dort auf einer Bank zwei Damen, die mein Blick streifte, bis eine derselben mich mit einem freundlichen Kopfnicken grüßte. Kaum merklich rückte ich den Hut, denn ich kannte die Dame nicht und meinte, sie habe meinen Begleiter gegrüßt. Erst einen Augenblick später fiel es uns beiden auf: das ist die Kronprinzessin gewesen. – Wenn das so, dachte ich, nun eine gewöhnliche Dame wäre, sie müßte von nun an meine Todfeindin sein, denn nichts verzeihen Alltagsleute weniger, als wenn ihnen öffentlich eine beanspruchte Aufmerksamkeit nicht in der entsprechenden Form zugewendet wird. Daß sie im Straßengewühle etwa übersehen oder nicht erkannt worden sein könnten, daran denken solche einzig nur in ihre Eitelkeit eingesponnene Personen nicht. Ich bin als Schriftsteller seit vielen Jahren herb und rücksichtslos gewesen, aber mehr Feinde als meine Schriften hat mir meine Kurzsichtigkeit gemacht.

Punkt zwölf Uhr trat ich in das Tor der Villa Angeolina, wo die Hoheiten residieren. Draußen hatten sich Leute postiert, die mir gewiß mit verschiedenen Gefühlen nachblickten. Zwischen den Lakaien glücklich hineingewalkt, stand ich im Empfangszimmer und wurde mit den üblichen Zeremonien den beiden Hofdamen, dem Obersthofmeister, dem Adjutanten des Kronprinzen und dem Hausarzte vorgestellt. Sonst war niemand da, und die Anwesenden waren so einfach angetan, daß mein antifrackisches Herz aufatmete. Das Zimmer war dunkel und golddurchwirkt tapeziert, die Garnitur mattrot. Das Speisezimmer, durch welches der Weg gegangen, war mit Marmorsäulen an den Wänden und mit den Bildnissen des Kaiser- und des Kronprinzenpaares geschmückt. Bald ging die Doppeltür auf, und Arm in Arm trat das Kronprinzenpaar ein. Der Kronprinz, eine etwas zart gebaute, aber gesund aussehende Gestalt mit gebräuntem Gesicht, blondem Haar und Bart und einem mildfreundlichen grauen Auge, war in lichtem Zivilanzug, das Beinkleid an den Knöcheln noch aufgestreift von dem vormittägigen Jagdausfluge. Die Kronprinzessin war in einem veilchenblauen Gewand. Das Paar schritt direkt auf mich zu, beide reichten mir die Hand, und der Kronprinz begrüßte mich mit einigen in sehr herzlichem Tone gesprochenen Worten.

Dann zu Tische, zu welchem das hohe Paar vorausschritt. Unterwegs dahin flüsterte mir der Obersthofmeister zu, daß ich zur Rechten der Frau Kronprinzessin sitzen werde. So saß ich denn dort, am mäßig großen, länglich-runden Familientisch, und gegenüber Kronprinz Rudolf. Daneben hin öffnete sich durch die Glastür ein herrlicher Ausblick in den Park, zwischen dessen Lorbeern und Palmen das Meer hereinglitzerte.

Meine hohe Nachbarin richtete sofort freundliche Worte an mich und sagte, von den sieben Stücken, die ich am Vorabende gelesen, seien ihr zwei ganz neu gewesen. Das klang mir doch anders als die sonst so oft gehörte Höflichkeitsformel: „Habe von Ihnen schon vieles gelesen." – Bevor ich den Löffel ergriff, machte ich natürlich erst noch eine Torheit. Ich wendete mich an die Kronprinzessin und sagte: „Kaiserliche Hoheit! Es wird mir kein Bissen schmecken, wenn ich mir früher nicht mein Herz erleichtern darf. Ich erlaube mir daher die Frage, ob Eure kaiserliche Hoheit heute morgens zehn Uhr auf der Bank vor dem Kaffeehaus gesessen sind!"

„Ich weiß, warum Sie fragen", lächelte sie; „nun, ich dachte es mir ja gleich, daß Sie mich nicht erkannt haben, es schien

Ihnen auch die Sonne in die Augen und hat doch weiter nichts zu sagen."

Diese Antwort möchte man in Gold fassen lassen als Genugtuung für so manchen bissigen Vorwurf, den man sich von übersehenen Damen gefallen lassen muß.

Fast war mir aber im Moment, als hätte mir der Obersthofmeister einen zurechtweisenden Blick zugeworfen, und jetzt erst fiel es mir ein, daß man sich hier nicht gehenläßt, daß man mit dem Sprechen zu warten hat, bis man angesprochen wird, und daß man auch dann das nicht sagt, wovon das Herz voll ist, sondern mit anmutigen Worten nur leicht umherkreiselt, wie das Mailüftchen auf der Oberfläche einer sonnigen See. Eine recht unbehagliche Befangenheit kam über mich, eine Art von Bangnis, wie man sie hat, wenn man in der Einsamkeit ist, von allen Menschen fern und doch vor den Augen leuchtende Nebelgestalten sieht, die man nicht fassen kann.

Dieses Gefühl wurde bald zerstreut. Die Gesellschaft geriet so gemütlich ins Plaudern, die Kronprinzessin wußte jedem aufgeworfenen Gespräch die anmutigsten Seiten abzugewinnen; der Kronprinz, anfangs etwas wortkarg, warf geistreiche und heitere Bemerkungen dazwischen. Das Gespräch drehte sich um die Marine, um Reisen, um naturgeschichtliche Gegenstände aus der Tierwelt, um Volkstümliches aus den Alpen, um Lieder und Dialekte; in der deutschen Schriftstellerwelt ergingen wir uns, besonders erkundigte sich die Kronprinzessin nach Hamerling, wie der Kronprinz sich nach Anzengruber. Malerei und Theaterwesen wurden berührt, selbst die Politik gestreift, da eben die Nachricht von einem Attentate auf den russischen Kaiser eingetroffen war.

Das Kronprinzenpaar sprach sich gegenseitig vertraulich bei seinen Taufnamen an, und in seinen Bemerkungen und Ausdrücken blieb alles vermieden, was auf die hohe Stellung, die es einnahm, hingewiesen hätte, selbst als vom Kaiser die Rede war, hörte man nur das Wort Vater. Mittlerweile sprachen wir tapfer der Gottesgabe zu, wobei ich so leise und behutsam als möglich arbeitete, um von der nicht laut geführten Unterhaltung und den an mich gerichteten Bemerkungen und Fragen kein Wörtchen zu überhören. War der eine Gang abgetan, so klingelte der Kronprinz mit einem vor ihm auf dem Tische stehenden Signalglöckchen, daß der neue komme. Auf das Menü kann ich mich mit dem besten Willen nicht mehr erinnern; ich ließ leider auch den Zettel, der es aufzählte, auf dem Tische liegen. Mein Wesen ging ganz und gar in das moralische Interesse dieses Mittagsmahles auf. Nur dem Bordeauxwein schenkte ich etwelche Aufmerksamkeit, den Champagnerkelch ließ ich unberührt. Der schwarze Kaffee wurde noch an der Tafel rasch ausgetrunken, dann war ohne alle Zeremonie und Begrüßungsformel das Mahl aufgehoben, und wir gingen in das Nebenzimmer, in welchem früher der Empfang stattgefunden. Der Kronprinz reichte Zigaretten. Nach einem Weilchen, als im Kreise eine gewisse Ruhe und Erwartung eingetreten war, kam der Kronprinz mit einer scheinbar fast befangenen Miene an mich heran und ersuchte, daß ich denn etwas lesen möchte. Ich fragte, ob in bezug auf die Auswahl des Stückes ein besonderer Wunsch vorwalte; ich wäre durch einen solchen, wenn er ausgesprochen worden, gerne der Verantwortlichkeit einer eigenen Wahl überhoben gewesen. Aber die Kronprinzessin rief dazwischen, es sei ganz nach meinem Belieben, womit ich sie erfreuen wolle. Ich wählte ein heiteres Stück ohne aufdringliche Possenhaftigkeit, ein Stück, in welchem Bauernwitz und Schlauheit mit einer gewissen Lebenswahrheit verkörpert ist und welches auch einigermaßen zu einem dramatischen Vortrag Anlaß gibt. Ich las den „Bruggenwirt sein letztn Willn“[1]. Die männlichen Zuhörer blieben dabei äußerst ruhig, während die Damen mehrmals ein recht munteres Kichern vernehmen ließen. Im ganzen hatte ich das Gefühl, als hätten die Herrschaften etwas weit Lustigeres erwartet.

---

[1] Aus dem Band „Stoansteirisch“

Nach dem Vortrag wurde ich gefragt, wie sich zu meinen mundartlichen Vorlesungen Deutschland verhalte, und der Kronprinz wunderte sich darüber, daß der Märker, der Hamburger, der Sachse und der Westfale dafür ein richtiges Verständnis hätten. Hierauf sprach er über die Charakteristik und den Unterschied der Mundarten in einzelnen Alpengegenden und bekundete dabei eine große Erfahrung. Nach einer Weile, als der Kronprinz in meinem Buche geblättert und dasselbe wieder auf den Tisch gelegt hatte, fragte er, ob das Vorlesen wohl sehr anstrenge? Ich antwortete, daß das weniger physisch als moralisch der Fall sei; das Mitleben und Mitempfinden mit den vorgeführten Gestalten, das Springen von einer Stimmung in die andere sei für mich momentan zwar von großem Reiz, habe aber nachträglich stets eine starke Abspannung zur Folge.

Die Unterhaltung bewegte sich zeitweise animiert, zeitweise stockend weiter. Da die Damen mehrmals auf mein Buch blickten, so war ich auf die Aufforderung gefaßt, noch etwas zu lesen. Doch wendete ich meine Aufmerksamkeit dem Kronprinzen zu, der nun, als Jünger Brehms, von den Zugvögeln sprach, wie unsere Hausschwalben den Winter über tief nach Afrika flögen, wie solche Vogelkarawanen sich unterwegs gern auf Schiffe setzten, um auszuruhen usw. Der Erzähler berührte manches von seinen Reisen in Ägypten und Palästina, besonders was sich auf Jagd bezog. Seine vielfältigen Erfahrungen und Kenntnisse wußte der Kronprinz auf eine höchst gewinnende schlichte Weise im Gespräche zu berühren, und der Eindruck, den man von ihm bekam, war der der Gediegenheit und Bescheidenheit.

Nach einer zweistündigen Unterhaltung wurde der Cercle aufgehoben; der Kronprinz und die Kronprinzessin dankten mir in einer so liebenswürdigen Weise für mein Lesen, daß ich fast erdrückt war; beide reichten mir nochmals die Hand und schritten, Arm in Arm, wie sie gekommen, durch die Flügeltür.

Später, als ich mich von den Hofdamen und den Herren

verabschiedete, fragte mich der Herr Adjutant, weshalb ich nicht noch etwas gelesen hätte? Es wäre erwartet worden. Ich hätte nicht gewußt, daß noch etwas gewünscht würde, war meine Entschuldigung, und in unseren bürgerlichen Kreisen sei es der Brauch, daß man in solchen Fällen aufgefordert werde. Das sei ich ja worden, sagte der Herr, allein ich hätte dem Kronprinzen geradezu ins Gesicht gesagt, daß mich das Vorlesen anstrenge. – Nun wußte ich auch wieder um eins mehr, und kam es heraus, daß ich aus Furcht, aufdringlich zu erscheinen, eigentlich die größte Ungeschicklichkeit begangen hatte. Ich hatte nachträglich die Empfindung, daß ich vor dem Kronprinzenpaar aus reiner Befangenheit viel zu wenig Mensch, viel zu steif und formell gewesen war. Nicht etwa das hohe Paar hatte mir das angetan, doch ängstigte mich die Umgebung, welche sich vielleicht an den Manieren des ehemaligen Waldbauernbuben gern ein ganz klein wenig amüsiert hätte.

Im ganzen wird es wohl wahr sein, daß es um die Hofluft ein eigen Ding ist. Man hat in ihr wie auf allen großen Höhen das Gefühl, als atme man zu viel Sauerstoff, man wird leicht berauscht, schwindelig. Man muß sich in solchem Kreise wohl in acht nehmen, daß man unbefangen sich treu bleibt. Und Fürsten müssen ein großes Herz haben, wenn sie bei der Kriecherei und Wohldienerei, die sie zu umgeben pflegt, die Achtung vor den Menschen nicht verlieren sollen.

Denn wer sich so tief neigt, daß der hintere Teil höher steht als der Kopf, der mag seine Arme gleich als Vorderfüße brauchen.

II

Es war am Abende desselben Tages. Ich wartete auf der Eisenbahnstation Mattulie auf den Zug, der aus Fiume kommen und in St. Peter am Karst sich dem Triest–Wiener Kurierzug anschließen sollte. Als ich in die Vorhalle hinauseilte, um am Plakate die Ankunft in Graz zu erfahren, stieß ich bei der herrschenden Dunkelheit in der Türe an einen Herrn, der eben eintreten wollte. – „Oho!“ lachte er – ein Offizier war's; der Zusammenstoß war ziemlich heftig gewesen. „Wohin so eilig?“ rief der Offizier, indem er meinen Namen nannte.

Nun erkannte ich den Kronprinzen Rudolf. Nicht erst meine Entschuldigung abwartend, reichte er mir die Hand und sagte: „Sie haben mich nicht erkannt, wie Sie heute früh meine Frau nicht erkannt haben!“

Dann schritt der Kronprinz, während der Adjutant anderweitig mit etwelchen Anordnungen beschäftigt gewesen sein mochte, durch den rauchigen Saal in das neben anstoßende Wartezimmer erster Klasse. Die wartenden Passagiere im größeren Saale, zumeist Italiener, auch einige Kurgäste aus Abbazia darunter, mochten den Offizier ebenfalls nicht erkannt haben, niemand beachtete den Vorgang weiter. Ich setzte mich auf eine Bank.

Jetzt kam aus dem Nebenzimmer der Stationsvorstand, trat auf mich zu und sagte: „Seine kaiserliche Hoheit gestatten es gerne, wenn Sie in den Wartesaal der ersten Klasse treten wollen.“

Ich blieb aber sitzen und dachte, der hohe Herr wird ja froh sein, einmal einige Augenblicke unbehelligt atmen zu können. Das Vergnügen, immer und immer vom Publikum umlauert, beobachtet zu werden, nie einen ungezwungenen Moment zu haben oder gar fortwährend nichtssagende Redensarten im Munde führen zu müssen, kann ich mir denken. – Es währte aber nicht lange, so kam der Stationsbeamte das zweite Mal und sagte: „Seine kaiserliche Hoheit lassen bitten, zu ihm hineinkommen zu wollen.“

Nun stand ich auf und ging hinein.

Der Kronprinz war ganz allein im Zimmer, saß mit übereinandergeschlagenen Beinen nachlässig hingelehnt auf der Bank und rauchte eine Zigarette.

„Wir fahren ja zusammen", sagte er mit seiner weichen, ziemlich hochklingenden Stimme, „aber Sie kommen um fünf Stunden früher nach Hause als ich, nicht wahr?"

Er war auf Besuch bei der Kronprinzessin gewesen, in Abbazia, und reiste nun wieder nach Wien zurück.

„Der Eilzug beeilt sich diesmal nicht sehr", bemerkte der Kronprinz, auf seine Taschenuhr blickend, „und ich fürchtete schon, zu spät auf den Bahnhof zu kommen."

Ob Seine kaiserliche Hoheit denn auch an Eisenbahnfieber litte? war meine Frage.

„Sobald man es mit der Eisenbahn zu tun hat, ist man immer etwas nervös", antwortete der Kronprinz.

Ob sich das bei den großen Reisen, die er mache, nicht verliere? fragte ich. Zudem dürfte vielleicht eher der Eisenbahnzug auf ihn warten als umgekehrt.

Der Kronprinz lächelte über diese Bemerkung, die allerdings der sprichwörtlichen Pünktlichkeit unseres Hofes unrecht tat. Dann ließ ich mit einfließen, daß ihm ja auch Extrazüge zur Verfügung stünden.

„Ich benütze lieber die gewöhnliche Fahrordnung", sagte er. „Doch, wollen Sie nicht eine Zigarette rauchen? – Die Kurierzüge sind zwischen Wien und hier ohnehin die bequemste und schnellste Gelegenheit. Ich bin in diesem Winter nicht weniger als zehn- oder elfmal nach Abbazia gefahren, und je vertrauter man mit einer Strecke ist, desto kürzer erscheint sie. Zudem reise ich gerne in der Nacht."

„Hoheit können im Coupé schlafen?" fragte ich.

„Ganz vortrefflich", antwortete der Kronprinz. „Können Sie das nicht? Sie reisen ja auch viel. – Aber, warum nehmen Sie nicht Platz, Herr Rosegger, und ziehen Ihren Pelz aus?"

Bei dem kalten Wetter, welches in jenen Frühlingstagen auch über den lorbeerbekränzten Gestaden des Quarnero lag, hatte man nämlich stark eingeheizt; weil jeden Augenblick die Ankunft des Zuges zu erwarten war, so behielt ich den Pelz am Leibe.

„Mit Ihrer Gesundheit sind sie jetzt zufrieden?“ fragte mich der Kronprinz.

„Sie kräftigt sich allmählich wieder, gottlob!“

„Wenn die Vorlesereisen anstrengen, wie Sie heute sagten, warum machen Sie solche? – Es mag“, setzte er lachend bei, „wohl vorkommen, daß ein Dichter sich zu Tode schreibt, aber daß er sich an seinen Werken zu Tode liest, dürfte doch nicht das Gewöhnliche sein. Dagegen müßten besonders Ihre Steirer Einsprache erheben.“

Darauf schwieg ich und dachte mir meinen Teil.

Mehrmals suchte ich das Gespräch auf andere Gegenstände zu lenken, aber der Erzherzog kam immer wieder auf mich zurück. „Nach Ägypten sollten Sie gehen“, rief er lebhaft. „Das Klima dort würde Ihnen guttun.“

Ich äußerte Zweifel wegen der Seefahrt.

„Gerade Ihnen würde die Seefahrt sehr wohlbekommen“, sagte der Kronprinz, „zartere Naturen ertragen in dieser Hinsicht mehr als die sogenannten kräftigen. Ich habe es an mir selbst erfahren.“

Hierauf bemerkte ich, daß es einer meiner ältesten Wünsche wäre, einmal eine größere Seereise zu unternehmen, besonders nach dem Südosten hin. Ich wüßte kein Land der Welt, das ich so gerne bereisen möchte als Palästina, und überhaupt die geschichtlichen Stätten des Morgenlandes, für die man sich schon in der Kindheit, im ersten Schulunterricht begeistert.

„Also, warum reisen Sie nicht?“ fragte der Erzherzog. „Es würde Sie sehr anregen. Man macht sich keine Vorstellung von all dem Interessanten, dem man dort begegnet. Es mag sein, daß man sich im einzelnen enttäuscht findet, vielleicht gerade in unserer bibelmäßigen Vorstellung. Der Naturforscher, der Ethnograph findet mehr, als er erwartet. Die Volkstypen, die fremdartigen Naturerscheinungen, vor allem das Tierreich!“ Und nun begann der Kronprinz wieder von seinen Reisen im Orient, von eigenartigen Erscheinungen und Gestalten der Bewohner, von Wüstenwanderungen und Jagden zu erzählen. – Das brachte er alles so klar und geordnet, so gründlich den Gegenstand beherrschend und dabei so schlicht und gemütlich vor, daß ich ganz und gar vergaß, wer es war, der da sprach. Ich hatte ihn an jenem Tage das erste Mal in meinem Leben gesehen. Wie ein Traum schien es mir, als ich mich besann, daß es Kronprinz Rudolf von Österreich war, der da mit mir plauderte.

Vor meiner inneren Erregung nicht minder als vor dem ausstrahlenden Ofen ward mir so warm, daß ich endlich den Pelz auszog. In demselben Augenblicke zeigte die Bahnhofglocke den einfahrenden Zug an.

„Ja, nun haben Sie den Pelz ganz zu rechter Zeit ausgezogen!“ lachte der Kronprinz. Ich kroch alsbald wieder hinein, und meine Hand hatte hastig zu tun, daß sie am Ärmling herauskomme, um die Rechte zu fassen, die der Erzherzog mir zum Abschiede reichte.

„Werden Sie wohl ein gutes Coupé haben?“ fragte er noch, und auf meine zuversichtliche Antwort sagte er: „Ich danke Ihnen nochmals. Auf Wiedersehen!“

Dann stiegen wir ein, und es zeigte sich bald, daß ich mich über das mir angewiesene Coupé wirklich nicht zu beklagen hatte; mehrmals unterwegs kam der Schaffner zu mir und erkundigte sich nach etwaigen Wünschen. Ich bin geneigt, das der Intervention des Kronprinzen zuzuschreiben.

Diese mir unvergeßliche halbe Stunde auf dem Bahnhofe in Mattulie habe ich hier geschildert als ein neues der unzähligen Beispiele von der Leutseligkeit und Herzensgüte des edlen Prinzen. Die Begegnung, welche übrigens nicht die letzte der frohen Begegnungen mit ihm blieb, und die Unterhaltung, welche dabei geführt wurde, habe ich unmittelbar darauf im Notizbuche fixiert, so daß ich das Gespräch fast wörtlich wiedergeben zu können glaube. Nicht so sehr, *was* gesprochen wurde, ist das merkwürdige, als vielmehr, *wer* es sprach. Es kommt ja nicht gar oft vor, daß ein so hoher Herr sich traulich macht mit einem Menschen, der seinen Kreisen weit ab-, in manchem Grundsatze ihnen sogar entgegensteht. Und es kommt nicht immer vor, daß ein solcher Herr sich für allgemein interessante, ideale Gegenstände interessiert. Das war ja derselbe Prinz, der nebst anderen touristischen und naturgeschichtlichen Schriften ein großes Werk über seine Reise in den Orient geschrieben hatte, in welchem er sich nicht bloß als naturwissenschaftlicher Schriftsteller, sondern auch als Philisoph offenbart hat. Ein echt humaner Zug zeichnet seine Werke aus. Mit dem warmen Herzen ein starker, zielbewußter Geist! Wir priesen uns glücklich in dem Wahne, ihn einst als würdigen Nachfolger Franz Josephs des Ersten auf dem österreichischen Kaiserthrone zu sehen.

Ein Wahn, der seit dreißig Jahren Millionen von Patrioten beseelt und mit Hoffnung erfüllt hatte!

III

Ich habe noch wenige Stunden erlebt, die so erschütternd waren als jene am Abend des 30. Januar 1889. An meinem Arbeitstische saß ich bei heller Lampe und las in Goethes „Hermann und Dorothea“. Da tritt mein Töchterlein zur Türe herein und sagt mit zagender Stimmer: „Vater! Ich komme eben vom Großvater, der hat mir eine schreckliche Neuigkeit gesagt. Auf der Gasse hört man sie auch schon.“ Weiter sprach sie nicht.

Ich legte das Buch aus der Hand und fragte: „Kind, was ist es?“

„Der Kronprinz soll erschossen sein“, antwortete sie.

„Nein“, rief ich heftig aufspringend, „das ist nicht wahr!“

Da stürzten zur Türe auch schon die anderen Hausgenossen herein in höchster Bestürzung und bestätigten die Nachricht. Auf der Gasse sei sie bereits angeschlagen, alles voller Menschen! Die verschiedensten Gerüchte!

„Die verschiedensten Gerüchte, gottlob, dann ist keines wahr!“

– Meine starre Ungläubigkeit konnte freilich nicht lange standhalten. Bevor noch die Extrablätter aus der Presse flogen, um die Nachricht offiziell zu bestätigen, war die furchtbare Gewißheit eine unumstößliche.

In den ersten Stunden taumelte man nur so umher. Man dachte nicht an die Größe des Verlustes, hatte nicht einmal politische Anwandlungen. Man empfand nur die Tragik im Geschicke dieses Menschenlebens. – So jung, so hochgemut auf goldener Zinne der Welt zu stehen, von höchster Würde und Macht umgeben, von allen Freuden des Lebens umgaukelt – und plötzlich tot in die Gruft hinab! –

In blühender Jugend als Kaisersohn zu sterben! Und auf so unerhörte Weise!

Was muß in diesem Menschenherzen vorgegangen sein. Das undurchdringliche Geheimnis nährte in unserer Trauer eine herzversengende Qual!

Ihn, den wir erst vor kurzem wiedergesehen hatten in unserer Stadt, in seiner schlanken, elastischen Gestalt, mit dem rosigen Angesichte, dem blauen, freundlichen Auge, voll gewinnenden Wesens – ihn sollten wir uns nun vorstellen kalt und starr ausgestreckt im Sarge!

Und wenn wir ferner fragen, was das bedeuten wird! Wie viele Menschengeschicke, vielleicht Völkergeschicke einen anderen Lauf nehmen von diesem Sarge aus!

Die Aufregung steigerte sich von Tag zu Tag; es wurde immer unheimlicher. Da litt es mich nicht mehr in meinem Daheim, ich reiste nach Wien.

Es war ein regentrüber Morgen, als der Eisenbahnzug auf der Ebene dahinfuhr gegen die Hauptstadt. Die Städte und Ortschaften lagen da, ganz wie gewöhnlich. Die traurige Stimmung, die ich in der Natur sah, war wohl nur ein Spiegelbild meiner eigenen Seele. Bei Baden blickte ich hin gegen das Helenental, hinter dem Mayerling liegt, das Jagdschloß, bei welchem das Gräßliche geschehen ist. – Mit einer Champagnerflasche erschlagen! Im Streite um ein Weib . . .

In Wien angekommen, sah ich, daß außer den zahlreichen Trauerfahnen in einzelnen Gassen die Stadt nichts Auffälliges hatte. Das gleiche Hasten und dieselben unendlich mannigfaltigen und doch stets gleichen Straßengestalten wie immer. Nur am Michaelerplatz und dem Kohlmarkt heran bewegten sich zwischen dem Gewoge schwere Wägen mit langen Holzbalken, was besonders an dem Sonntage, der war, auffiel. Es wurden Trauergerüste gebaut.

An der Hofburg war eine große Lücke gerissen. In die ungeheure Nische, das Innere des abgetragenen Burgtheaters, fiel nüchternes Tageslicht. Schien nicht das gleichzeitige Hinfallen dieses Hauses mit dem Hingehen des Kronprinzen Rudolf bedeutsam zu sein?

Mich verlangte es einerseits, ihn noch einmal zu sehen, andererseits war ein Grauen in mir, und ich bangte davor. So zog es mich in dem Gedränge voran, durch das Tor der alten Kaiserburg hinein, bis ich im Schweizerhofe stand. Ein lieber Freund war mit mir, und wir versuchten, den Eintritt in die Wohngemächer des Kronprinzen, wo er zur Stunde aufgebahrt lag. Die Burggendarmen gestatteten uns das Stehenbleiben nicht einmal, und der Eintritt war an diesem Tage dem Volke aufs strengste untersagt. Weil ich zum Volke gehöre und nicht das Zeug habe, auf Umwegen der Protektion durchzudringen, so sollte ich nun eben draußen bleiben. Doch sah ich, wie fortwährend Wägen mit Blumen und Kränzen vorfuhren, die ungehindert zwischen den Spalieren der Burggendarmen links in den Hof einbogen, zur Treppe, die hinanführte zu den Gemächern des Kronprinzen. Da kam mir ein Gedanke. Es geziemt sich wohl, daß der Poet aus dem Volke dem fürstlichen Schriftstller, welcher den Satz ausgesprochen: „Das größte Kapital des Staates und der Gesellschaft ist der Mensch!“ eine sichtbare Huldigung darbringe. Das war ja derselbe Fürst, der sich einen Kollegen und Arbeitsgenossen von uns Literaten nannte und der die weltbewegende Bedeutung geistiger Schöpfungen wohl zu würdigen verstand. Wer wird es mir wehren, an der Bahre des Erzherzogs Rudolf von Österreich einen Kranz niederzulegen!

Ich ging hin, kaufte in einer Blumenhandlung der Inneren Stadt den Lorbeerkranz, nahm einen Wagen, fuhr ungehindert in die Hofburg und legte mein geringes Zeichen der Verehrung dem toten Kaisersohne zu Füßen.

Die Stimmung jenes Augenblickes, als ich einging in die herrlichen Hallen, die ein Garten des Todes geworden waren, ist unbeschreiblich. – Ihr kennt ihn, den betäubenden Duft der Blumen und Kränze, den trübroten Schimmer der Kerzen und Ampeln, der am Katafalk gleichsam wie im Vorhofe der Ewigkeit herrscht. Anders ist der Palast und anders ist die Hütte: aber der Sarg hat die gleiche Form für Hoch und Nieder. So gehen die Armen und Glücklosen hin, so gehen die Fürsten hin. Sein Leichnam ist noch geschmückt mit allen Zeichen irdischer Würde. Da ragen Palmen auf und neigen ihre Blätter, um sein Haupt zu verhüllen – sein zerschmettertes Haupt ...

Sursum corda! Empor die Herzen! Wir blickten auf den Kaiser, den Vielgeprüften, der uns in dieser Zeit wieder das bewundernswerte Vorbild eines heldenhaften Herzens gab: Unser Heil liegt in treuer Pflichterfüllung.

Und so nahmen wir Abschied von Rudolf. An der Pforte der Kapuzinergruft blieb alle Pracht zurück, um sich schmeichelnd und betörend an andere zu hängen.

Als ich an demselben Abende, Wien wieder verlassend, vom Eisenbahndamm bei Meidling aus noch einmal zurückschaute, ging hinter dem Wienerwalde eben klar und rein die Sonne unter. Das Häusermeer lag schon in Dämmerung, aber auf der Spitze des Stephansturms funkelte in einer Schönheit, wie ich sie noch nie gesehen, das goldene Kreuz. Wie ein Stern leuchtete es hin über die alte Kaiserstadt, die mitten im heiteren Taumel des Karnevals so plötzlich eine Stätte der Trauer geworden war.

Erzählungen

Die Äpfelträger

Der Jungbub lag in seinem Bette und dachte bei sich: Jetzt wär's doch schon bald Zeit.

Nachdem der Jungbub dieses gedacht hatte, dachte er eine Weile nichts. Eine erkleckliche Weile. Zu dem Dachfenster schaute die kohlrabenschwarze Nacht herein, im Hof aber krähte schon der Hahn. Nun legte sich der Jungbub auf die linke Seite, denn vorher war er auf der rechten gelegen, aber es war ein Ding, er dachte auch auf der linken: Jetzt wär's schon bald Zeit, daß ich mich um ein Dirndel umschau.

In diesem Augenblicke pochte es unterhalb des Fußbodens, und der Bauer unten in der Stube rief: „Leo! Es ist Zeit!"

Der Bauer sagt's auch, dachte sich der Jungbub und drehte sich wieder auf die rechte Seite.

„Es ist Zeit zum Aufstehen!" rief der Bauer. Zur Bestätigung dessen krähte der Hahn das zweite Mal.

„Dummes Geschrei!" brummte der Leo, „ich werd' ja eh nit liegenbleiben."

Als er aus dem Bette stieg, machte er einen ernstlichen Vorsatz. – Schon lang kunnt ich eine haben, wenn ich kein solcher Traumichnicht wär'! Was tut denn der Egg-Simmerl? Ist um ein Jahr hünger als ich und hat alle Samstagnacht sein Standel beim Fensterl! Und der Heidel-Max! Sooft er einen Finger ausstreckt, bleibt eine dran hängen. Ich bin auch nicht schlechter. Aufs Jahr komm' ich zu den Soldaten. Das Maß hab' ich heuer schon. Ist ja eine Schand', Soldat werden und daheim keinen Schatz verlassen können. Und wenn sich der Mensch vor den Weibsbildern fürchtet, was erst vor dem Feind? Courage, Leo, Courage!

Während dieser Morgenandacht hatte der Jungbub sein Gewand angezogen und sein Haar ausgebürstet. Wenn man ein Dirndel haben will, muß das Haar ausgebürstet sein. Weil er keine Haarpomade hat, so netzt er zwei Finger mit der Zunge und streicht damit an den beiden Schläfen die Locken nach vorne.

Als er hierauf die dunkle Stiege hinabsteigt, steht unten im Vorhause, ganz nahe an der Stiege, die Jungdirn. Er erkennt sie sofort, streicht sogar ein wenig an ihre Achsel, sagt aber nichts als: „Oha! Da hätt' ich bald wen umgestoßen!"

Als er in die Gesindestube tritt, denkt er: Das ist dumm gewesen, daß ich sie nit besser angeredet hab, die Regerl, und ihr eins aufs Göscherl druckt. Ist eh so wunderselten, daß die an der Stiegen steht.

Der Bauer steht am Tisch und schneidet Brot in die Milchsuppe.

„Geh", sagte er zum Leo, „setz dich gleich dran. Du mußt heut auf Sankt Mirten hinaus um Äpfel. Zwei Metzen hab' ich kauft beim Stadlhofer, faßt's auf, was Platz hat, und tragt's heim. Die Regerl geht mit dir."

Die Regerl geht mit? – Da stutzte der Knab', und jetzt können wir ihn einmal ansehen. Er ist hoch aufgeschossen, aber gefüg[1]. Ein schier feines Gesichtel und noch kein Bart. Braune sanfte Augen, die aber manchmal aufblitzen und ein freundliches Feuer zeigen. Wenn der Kopf mit dem Flachshaar nicht etwas zu sehr nach vorn geneigt, die Brust ein wenig mehr herausgekehrt wäre und die Knie nicht die spitzen Knie machen, die sie eben machten, so wär's ein sauberer Bursch. Nun, das wird sich bei den Soldaten schon geben.

Kaum wir also den Jungbuben fest haben, tritt auch schon die Jungdirn in die Stube. Sie ist bereits fertig, hat ein Gewand an, das für den Sonntag etwas zu „leicht", für den Werktag zu gut und für ein Äpfeltragen von Sankt Mirten her just recht ist. Die Negerl schmunzelt ein bißchen, ich weiß aber nicht warum. Ursache hat sie dazu, denn sie ist eine frische, dralle Dirn.

---

[1] dünn

Weiß Gott, wie viele Liebhaber sie schon hätte foppen müssen, wenn sie nicht einen Schaden hätte mitten im Gesicht. Mitten in der Oberlippe, wo bei anderen Leuten das feine Rinnlein ist, hat sie eine Scharte bis zur Nase hin, die Leute nennen das Hasenscharte, und die Burschen haben das Vorurteil, daß es sich darauf nicht wohl busseln ließe, „weil die Busseln alle hineinfallen". Diejenigen, welche sich über das Vorurteil hinaussetzen, sollen sich aber nicht zu beklagen haben.

Nun, jetzt essen sie miteinander die Milchsuppe, dann nimmt er einen Hanfsack und nimmt sie einen Hanfsack, und nachher gehen sie miteinander davon. Es ist noch finster, der Leo geht über den hartgefrorenen Boden voraus, die Negerl geht hinter ihm drein.

„Ist noch nit einmal der Morgenstern auf", sagt er.

„Nein", sagt sie, „der Morgenstern ist noch nit auf."

„Hopsa!" sagt er, denn er war über einen Stein gestolpert.

„Fall nit", sagt sie.

Sie kommen in den Wald.

„Tun wir doch ein bissel stader gehn", sagt die Regerl, „sonst kommen wir zum Ländkreuz, eh es licht wird."

„Das macht ja nichts", sagt er.

„Jessas!" sagt sie, „weißt es denn nit, Leo, daß es gespenstern tut beim Ländkreuz?"

„Gespenstern? Alsdann laufen wir, daß wir bald hinkommen, gespenstern möcht ich einmal sehen!"

Denkt sich die Jungdirn: Wenn du in allem so viel Courage hättest!

„Tun wir uns zusammenhalten allzwei", schlägt sie vor, „nachher fallen wir nit so leicht."

„Tun wir's", gibt der Bursche bei, und sie hängen sich Arm in Arm ein.

Jetzt ist's, dachte der Leo, jetzt hab' ich sie bei der Hand, wie es so lang mein Verlangen ist gewest. Was ist dran? Dran ist schon was, aber schamen tu' ich mich. Und wenn mir nur eine schicksame Red' wollt einfallen.

„Gehn wir halt miteinander Äpfel tragen, gelt!“ sagt er.

„Gehn Äpfel tragen, ja“, antwortet sie.

Er spürt etwas wie Atemnot. „Der Fußsteig ist doch zu schmal für zwei nebeneinand“, sagt er und läßt ihren Arm los. Und gehen hierauf wieder hintereinander. Als sie jedoch in die Nähe des Ländkreuzes kommen, das am Waldrande steht und wo manchmal zur nächtlichen Stund ein geisterhaftes Lichtlein gesehen oder ein Totenvogel gehört wird, hängt sich die Jungdirn neuerdings an den Leo, und weit fester als vorhin; denn wer so große Angst vor den Geistern hat, der flüchtet sich gern zu den Leibern.

„Jetzt steigt er auf!“ rief der Leo plötzlich.

„Um Gottes willen, wer?“ hauchte die Regerl erschrocken.

„Der Morgenstern.“

Und war auch so. Es kam allmählich der Tag, und das bereifte Gras, über welches sie nun schritten, knisterte immer unter den Füßen.

Wenn wir nur erst rasten, dachte sich der Bursche, nachher nehm’ ich sie um den Hals. Als die Sonne aufging und sie an einen Reisigstoß gekommen waren, gestand die Jungdirn, daß sie schon müde sei. Sie setzten sich auf das Reisig, ganz nahe setzten sie sich zusammen, und der Leo dachte: Jetzt kunnt ich sie schön um den Hals nehmen, wenn mir nur die Sonne nit so in die Augen scheinen tät’. Will doch lieber warten, bis es wieder dunkler ist. Und bös kunnt sie auch werden, wenn ich jetzt beim hellichten Tag so Dummheiten wollt’ anfangen.

Sie rückten wieder an. Jetzt ging’s eine Stunde lang in der schönsten Gegend dahin, und der Leo freute sich schon auf den Heimweg. Da wollten sie sich Zeit lassen und Äpfel essen.

„Ißt du gern Äpfel, Regerl?“ fragte er seine Genossin.

„Wer wird denn nit gern Äpfel essen?“ gab sie schier unwirsch zurück.

Mittlerweile war allmählich der Himmel trüb angelaufen, und als unsere zwei Leutchen nach Sankt Mirten kamen, begannen zarte Flöcklein zu fallen.

„Jetzt kommt der Winter“, sagte der Leo.

„Ist schon den ganzen Weg her so frostig gewesen“, antwortete die Jungdirn.

Sie gingen zwischen Obstgärten hin. Die Birnbäume waren schon abgeerntet, auf anderen Bäumen prangten noch die schwellenden Früchte: buttergelbe Äpfel und blaubereifte Zwetschken. Ein wonniger Anblick für Leute aus dem Hinterberge, besonders wenn sie lecker sind.

„Daß aber bei uns auf dem Hinterberg gar kein Obst wachsen will!“ bemerkte der Bursche.

„Auf dem Hinterberg wachst nix Gutes“, antwortete die Regerl, „will eins was haben, so muß man nach Sankt Mirten heraus. Ich möcht’ am liebsten gleich dableiben.“

„Wär’ nit übel!“ sagte der Leo.

So kamen sie glücklich zum Stadlhofer. Der alte Stadlhofer war sehr hager und sehr schlank und durchaus krumm: krumme Beine, krumme Ellbogen, einen krummen Rücken und eine krumme Nase. Zum Glücke nahm er die zwei Leute aus den Hinterbergen nicht krumm, sondern brachte ihnen einen Krug Apfelmost. Die Regerl trank ihn gern süß, wie er war, der Leo hätte ihn lieber etwas mehr gegoren gehabt, denn er war für die „Schneid“. Jetzt war auch der junge Stadlhofer da, an dem war nichts krumm als der Blick, mit welchem er den Jungbuben anschaute. Er schnitt von einem großen Laibe Brot ein Stück ab, schob es der Regerl hin und gab ihr den guten Rat, das weiße Stück Brot in den süßen Most zu tauchen und dann in den Mund zu stecken. Das tat die Jungdirn etliche Male und wurde lustig dabei.

Als sie lustig war, gingen die drei, der Leo, die Regerl und der gerade Stadlhofer, in den Keller hinab, um die Äpfel einzusacken. Da waren an den Wandecken große Haufen von schönen roten und gelben Äpfeln aufgespeichert – und während die beiden vom Hinterberge dastehen und sich hell verwundern über das viele Obst, muß der junge Stadlhofer hinaufgehen und den Alten fragen, von welcher Sorte er einfassen lassen soll. Der Alte redet eine Weile so herum, er möchte nicht die bessere und auch nicht die schlechtere Gattung wegtragen lassen, den jungen Leuten im Keller wird einstweilen die Zeit lang, und wie der Leo nachsehen will, wo der Stadlhofer so lange steckt, merkt er, daß die Kellertür ins Schloß gefallen ist, der Schlüssel steckt von außen, und sie sind eingesperrt. Dem Leo sprang vor Schreck alles Blut zum Herzen, die Regerl erschrak nicht, sondern lachte über die Totenblässe des Burschen. Zum Glücke kam nun der junge Stadlhofer wieder, öffnete und belehrte die beiden, daß, wenn der Mensch im Keller sei, der Schlüssel niemals außen, sondern stets innen stecken müsse. Er steckte ihn auch in diesem Sinne um. Wie sie hernach Äpfel einfassen sollen, merkt der Leo erst, daß er seinen Sack oben in der Stube beim Mostkruge vergessen hat. Er geht die finstere Stiege hinauf, um ihn zu holen, und dieweilen hält im Keller die Regerl ihren Sack auf, und der junge Stadlhofer schüttet ihr mit einer Handschaufel Äpfel hinein.

Wie der Leo von der Stiege herab mit seinem Sacke zur Kellertür zurückkommt, ist sie wieder in das Schloß gefallen, und diesmal steckt der Schlüssel von innen. Alsbald schlägt er einen Höllenlärm, denn es ist kein Spaß. – Die drinnen können im Keller bei verschlossener Tür leicht ersticken. Zu seinem Troste hört er ein Lebenszeichen.

„Heißt das Äpfel einfassen?" schreit die Regerl hell, „ich nehm', was mein Bauer gekauft hat, und sonst nichts."

Endlich war die Tür wieder offen, und nun wurde der Sack des Leo angefüllt. Hernach band sich der Bursche seine Last auf den Rücken, und die Jungdirn tat dasselbe mit der ihrigen. Der gerade Stadlhofer half ihr dabei. Als sie – der Leo voran, die zwei anderen hinterdrein – die Stiege hinaufgingen, flüsterte der junge Stadlhofer dem Dirndel ins Ohr: „Denk halt manchmal ein wenig an mich."

„Kunnt mir einfallen!" rief die Regerl, „ich hab' an mich selber zu denken."

„Ist das dein Ernst?“ fragte er.

„Ja, zum Spaß machen ist’s mir zu finster, da auf der Stiegen.“

Der Stadlhofer legte seinen Arm um den vollen Sack, den die Jungdirn auf dem Rücken trug, und sagte geschmeidig: „Wirst doch an mich denken, ich wett’ drauf!“

Draußen war alles weiß, und dicht fielen vom Himmel die Flocken. Die Obstbäume neigten tief ihre Äste, denn an den Rest des Laubes schmiegte sich der Schnee. Unsere beiden Äpfelträger schritten fürbaß, der Leo voran, die Regerl hintendrein. Er trat ihr den Pfad und fragte manchmal: „Tragst schwer, Regerl?“

„Der Sack ist nit gering“, antwortete sie. Doch nach einer Stunde, als der Bursche in dem immer dichter werdenden Schnee unter seinem Bündel keuchend dahinschritt, ging die Jungdirn immer noch hübsch aufrecht. Ihm ward ums Rasten, sie war noch gar nicht müde.

„Scham dich!“ rief sie ihm zu, „du bist ein Mannsbild und ich ein Weibsbild. Und ich bin stärker wie du.“

„Ich wollt mich gern schamen“, versetzte er, „aber es wird halt nicht viel helfen. Mein aufgebundener Buckel druckt mich sackerisch.“

„Geh, was du sagst!“ lachte sie, „so ein Sackel tragen ist ja ein Kinderspiel! Man gewohnt’s, und statt schwerer wird’s alleweil leichter. Man gewohnt’s.“

Es dunkelte schon der Abend, als sie durch den Wald hinaufstiegen gegen ihr Bauernhaus auf dem Hinterberge. Da blieb die Regerl plötzlich stehen und sagte: „Leo, jetzt schreckt mich was!“

Er wendete sich nach ihr um.

„Jetzt getrau ich mich nit, nach meinem Apfelsack zu schauen“, sprach sie ganz verzagt. „Ich hab’ hinten was hinabpatschen gehört. Jessas Marossas? Leo, mein Apfelsack hat die Schwindsucht ’kriegt!“

Und jetzt nahmen sie es wahr. Das Rückenbündel der Jungdirn hatte unterhalb ein Loch, und da war den langen Weg her nach und nach Apfel um Apfel herausgeschlüpft und in den weichen Schnee gefallen. Mehr als zur Hälfte war der Sack jämmerlich eingeschrumpft, und die Regerl wollte vor Schreck selber in den Schnee fallen. Sie fiel aber nur an den Leo hin, der festgestemmt dastand.

Als sie soweit wieder zu sich kam, ballte sie die Fäuste und rief mit Zähneknirschen: „Du verfluchter Stadlhoferbub, du höllischer!"

„Was kann denn der Stadlhofer dafür!" sagte der Leo.

„Der jung Stadlhofer, der hat mir den Sack aufgezwickt!" schrie sie, „ah, darum hat der Lump gesagt, ich tät' schon noch an ihn denken, er wollt' drauf wetten. Weil ich ihn nit mag, den schlechten Lotter, so hat er mir das angetan. Den Apfelsack hat er mir aufgezwickt. Jetzt weiß ich's. Wie wir über die Kellerstiegen sind gegangen und er mir seinen Arm so hat umgelegt, da ist's geschehen. Oh, du verdangelter Spitzbub, du!"

„Was hilft das Geschrei!" sagte der Jungbub, „das Loch hast, da hilft dir alles nichts, und die Äpfel sind auch hin."

„Aber Jesseles, na, was fang' ich jetzt an?" klagte sie, „was wird mein Bauer sagen!"

„Fürs erste", versetzte der Bursch, „stopfen wir einmal die Klaft zu." Er tat's mit Flechten, die er von einem Fichtenbaum gerissen. „Nachher schütt' ich dir von meinem Sack in den deinen Äpfel über und sagen dem Bauer, wir hätten in dem Höllenwetter nit mehr als so viel tragen mögen, und das weitere werd' ich mit dem Stadlhofer abmachen."

So geschah es. Und als sie wieder dahingegangen waren und schon gegen das Haus kamen, blieb die Regerl noch einmal stehen, wendete sich gegen den Jungbuben und sagte: „Wenn du nur um Gottes willen kein so eiskalter Holzklotz wärest! Schau, du bist sonst ein guter Kerl!"

„Meinst?" entgegnete er und guckte sie ein wenig schief an. „Regerl, paß auf, bis der Holzklotz erst brennend wird! Der macht dir noch warm. Paß auf."

Ihr Leute, das war ein prophetisches Wort. Schon in der allernächsten Zeit entzündete sich der „eiskalte Holzklotz", und es entstand ein solches Feuer, daß es in der Kammer der Regerl sonnenlicht war, Tag und Nacht.

„Ich weiß nur ein Mittel, es zu löschen", sagte der Bauer auf dem Hinterberge, „wenn das nichts nutzt, dann ist's unlöschbar. Heiraten wir sie zusammen."

Nach einigen Jahren geschah das – die wabende Lohe verlosch allmählich, aber die Glut glost rot und manchmal Funken sprühend noch immer fort und erwärmt das Häuschen des Ehepaares.

Der gerade Stadlhofer aber, der ist krumm geworden, wie sein Vater einst gewesen; er haucht sich manchmal in die Hände, denn es fröstelt ihn, und in seinem Hause ist keine Glut, welche die finsteren Winkel erhellen und sein Leben erwärmen könnte.

Auch hat er längst keine Äpfel mehr zu verkaufen.

Vom Weibe, das mit dem Selbstmord droht

Wie schön wäre doch die Welt!" rief der Vater aus. „Und wie süß wäre doch das Leben!" setzte die Tochter bei.

„Und wie arg ist doch die Mutter!" sagte der Sohn.

Diese drei Personen saßen auf dem Hügel unter der blühenden Linde. Das Land hatte seine schönsten buschigen Hügel in weiter Runde aufgestellt und der liebe Gott einen herrlichen Abendhimmel darüber gelegt, aus welchem gerade der funkelnde Sonnentropfen hinter der Waldhöhe hinabgeronnen war. Der liebe Gott freut sich, wenn ihm jemand seine Welt lobt, doch hätte ihm das „Aber" nicht entgehen sollen, welches hinter den Ausrufen von Vater und Tochter verborgen lag. Der Vorwurf bleibt ihm kaum erspart, er wendet den Menschen nicht die richtige Sorgfalt zu; wenn diese in ihrer Art so vollkommen wären, wie die Welt es ist – die Schöpfung wäre, wie jener Philosoph ausrief, ein Meisterstück sondergleichen.

Der Alte sitzt auf der Lindenbank und hat ein weißes wackelndes Köpflein; er tut immer mit Pfeife und Pfeifenrohr um, stopft Tabak ein, nimmt den Stummel in den Mund, sucht Zündzeug und tut gerade so, als ob er die Absicht hätte, über kurz oder lang eins zu rauchen. Es will mit den Veranstaltungen aber nicht vorwärtsgehen, während die Tochter daneben emsig an einem Strickzeug arbeitet. Diese Tochter ist ein hübsches Mädchen, zu sehen, als ob sie gestern den Höhepunkt ihrer Blütezeit erreicht hätte und morgen sachte zum Welken anheben wollte. Bei Mädchen ist es so – wenn man fragen muß: Ist sie schon reif? dann ist's recht, und wenn man sagen muß: sie ist schon reif, dann ist's auch schon zuviel.

Der Sohn sitzt nicht auf der Lindenbank, sondern liegt im

Grase hingestreckt, und wenn die Mutter zugegen wäre, so würde er hören, daß er seine Gesundheit mutwillig zerstöre, weil nichts schlimmer ist als ein Liegen auf dem feuchten Gras. Der Sohn ist eine derbe Gestalt mit einem stattlichen Schnurrbart und mit einer geballten Faust. Diese Faust schlägt er jetzt auf den Boden und ruft: „Allemal und allemal macht sie diese Geschichten!“ Die Tochter hebt ihre Schürze zum Gesicht und weint hinein.

„Was wißt ihr davon, Kinder!“ sagt der Vater mit einem dünnen Seufzer. „Mit eurer Mutter habe ich meiner Tage viel ausgestanden! Ganz anders kunnt's sein! Wenn einen jemand aus leidiger Boshaftigkeit quält, so ist das zu verstehen, aber wenn einen eine aus lauter Lieb peinigt, so ist das ein – ein – !“

Er spricht das harte Wort nicht aus, aber seine Hände zittern so sehr, daß das ganze Pfeifenbesteck, an dem sie herumdrehen, wieder aus Rand und Band geht.

„Ein solches Weib ist – ja, ich sag's, ich sag's!“ fährt er fort, sagt aber eigentlich doch nichts. Und so werde wohl ich sagen müssen, was ein solches Weib ist.

Vor mehr als dreißig Jahren hat der Kaufmann Pantner ein gutes Mädchen geheiratet. Gut muß sie sein, gefühlvoll muß sie sein, das war seine Hauptforderung, denn ein scharfes, polterndes Weib kann der Pantner nicht brauchen, und Herr im Hause will er bleiben. Gut und gefühlvoll war sie. Als Herr Pantner einige Zeit nach der Hochzeit seine alte halbsieche Mutter ins Haus nehmen wollte, hat sein Weib bitterlich geweint. Auf seine teilnahmsvolle Frage gestand die Ehegattin, daß sie keinen leidenden Menschen um sich sehen könne. Er meinte, das Sehen des Leidens täte immer noch nicht so wehe als das Leiden selber, worauf sie in die Klage ausbrach, er hätte für sein Weib kein Herz und sie merke es schon, das beste für sie sei, nicht auf der Welt zu sein. – Weil Herr Pantner an seinem Weibe diesen tiefen Schmerz wahrnahm, so ließ er die alte Mutter, wo sie war – bei fremden Leuten, wo sie sich denn auch bald zur ewigen Ruhe legte.

Wenige Jahre nachher wollte Herr Pantner sich mit einem Teil seines Vermögens an einem großen geschäftlichen Unternehmen beteiligen, das, auf gutem Grunde fußend, einen stattlichen Gewinn versprach. Sein für das kleine gemeinsame Gut besorgtes Weib bat ihn, solches zu lassen; er wies auf die erwartenden Vorteile hin; sie stellte ihm die möglichen, ja nach ihrer Ansicht höchst wahrscheinlichen Verluste vor. Als sie aber sah, daß Pantner trotzdem entschlossen war, sein Glück auf dem ungewöhnlichen Weg zu versuchen, und als sie merkte, daß ihr Weinen und Warnen nichts half, rief sie in großer Erregung, sie wolle das Unglück nicht miterleben, daß sie mitsamt dem Kinde Bettler würden, sie wolle sich auf den Kirchhof legen, dann möge er machen, was er wolle. Herr Pantner war entsetzt über solche Reden der jungen Mutter und ermaß daraus die Größe ihrer Angst vor einem etwaigen Verluste des kleinen Vermögens. Er stand von seinem Vorhaben ab und sah mit Betrübnis zu, als sich das große Unternehmen allmählich auf das glänzendste lohnte und seine Teilnehmer bereicherte, während Pantner herbe Not hatte, sein etwas verrottetes Geschäft ein bißchen zu heben.

Eines Tages begehrte die Frau, daß Pantner das Ladenmädchen fortschicke, welches aufgenommen worden, um der körperlich schwachen Frau in Haus und Geschäft behilflich zu sein. Herr Pantner erklärte, daß das Mädchen nicht leicht zu entraten sei und daß kein Anlaß vorliege, es abzudanken. „So!“ sagte sie, „kein Anlaß!“ und weinte. „Kein Anlaß“, versicherte er. Hierauf wickelte sie ein Papier auf und zeigte ihm Arsenik. „Was soll das heißen?“ rief er. „Oh, fürchte dich nicht“, antwortete sie, „ihr geschieht nichts. Und an mir liegt dir nichts.“ Pantner hat das Ladenmädchen sofort entlassen.

Nun war der Sohn herangewachsen. Er hatte verschiedene Schulen mit gutem Erfolge durchgemacht und war entschlossen, sich einen lohnenderen, zum mindesten interessanteren Lebensweg zu wählen, als den sein Vater wandelte. Er hatte keinen geringeren Plan, als zur Marine zu gehen. Mit aller Vorsicht und Schonung wurde dieser Entschluß der Mutter mitgeteilt; fürs erste schlug sie über ihrem Haupte die Hände zusammen, fürs zweite hatte sie eine Ohnmachtsanwandlung, und fürs dritte sagte sie grauenhaft ruhig, sie sollten machen, was sie wollten, sie würden schon sehen, was geschähe! Der Sohn traf denn auch alle Anstalten zur Abreise nach Pola, wo er aufgenommen werden sollte. Als er eines Tages ein Gewand heimbrachte, das wie ein Schiffsknechtanzug aussah, sagte die Mutter: „Mein Kind, ich werde früher gehen als du. Ich will es nicht erleben, daß ich mein liebes Kind bei lebendigem Leibe verlieren soll. In meinem Kasten werdet ihr meinen Letzten Willen finden. Ich bin mit allem fertig, euch verzeihe ich, daß ihr mich –" Da brach sie in Schluchzen aus und sank zu Boden. Vater und Kinder erhoben ein Jammergeschrei, denn sie glaubten, es sei schon geschehen. Aber sie lebte, und der Vater beschwor den Sohn, von seinem Vorhaben abzulassen und zu Hause zu bleiben. Der Junge blieb zu Hause und stand verzagt hinter der Gewürzbude oder las in den Zeitungen von der Reise um die Welt, der sich mancher junge Marinär angeschlossen hatte.

Übrigens war das Weib den Ihrigen die reine Güte selbst und tat alles, um ihnen den engen Kreis, in den sie sie gebannt hielt, angenehm zu machen. Für die Unzufriedenheit der Ihren hatte sie weder Auge noch Ohr, sondern tat, als ob alles im Hause eitel Glück wäre.

Jetzt kam der Werber um die Tochter. Es war ein junger wohlhabender Fabrikant aus der Stadt; das Mädchen war selig, der Vater gab sein Jawort, die Mutter begann zu rasen. Sie habe ihr Kind nicht auferzogen, rief sie, um es nun, da es im Hause ihre Stütze sein könne, zu verlieren. Und wenn schon geheiratet sein müsse, so wenigstens einen anderen, nur diesen nicht! – Warum diesen nicht? Er sei ein braver, gesunder, tüchtiger Mensch, der seine Erwählte sehr zu lieben scheine. – „Das ist alles eins!" rief die Mutter, „und wenn sie mir zum

Trotz gerade diesen nimmt, diesen unausstehlichen Menschen, dann ist's gut, dann ist's gut!"

„Du bist allemal jedem zu seinem Glück im Wege", wagte der alte Pantner einzuwenden.

„So", antwortete sie, „mehr brauch' ich nicht zu wissen. Wenn ich euch zu eurem Glück im Wege bin, so wollen wir's anders machen. Ich habe mich bisher für euch geopfert, ich will es auch jetzt tun. Es ist das beste. Es ist das beste. Lebt glücklich, ich bin auf niemanden bös, lebt glücklich!" stürzte in ihre Kammer, die sie rasch hinter sich verschloß.

Sie wollten ihr nach, der Alte bat sie bei allen Heiligen, die Tür zu öffnen, sie tat's nicht, und als drinnen ein klägliches Ächzen zu hören war, erbrachen sie die Tür. Das Weib kauerte an der Wand und weinte, und die Tochter hatte ihr sofort gelobt, von der Heirat abzustehen.

Das war die Sache, wegen welcher unter dem Lindenbaum Vater, Sohn und Tochter die Welt und das Leben priesen und die Mutter anklagten.

„Lassen wir's drauf ankommen!" rief nun der Sohn und hieb seine Faust auf den Erdboden. „Lassen wir's drauf ankommen. Ich wette, sie tut's nicht!"

„Wetten?" fragte der Vater, der seinen Kindern gegenüber schneidig zu sein verstand. „Was willst du denn wetten auf das Leben deiner Mutter? Vielleicht etliche Maß Bier?"

„Wer immer vom Selbstmord spricht, der tut's nicht", sagte die Tochter.

„Kinder, Kinder! Trauet dem Teufel nicht!" rief der Vater, „wer ihn so oft an die Wand malt, so oft! Ich bitte euch, habt Geduld mit eurer Mutter. Denkt an den Schrecken, wenn so etwas geschähe! Denkt an die Verantwortung! Wenn so etwas wär' mit der Mutter, ich müßt' mir selber ein Ende machen, ich mir selber. Es ist kein Spaß. Ihr denkt nur an euch, immer nur an euch, und nach Vater und Mutter fragt ihr nicht. Oh, die Kinder! die Kinder!"

Sie hätten an jenem Abende ihr Elend noch länger betrachtet, wenn's nicht finster geworden wäre. Weil's aber finster ward, so gingen sie hinab in ihr Haus. Das Abendessen war traurig, obwohl die Mutter gütigen Wesens das Lieblingsgericht brachte. Der Vater saß allein. Der Sohn starrte mit geballter Faust vor sich auf den Tisch, die Tochter hatte sich zum Nachtmahl gar nicht eingefunden.

Am anderen Morgen waren ihrer anstatt vier Personen nur mehr drei im Hause, die Tochter war verschwunden. Der Bruder meinte, sie sei klug gewesen und zu ihrem Fabrikanten gegangen, dem war aber nicht so, gegen Abend desselben Tages fand man in einem Tümpel der Hollerschlucht ihren Leichnam.

Der Schmerz des Vaters und des Bruders artete in Wut aus gegen die Mutter, und sie riefen ihr in der Verzweiflung Grausamkeit zu: Jetzt, *jetzt* sei es Zeit, *jetzt* sollte sie sich umbringen!

Die Mutter war vor Schreck und Gram in eine schwere Krankheit gefallen, die sachte in ein Siechtum überging. Da mußten alle Ärzte und Medikamente herbei, und sie halfen doch nicht.

Nur noch *einmal* gesund werden!" seufzte das Weib oft und oft und versprach Bußtage und Wallfahrten und bettelte täglich um ein Leben, das sie früher so oft frivol hinzuwerfen Miene gemacht hatte.

Der Sohn war längst nicht mehr zu Hause, sondern suchte in der Fremde sein versäumtes Glück. Pantner, der alte, gebeugte Mann allein war bei ihr, in seinem Auge war kein Vorwurf mehr und keine Freude. Ein elendes Leben! Und von diesem wollte das sieche Weib nicht scheiden, die sonst stets mit dem Selbstmord gedroht hatte, sooft eines ihrer Familie im Begriffe gewesen, das Glück anzurufen.

Ein unglaublicher Charakter! sagt ihr. Besinnet euch, ob nicht auch ihr euch eines ähnlichen Weibes zu erinnern wisset, denn es gibt ihrer viele solcher! Das Frauenherz mag noch so liebenswürdig und gut sein – in einem Winkel desselben sitzt doch ein boshafter Dämon – ein Feind des menschlichen Glückes.

Frau Pantner ist endlich gestorben. Der alte Witwer sitzt zur Abendstunde einsam unter der Linde, und jetzt erst kommt er dazu, ruhig sein Pfeifchen zu schmauchen.

Beim Herrn Onkel zu Gaste

Meine schönsten Reisen habe ich ohne Geld gemacht. Freilich war alles übrige da: frische Beine, helle Augen, ein heiteres Herz und goldene Einfalt. Drückten die Stiefel, so zog ich sie aus, regnete es, so sprang ich in den See, um nicht nasser als naß zu werden, und war mein Säcklein leer geworden, so nahm ich die ganze Welt als mein Privateigentum. Weil die anderen, die noch lebten ringsherum, arme Schlucker waren, so ließ ich ihnen den Genuß von Wasser, Luft, Licht und allem, was sie bedurften, umsonst, sie gaben mir davon nur ein bißchen Brot und ein Nachtlager unter Dach, wo ich zusprach. Es kam selten vor, daß einer mir den Tribut verweigerte. Nur *einen* großen Filz habe ich gefunden, dessen Andenken ich mir liebevoll bewahrt.

Ich wanderte damals zu zweien. Mein Kamerad war ein Lateiner aus der Fünften, der es nicht unter seiner Würde hielt, mit dem armen Handelsschüler zur frohen Ferienzeit über Land zu reisen. Handelsschüler waren sonst von den Gymnasiasten verachtet als „Krämerbuben", und die Gymnasiasten wieder waren von den Handelsschülern verachtet als „Bettelbuben". Jetzt waren aber die Schattenseiten der beiden Arten in mir vereinigt, ich war Krämerbub und Bettelbub in einer Person. Ich war ein verkehrter Peter Schlemihl, statt keines Schattens hatte ich deren zwei. Hingegen fand ich an meinem Kameraden gar keine Schattenseiten: Er war ein etwa siebzehnjähriges lustiges und treuherziges Bürschlein, das schon auch seine „Hermannsschlacht" gedichtet hatte, wie sich das für einen ordentlichen Gymnasiasten geziemt, und das so gut war, zu seufzen, wenn ich ihm eines meiner sentimentalen Gedichte vortrug, und zu lachen, wenn ich einen Spaß machte. Auch darin harmonierten wir, daß jeder von uns sehr wenig Geld und sehr viel Appetit mit auf die Reise hatte. Also ein Herz und eine Seele; ein Wesen mit vier Füßen! wie Freund Rochus so sinnig sagte.

Die grüne Steiermark lag bereits hinter unseren Füßen; wir zogen ins Kärntnerland ein; auch das war grün, wir verwunderten uns darüber.

„Warte nur“, sagte mein Freund, „in diesem Lande kommen wir auch noch auf einen grünen Zweig. Wir gehen nach Sandnigg, dort habe ich einen Onkel. Bei dem kehren wir ein und lassen es uns einige Tage wohl geschehen. Der Herr Onkel Bradler hat in Sandnigg ein großes Gut und ist ein sehr reicher Mann.“

„O Freund!“ rief ich, „du bist wirklich talentiert! Einen reichen Onkel hast du! Eine Eigenschaft, die mir gänzlich fehlt. Glaubst du, daß ich mit dir kommen darf?“

„Du wirst sehen, was das für ein prächtiger Mann ist!“ sagte Rochus. „Ein Zolleinnehmer, pensioniert, hat sich nachher ein großes Landgut gekauft. Er wird sich sehr freuen. Ich glaube, er hat selber keine Kinder.“

„Aber was seine Frau sagen wird?“ gab ich zu bedenken.

„Er ist nicht verheiratet.“

„Dann glaube ich auch fast, daß er keine Kinder hat.“

Wir steuerten kühn auf Sandnigg los, und als wir im Engtale den spitzen Kirchturm sahen, sagte Rochus: „Na endlich. Es ist auch wahrlich Zeit, mir kracht schon der Magen.“

Das letzte Wort war der bildliche Ausdruck auch meiner Empfindung, daher sagte ich: „Rochus, du bist ein trefflicher Lyriker.“

Etwa um drei Uhr nachmittags kamen wir an. Das Haus des Onkels sah wie ein Schlößlein aus. Es war in französischer Form des vorigen Jahrhunderts gebaut, nun aber etwas vernachlässigt, so daß man gleich sah, sein Besitzer gebe mehr auf das Sein als auf den Schein. Ein weitläufiger Meierhof lag da, und auf dem Platz zwischen etlichen Feldwägen ging ein Mann in seiner stattlichen Gestalt, mit Schlafrock und langer

Pfeife im Munde, behäbig hin und her. Hinter der linken Schulter hatte er einen Höcker.

„Das ist er!“ flüsterte mir Rochus zu, dann trat er vor und rief: „Herr Onkel!“

Der Mann wendete sich und war anfangs ein wenig verblüfft.

„Was Teufel!“ sagte er und nahm die Pfeife aus dem Munde. „Das ist ja der Rocherle! – Aber verdammt gewachsen!“

Sie schüttelten sich tapfer die Hände, und der Onkel lachte unter seinem grauen Schnurrbart recht hell und gemütlich hervor.

„Und das ist mein Freund!“ stellte Rochus mich vor.

Der Onkel Bradler schüttelte auch mir die Hand und murmelte: „Laß ich mir gefallen. Interessiert euch gewiß für die Landwirtschaft. Natürlich, so junge Männer. Da kommt nur gleich mit, ich will euch meine Salzburger Kühe zeigen, die ich eben erst gestern bekommen habe. – Mittaggegessen habt ihr wohl schon.“

Wir fanden im Augenblick nicht Worte, um ihn zu widerlegen, da rief er sogleich: „Natürlich, so gesunde Mägen, wie man in euren Jahren hat! Da wartet man nicht bis drei Uhr mit dem Mittagsmahl. Jetzt seht euch einmal diesen Weizen an!“ Er führte uns zu einer hochgeschichteten Wagenfuhr, die eben zwei schwere Pferde vom Felde heimgebracht hatten. „Das ist ein Körndle, wie? Keiner hat so etwas in Sandnigg. Fühlt euch die Ähren nur einmal an!“

„Man möchte gleich hineinbeißen!“ sagte Rochus.

„Nicht wahr!“ lachte der Onkel und war sehr gesprächig.

Mein Freund flüsterte mir tröstend zu: „Es kommt ja bald die Jausenzeit, da gibt’s Milch und Käse!“

Der Onkel führte uns hinaus auf die Felder. Der lange graue Schlafrock und das blaue Hauskäppchen auf dem weißlichen Haar, das rote, wetterharte Gesicht und der Buschbart drin und die kleinen, klugen Augen – all das stand ihm gar nicht übel. Dazu wußte er so munter zu plaudern und auch zu scherzen, daß wir uns insgeheim das beste Prognostikon stellten für den Abend. Als wir zu einem Rübenfelde kamen, riß Rochus eine Pflanze aus dem Boden.

„Was machst du denn?“ fragte ihn der Oheim.

„Ich habe gemeint, es wäre schon eine Rübe dran“, antwortete mein Freund, das Ding emporhaltend, welches zwar ein recht üppiges Kraut hatte, aber anstatt der erwarteten süßen Frucht nur ein schlankes mageres Schwänzlein.

„Leckermaul!“ neckte der Onkel und tippte ihm mit dem Finger am Arm.

Endlich kam der Abend, wir kehrten in den Hof zurück, und da sagte der Onkel: „Trinkt ihr Bier? Dann gehen wir ins Wirtshaus. Der Stingelewirt hat gewiß frisch angeschlagen.“

Höher schlug uns beiden das Herz.

Der Onkel warf sich in einen anderen Staat, gab einigen Leuten noch Anordnungen, und dann schritten wir wohlgemut und ziemlich rasch hinab zum Stingelewirt. Mitten in der großen Gaststube hing die Lampe, wir setzen uns an einen etwas dämmrigen Wandtisch, und der Onkel fragte: „Also, Jungen, was wollt ihr essen?“

Die Kellnerin bot Schnitzel, Rostbraten und Schweinsschlögel an.

„Was ist *mehr?*“ fragte ich.

„Die größere Portion? Mein Gott, Rostbraten kann man so groß machen, als man will“, belehrte die Kellnerin.

„Mir Rostbraten.“

„Mir auch Rostbraten“, sagte Rochus.

„Und mir?“ fragte der Onkel sich selbst, „warten Sie. Mir können Sie – haben Sie Bratwürste?“

„Sind ihrer nicht.“

„Oder ein Beuscherle?“

„Ist schon weg.“

„Schon weg“, murmelte der Onkel resigniert. „Dann – machen Sie mir einen kleinen Pfannenkuchen. – Ich halte viel auf Pflanzennahrung“, wendete er sich zu uns. „Möchte auch euch dazu raten. Zu viel Fleisch taugt nicht für junges Blut."

Zu wenig auch nicht, wollte ich sagen, verschwieg's aber. Der Rostbraten kam; auch saure Erdäpfel dazu, und Bier. Es war ein köstlicher Schmaus. Drei große Semmeln hatte ich angebrochen, die erste zum Vorbeißen, die zweite zum Tunken, die dritte zum Knuspern. Eine vierte gedachte ich zum Dessert zu schmausen, da zog der Onkel, der mittlerweile mit stiller Andacht seinen Pfannenkuchen verzehrt hatte, die Zigarrentasche hervor.

„Eine Tugend an euch, die man sonst bei der leichtsinnigen Jugend selten findet", schnarrte der Onkel, einer Zigarre die Spitze abbeißend, „ist, daß ihr nicht raucht."

„Aber wir rauchen ja!" rief Rochus vorlaut, „nur müssen wir erst eine Zigarre haben."

„Laß das gut sein, Junge!" sagte der Oheim und klopfte ihm auf die Achsel, „eine Lungensucht sich in den Leib zutzeln! Das ginge just noch ab. Wie dein Vater, der hat's auch nicht lassen können, bis er auf dem Brett lag. Der", er meinte jetzt mich, „hat auch nichts dazuzusetzen. Milch saugen! ist gescheiter wie Zigarren. Und das Geld in die Sparkasse legen. Was glaubt ihr, was das in dreißig Jahren ausmacht, wenn man täglich das Zigarrengeld von, sagen wir zehn Kreuzern, in die Sparkasse legt? Was glaubt ihr? Und die Zinsen dazuschlagen. He!"

„Aber", wagte Rochus einzuwenden, „es tut ja der Herr Onkel auch –"

„Leider! Leider Gottes! Alte Gewohnheit, eiserne Pfaid. Darum nur nicht angewöhnen. – Ich denke – Sie, Kellnerin! –, ich denke wir wollen zahlen. – Was habe ich, einen Pfannenkuchen – einen kleinen hab' ich. Und ein Viertel Wein. Sonst nichts."

„Auch ein Brot?" fragte die Kellnerin.

„Richtig, das hätte ich bald vergessen. Auch ein Brot."

„Macht achtundzwanzig Kreuzer."

Mein Freund und ich guckten uns verdutzt an. Der arme Rochus wurde totenblaß. Ich wußte, wie wenig er im Sack hatte. Aber er griff heldenmütig hinein. Ich besaß noch Mammon für etwa acht Gulden. Der größte Teil des mir für Ferienfreuden das Jahr über aufgesparten Vermögens. Es war manche Knackwurst darunter und manches Krügel Bier, die ich mir in Zeiten des Hungers und des Durstes vom Mund abgespart hatte. Nun wollte ich damit durch die Alpenländer reisen, bis Innsbruck und noch weiter. Und mit diesem prasserischen Nachtmahle hatte ich mir das Essen auf ein paar Tagreisen sozusagen vorweg verschmaust. Das alles aber war nicht mehr zu ändern, ich langte in den Sack und bezahlte meine Zeche.

Auf dem Heimwege war der Onkel besonders heiter und stellte für den nächsten Tag allerhand Ergötzlichkeiten in Aussicht. „Frühstück ist um sechs Uhr", sagte er, „da werdet ihr wohl schon aus dem Neste sein." Auf den Hof gekommen, stand er plötzlich unentschlossen still und sagte: „In meiner Jugend habe ich immer am liebsten in luftigen Scheunen geschlafen, das ist sehr gesund. Ich hätte da oben frisches Heu." – Da wir darauf mäuschenstill waren, denn wie frisches Heu bekommt, das hatten wir auf unserer Reise schon erfahren, so fuhr er fort: „Aber die jungen Herren heutzutage sind etwas verwöhnt, sie wollen ein Federbett haben."

Wir bekamen richtig eines. Während wir einander die bestaubten Stiefel herunterritten, gab ich meinem Kameraden zu bedenken, ob wir nicht am nächsten Morgen zeitlich unsere Weiterreise antreten sollten?

„Was fällt dir ein!" sagte Rochus, „morgen wird's ja erst lustig hier. Paß auf, der Onkel hat Mucken, er will uns prüfen. Ich wette, morgen haben wir einen guten Tag!"

Mit dieser Hoffnung schliefen wir ein.

Als ich erwachte, leuchtete schon hell die Sonne in die Kammer. Die Uhr schlug halb sechs. Da dachte ich an das Frühstück und weckte meinen noch süß schlummernden

Freund, daß er es nicht versäume; denn wie ich ihn kannte, war er ein Freund von frischem Kaffee, Honig und Butterbrot.

Wir machten uns also rasch fertig, kämmten auch unser Haar sorgfältig und gingen die Treppe hinab. An der Stubentür stand ein altes Weib, das rief uns zu: „Wenn ihr Frühstück haben wollt, so geht nur gleich herein, wir sind schon dabei."

Der Herr Onkel Bradler war nirgends zu sehen, wir setzten uns säumig zum Gesinde, das um eine große Schüssel herum saß und mit großen Löffeln wässerige Milchsuppe aß. Wir taten mit sauren Gesichtern mit, und mein Freund warf mir einen vorwurfsvollen Blick zu, warum ich ihn nicht schlafen gelassen hätte.

Am Vormittage, als wir uns auf einer mit Gras halbverwachsenen Kugelbahn die Zeit zu vertreiben suchten, kam der Onkel im Schlafrocke, schüttelte uns tüchtig die Hände, wollte gehört haben, daß wir gut geschlafen hätten, und freute sich über unser gesundes Aussehen. Nachdem er durch Rochus vernommen, daß wir noch einen Tag zu bleiben gedächten, rief er: „Nicht wahr, schön ist diese Gegend! Wollt ihr nicht den Kreuzkofel besteigen?"

Dazu hätten wir keine Lust.

„Aber den Pfarrer zu Leimbach werdet ihr doch besuchen?"

„Der geht uns nichts an", sagte Rochus.

„So, dein Vetter geht dich nichts an!" verwies der Onkel, „ist ja verwandt mit uns, der Leimbacher Pfarrer. Heute ist Maisernte, sonst ginge ich gleich mit euch, es ist kaum eine Stunde nach Leimbach, dort der Weg links, das Seitental hinein! Ich lass' ihn grüßen! Und am Abende, wenn ihr zurückkehrt, dann wollen wir uns aber eins gönnen zusammen! Bin zwar ein alter Knasterbart, aber wenn's drauf ankommt, kann ich auch noch jung sein. Der Weg geht immer im Schatten nach Leimbach, ein schöner Weg! Ein sehr schöner Weg!"

Natürlich, weil der Weg gar so schön war, so gingen wir jetzt zum Vetter Pfarrer nach Leimbach. Als wir ins kleine

Alpendörfchen kamen, schlug ich dem Freunde vor, während seines Besuches beim Vetter im Wirtshaus bleiben zu wollen; „ich kann's nicht verantworten, wieviel ich deinen Verwandten Unkosten mache", war dafür meine Begründung.

„Du hast recht", sagte der gute Junge, „sei nur nicht böse. Ich mache meinen kurzen Besuch, dann komme ich zu dir ins Wirtshaus, und wir machen uns gemütlich."

Er ging in den Pfarrhof hinauf, kam aber früher zurück, als ich erwartet hatte. Na, mein lieber Rochus hat saubere Verwandte, dachte ich, der Herr Pfarrer scheint ihm sofort die Türe gewiesen zu haben. Indes sah ich bald sein munteres Gesicht, als er mir zurief: „Komm, Peter, wir sind beide zum Mittagessen geladen, beim Vetter!"

Wenige Minuten später traten wir beide in den Pfarrhof. Der alte Herr kam uns schon entgegen, ein kleiner, rasch ausschreitender Mann mit kurzgeschorenem Weißkopf und kleinem, wohlgerötetem Gesichtlein. Auf dem niedlichen Näschen saß ein großes altmodisches Augengläserpaar. Anstatt der Kutte trug er schwarzes Gehröcklein. Er sah fast wie ein Professorlein aus, dem der Student noch in den Gliedern steckt trotz der weißen Haare. Die weißen Haare kann man ja wegschneiden, wie man hier sah, und so ist nichts da, welches an die sechzig Jahre erinnert, die der Mann in seinem Kalender hat.

„Das sind ja ein paar Kapitalburschen!" rief er aus und streckte jedem von uns eine Hand entgegen. „Na, Gott grüß euch! Wenn ihr recht bescheiden seid, so kann ich euch einladen, mit mir einen Löffel Suppe zu essen. Viel wird's nicht setzen bei dem armen Landpfarrer, nehmt halt christlich fürlieb."

Er führte uns dann in sein Obstgärtlein, zeigte uns seine zahlreiche Familie, wie er sagte, die in jungen Äpfel-, Birn- und Zwetschkenbäumen bestand, welche er gepflanzt hatte. „Die Jungen werden aber erst erzogen", scherzte der Pfarrer, indem er hier ein Zweiglein richtigbog, dort ein halbdürres

Ästlein wegschnitt. „In ein paar Jahren, wenn ihr wiederkommt, werden uns die jungen Herren hoffentlich schon mit guten Früchten aufwarten."

Wir kamen zu einer Holunderlaube, und in derselben war bereits der Tisch gedeckt für drei Personen. Ein Topf kräftiger Fleischbrühe mit Klößen, ein Teller frischen Rindfleisches mit Meerrettichtunke, eine Blechtasse mit wohlgeschmortem Rahmstrudel, das war vorhanden. „Mit dem Trank", sagte unser heiterer und stets zum Essen aneifernder Gastherr, indem er eine goldfunkelnde Weinflasche brachte, „mit dem Trank werde ich wohl nicht gar viel Ehre aufheben. Studenten trinken Bier, und ich habe keines. Der Wein ist ehrlich sauer, aber auf eine gute Gesundheit läßt sich doch damit trinken." Er schenkte die Gläser voll, dann erhob er das seine und sprach: „Es freut mich recht, ihr lieben jungen Freunde, daß ihr mich aufgesucht habt und daß ihr fürlieb nehmt mit dem Wenigen, was ein unvorbereiteter Alpenpfarrhof zu bieten vermag. Würdet ihr mir länger eure Gesellschaft gönnen, so könnte ich euch Hirschbraten, Forellen und mancherlei so Herrenkost vorsetzen; denn was ihr drinnen in eurer Stadt genießt, wachsen tut es bei uns heraußen; nur ist es bei euch drinnen hübsch gewürzt mit teuren Preisen, während wir es hier fast umsonst haben. Dafür ist es aber bei uns heraußen um so frischer. – Gottes Segen mit euch, liebe Freunde! Ihr sollt leben!"

Wir stießen mit ihm an und erhoben, seine Gesundheit ausbringend, ein so heftiges Geschrei, daß die alte Haushälterin erschrocken herbeikam, zu sehen, was für ein Unglück geschehen sei in der Laube.

„Margarethe", rief ihr der Pfarrer zu, „geschehen ist nichts, aber schwarzen Kaffee möchten wir haben. – Zum Kaffee", sagte er dann, ein zierliches Holzkästchen öffnend, „gehören auch Zigarren. Mein Kraut ist billig und leicht, aber trocken. Bedient euch."

Da wir bemerkten, daß es eine kostspieligere Sorte zu sein

scheine, antwortete er: „Aber die billigste, die man sich denken kann. Der Herr Graf M. in Klagenfurt, bei dem ich vor vielen Jahren Hauslehrer gewesen, schickt mir zu Neujahr allemal ein Kistlein Zigarren. Ich rauche ihrer nur in fröhlicher Gesellschaft, da schmecken sie mir. Wenn ich allein bin, würde mir das Rauchen nicht wohlbekommen. Ich glaube, die deine hat keinen Zug!" sagte er zu Rochus, „ich bitte dich, quäle dich nicht damit, nimm eine frische! Lerne daraus, daß auch billige Zigarren schlecht sein können, die teuren sind es unter allen Umständen."

So plauderten wir, als plötzlich auf dem Kirchturme ein Glöcklein klang. Ein alter Mann trat herein und brachte die Botschaft, daß die Müller-Kathi sterben wolle und die Sakramente wünsche.

„Die Müller-Kathi!" versetzte der Pfarrer. „Gottlob, dann ist es nicht so schlimm. Seit ich in Leimbach bin, liegt die arme Frau krank, und das ist jetzt schon sechzehn Jahre; und allmonatlich einmal will sie sterben und schickt nach dem Priester. Die kann es noch so weit bringen, daß sie einst ohne Sterbesakramente fort muß, denn wenn's Ernst wird, nehmen es vielleicht die anderen nicht ernst. Nun, solange ich lebe, tue ich ihr den Willen. Ein Trost ist's ihr gewiß, und den darf man niemandem versagen."

Das Müllerhaus war eine Wegstunde im Gebirge drinnen, der Pfarrer mußte fort, und uns blieb nichts übrig, als uns von dem lieben Wirte zu verabschieden. Doch haben wir ihm versprechen müssen wiederzukommen. Nach etwa zwölf Jahren berührte ich auf einer Gebirgswanderung nochmals das stille Dörfchen Leimbach, doch der gute Pfarrer lag schon unter dem Rasen; er war früher gestorben als die seit vielen Jahren „sterbende" Müller-Kathi. Bewirtet aber hat er mich doch wieder, denn die schönen Obstbäume im Garten waren voll von vortrefflichen Früchten.

Und nun wieder zurück nach Sandnigg zum teuren Onkel Bradler. Der erwartete uns schon am Eingang des Hofes und hatte Festgewand an. In Alpentracht war er, auf grünem Hut Hahnfeder und Gamsbart, so daß er aussah wie ein Förster.

„Seid ihr endlich da?" lachte er uns entgegen, „ich dachte schon, ihr wolltet den alten Oheim pensionieren und euch zum Klerus schlagen. Wohl rechtschaffen gut gespeist? Natürlich, beim Herrn Pfarrer, da schmeckt's! Beim Oheim verschmähen sie's."

Aber wir haben beim Oheim ja gar nichts bekommen! wollte Rochus nach späterer Versicherung ausgerufen haben. Ich habe nichts davon gehört, wohl aber, wie der Onkel sagte: „Und nun, meine Herren, glaube ich, daß auch wir uns was Gutes antun sollen, solange wir noch beisammen sind. Morgen, höre ich, wollt ihr ohnehin schon wieder fürbaß ziehen, was man euch nicht wehren kann. Die Jugend will ja die Welt sehen und hat recht. Aber heute muß ich meinen Gästen einen vergnügten Abend machen. Wir wandern das halbe Stündele bis zum Bachwirt hinab, da gibt's Backhühner, versichere ich euch, wie im ganzen Kärntnerland nicht wieder. Ihr müßt meine Gäste sein – kein Wort! Ihr müßt meine Gäste sein!"

Weder meinem Freunde noch mir war es eingefallen, auch nur ein Wort dagegen einzuwenden. Also marschierten wir nach dem Bachwirtshause.

Das halbe Haus setzten wir dort in Bewegung. Die Wirtin ließ das Feuer prasseln, der Wirt schlug Pipen an, die Mägde weideten am Brunnen Geflügel aus und frischten Grünzeug.

Ich gestehe, es war ein feines Nachtmahl, so wir beim Bachwirt einnahmen. Ein Backhuhn und ein Brathuhn mit Salat und eingemachtem Obst, dazu Bier. Dann Backwerk und Tee, dazu Wein. Wir ließen es uns schmecken, auch der Onkel griff tapfer zu, uns ermunternd, so daß wir dachten: er will von dem Pfarrer, dessen Gastfreundschaft wir mit aller möglichen Gestaltungskraft und Farbenpracht geschildert, eben nicht in den Schatten gestellt werden. Wir wurden sehr lustig, erzählten Anekdoten, der Onkel wußte stets die besten; wir sangen Zechlieder, der Onkel sang am lautesten und benahm sich überhaupt so fidel, daß wir auf die Vermutung kamen, sein früheres philiströses Benehmen sei pure Verstellung gewesen. Der Rochus blinzelte mir nur immer glückselig zu.

Mitternacht war es fast, als der Onkel mit heller Stimme nach der Frau Wirtin rief. „Bitte, meine Herren, zahlen werde ich!" wehrte er uns ab, wo es gar nichts abzuwehren gab. Dabei griff er würdevoll in die linke Brusttasche. Griff dann würdevoll in die rechte Brusttasche, gleich darauf weniger würdevoll wieder in die linke, begann hastig alle seine Taschen von außen zu betasten, von innen zu durchsuchen und machte endlich einen hellen Pfiff. „Das ist jetzt lustig!" rief er. „Meine Geldtasche habe ich zu Hause vergessen. Muß schon ein Anlehen machen bei einem von euch, bis morgen."

Rochus gestand unumwunden, daß seine Barschaft nicht langen würde. Ich griff mit verhängnisvoller Dienstwilligkeit nach meiner Börse und bezahlte eine Zeche von vier Gulden achtzig Kreuzern.

Dann gingen wir nach Hause und hatten in der hellen Mondnacht allerhand drollige Einfälle und Schnurren, wobei der Onkel mit entzückendem Bummelwitze mittat.

Ahnungslos schlief ich in derselbigen Nacht. Am nächsten Morgen war unsere Abreise festgesetzt. Als wir dazu gerüstet waren, trug uns die Haushälterin in weißen Schalen eine bräunliche Suppe auf, ich bin noch heute der von meinem Kameraden bestrittenen Ansicht, daß dieselbe Kaffee vorstellen sollte. Nach dem Frühstück teilte die Haushälterin uns mit, daß der „Herr" schon frühmorgens einen wichtigen Geschäftsgang ins Gebirge angetreten habe, daß er uns nochmals auf das herzlichste grüßen und glückliche Reise wünschen lasse.

Ich muß völlig versteinert gewesen sein. Mit dem Gefühle, als wäre mir an die Kehle ein Strick gelegt, fragte ich, ob er sonst nichts gesagt habe?

„Ja richtig!" rief die Haushälterin, „das hätt' ich bald vergessen. Ihr möchtet so gut sein, läßt er sagen, und möchtet ein kleines Paket mitnehmen zum Oberdorfer Schmied, wo ihr ohnehin vorbeigeht, und dort abgeben, vom Bradler in Sandnigg, er wisse es schon."

„Und für mich dagelassen hat er nichts?" war meine beklommene Frage.

„Nichts sonst. Gar nichts."

Da wurde der Strick um die Kehle zusammengezogen.

Im kleinen Paket, das mit einem alten Zwilchsacke umwunden war, seien, erklärte die Haushälterin, ein paar zerbrochene Spaten und ein stumpf gewordenes Pflugmesser. Wir schleppten das Zeug mit uns und untersuchten es sogar unterwegs. Allein auf unsere Berechnung stellte es sich heraus, daß der Bettel nicht zwanzig Groschen wert war, daher als Entschädigung nicht verwendet werden konnte. Wir gaben das Paket dann getreulich ab beim Schmied in Oberdorf und wanderten ratlos weiter.

Nicht gen Innsbruck mehr. Nach links bogen wir ab, der schönen Stadt Klagenfurt eilten wir zu, wo wir opferwillige Studiengenossen wußten.

Rochus und ich sind dicke Freunde verblieben, aber auf Besuche bei seinem Onkel hat er mich nicht mehr eingeladen, soll auch selbst deren nicht sehr zahlreiche gemacht haben.

Es ändern sich aber die Zeiten. Im letztvergangenen Sommer habe ich mehrere äußerst vergnügte Wochen zugebracht auf dem Hofe in Sandnigg. Denn ich war dort als Gast meines Studienfreundes Rochus; wir haben viel von der schönen Jugendzeit geplaudert, viel gegessen und getrunken und sehr viel gelacht, denn – mein Freund war lachender Erbe.

Die Wallfahrer

Wären die Vergnügungsreisen nicht aufgekommen, ich ginge selber mit der Kreuzschar nach Maria-Einsiedeln oder auf den Schutzengelberg oder nach Mariazell oder zu einer anderen Wallfahrtskirche, wie sie gerade in den schönsten Gegenden der Alpen erbaut worden sind. So mit lauter guten Bekannten hintrotten über Berg und Tal, über Felder und Auen und durch die schönen schattigen Wälder manchmal ein Rosenkränzlein trillern, manchmal ein Liedchen singen, unterwegs keine Kirche übersehen, weil nebenan das Wirtshaus steht, mitunter eine hübsche Kellnerin in Ehren haben, weil sie ein Geschöpf Gottes ist, oder gar ein Wunderbildnis, an dem allerlei Mirakel geschehen können – bigott ein solches Wallfahrten wäre meine Passion!

Und für eine solche Kirchfahrt täte ich meine Kreuzer zusammensparen Jahr und Tag lang – nicht anders, als wie es die Mechtildis gemacht.

Die Mechtildis, wer ist denn dies, wenn man fragen darf? Nun, ein recht brav und sauber Mädel ist sie und ist auch noch zu haben. Heißt das, 's selb kann ich nicht für gewiß sagen; wenn's wahr ist, was die Leut' reden – sie reden gar viel, wenn der Tag lang ist –, so wäscht die Mechtildis dem Kranzbauern Michel die Hemden und die Strümpfe; ja freilich, dann ist sie schon verheißen.

Und wenn wir das brave saubere Mädel schon nicht selber kriegen, so wollen wir doch zum mindesten von ihm erzählen – versteht sich, lauter Gutes und Erfreuliches.

Die Mechtildis also hat eine unbändige Freude, als es der Kirchschlager Pfarrer auf der Kanzel verkündet: „Heuer zum Frauentag geht wieder die Kreuzschar nach Zell: Ich wünsche, daß sich meine Pfarrkinder daran recht zahlreich beteiligen.

Für die Fahnenträger und den Herrn Kaplan, der auch mitgeht, wird heute abgesammelt!"

Das ist in Ordnung. Und wer in der Seele das Bedürfnis fühlt, Gott zulieb einen weiten Weg zu seinem herrlichen Tempel zu machen, dort Trost und Erquickung für das bedrängte Herz zu suchen – über den macht sich kein gescheiter Mensch lustig. Wo aber unter dem Scheine der Religiosität die weltliche Gesinnung ihr Spiel hat, dort darf man wohl auch in weltlicher Weise – wie es hier geschieht – davon sprechen.

Wir zweifeln nicht an dem kindlich-frommen Gemüte der Mechtildis – aber hier kommt ihr sicherlich von der argen Welt auch ein Fünklein dazu, denn als sie auf der Kanzel das Verkünden hört, da wird ihr ganz heiß in der Brust. Sie weiß, wer gehen wird, und sie geht ja auch mit, und das hat sie sich bei ihrem Dienstherrn zu Neujahr ausbedungen; sie will schon brav und fleißig sein, aber nach Zell will sie gehen mit dem Kirchschlager „Kreuz". Und sie spart jetzt schon im achten Monat von ihrem Munde ab – denn 's ist über eine Tagreise nach Zell, und der Rückweg ist auch nicht viel kürzer, und zwei Gulden braucht man, mit eingerechnet das, was man unterwegs den Armen reicht und um was man bei den Zeller Krämern angeschmiert wird. Und erst das Ablaßopfer in der Kirche, dasselb frißt Geld, dasselb! Sollte aber das ersparte Geld nicht langen, in Gottesnamen, so verkauft sie dem Juden die Herbstschur ihres bluteigenen Schafes; zehnmal lieber geht sie den ganzen Winter ohne Strümpfe um, als sie bliebe zurück vom „Kreuz".

Und nun beginnt die Mechtildis herzinnig zu beten, daß sie sich bei der Wald- oder Feldarbeit doch nicht etwa einen Fuß breche, sondern daß sie kerngesund bleibe und insonderheit, daß die Kalbslederschuhe halten bis zu den gebenedeiten Tagen der Zellfahrt.

Des Kranzbauern Michel läßt ihr sagen, seine Schuhe hätten noch gute Sohlen, und sollt's ihr um etliche Groschen nicht zusammengehen, so sollt' sie gerad denken, sie hätt' einen guten Bekannten bei der Kreuzschar.

Die Mechtildis kann ganze Nächt' lang nicht mehr schlafen, stets der seltsamen Dinge gedenkend, die da kommen werden. Beten und singen wird sie laut zum Himmel hinan, und auf steinigen Wegen und durch Wildnisse werden sie die Engel Gottes führen und – der Michel.

Endlich kommt der Tag. Die junge Maid hüllt sich in die frischgeglätteten Wallfahrtskleider; sie ist schier verklärt, und mitleidig lächelnd blickt sie nieder auf das alltägige Treiben im Hofe, wo die Knechte wirten und die Hühner den Staub aufkratzen. Sie – die Mechtildis – ist nun der Erde entrückt und verkehrt nur mehr mit den Himmlischen, und ihre Dienstfrau ist die Gnadenmutter zu Zell. Einen großen Laib Brot bindet sie sich noch auf den Rücken, das rote Paraplui – Regenschirm hat sie keinen – zwängt sie sich unter die Achsel und jetzt –

„Behüt' dich tausendschön Gott, Mechtildis!" sagt die Bäuerin, „richt einen schönen Gruß aus bei der Zeller-Mutter und bet für uns auch was!"

Sie in ihrer Demut verspricht es – verspricht alles zu dieser Stunde; und noch befühlend, ob die zwei Gulden wohl gut ins Jöpplein genäht sind, geht sie still davon und der Pfarrkirche zu, wo sich die Schar versammelt.

Weit im Tal kann man die Glocke hören, wenn sie nun ausziehen mit ihren Brotsäcken und Pilgerstäben und Rosenkränzen und mit der flatternden Fahne – der alte Vorbeter unter ihnen und der junge Kaplan. Der Vorbeter hat vorher zwei Gläser Eierbier getrunken, denn das macht den Hals glatt und fördert die Inbrunst im Gebete.

Und so wallen sie hinaus aus der Gemarkung und hin über Berg und Tal im hellen Sonnenschein und bedauern die Leute, die sie arbeiten sehen, und bedauern die Herrenwägen, die zuweilen vorüberschnurren. Daß kein Mensch auf Erden so glücklich ist wie sie, davon sind sie überzeugt – und das muß uns freuen.

Gebetet und gesungen wird, was das Zeug hält. Gott Dank, daß er den Menschen den trefflichen Rosenkranz gegeben hat und die flinke Zunge zum Frommsein! – Das Auge mag sich weiden an den Dingen, die daheim nicht zu finden, und „*Gegrüßt seist du Maria voll der Gnaden*" – das ist doch auch kurios, jetzt tun sie dort unten in den Kreuzmatten erst das Kraut anbauen – „*und du bist gebenedeit unter den Weibern und gebenedeit ist die*" – die Füß' brennen mir schon wie Feuer auf diesem gotteslästerlich argen Weg! Das ist schon gar über – „*die Frucht deines Leibes: heilige Maria. Mutter.* – gelt, ihr schenkt mir ein Tröpfel saure Milch, man meint, die Seel' schwitzt sich eins heraus in dieser grauslichen Hitz'!"

Mancher möcht' allweg einkehren, aber der Vorbeter sagt: „Gehts laßts euch nit anfechten, die Wirtshäuser sind dem Teufel seine Kirchen!" Hat er aber selber Durst, so findet er schon eine Schenke, die der Teufel nicht gebaut haben kann, weil auswendig an der Türe der „süße Namen" steht.

Besegne ihnen Gott den frischen Trunk! Wir eilen ihnen ein Stückel voraus, wollen gern einmal unter uns selber sein und was Gescheites miteinander reden.

Zell liegt tief im Gebirge. Die Wege sind für den, der sie mit seinen Schritten messen muß, weit und, wie es im Ave heißt, gotteslästerlich arg. Mit spitzen Steinen gepflastert und mit Mühsal – und die Wallfahrer gehen gern barfuß, damit sie an Schuhen sparen und Sünden abbüßen. Mancher Pfad führt über wilde Höhen, völlig bis zu Firnen – durchaus böse Gegenden, wenn Nacht und Nebel, Wind und Wetter eintreten.

Da war es wohl notwendig, daß sich aus der Hirtenklause, aus der Sennhütte ein Einkehrhaus, eine Herberge gebildet hat, die nur im Winter verschneit und verödet liegt, im Sommer aber vom Treiben der Wallfahrer aus allen Gegenden durchrauscht wird.

So haben die Bauern auch ihre Touristenhotels. Kehren wir hier in ein solches ein und warten, bis das Kirchschlager „Kreuz" nachkommt. – Ein stattliches frommes Haus von außen: aus Holz gebaut, mit hellen Fenstern, an den Wänden die Schützenscheiben mit den schwarzen Augen – 's ist auch ein Försterhaus. Dann das leuchtende Schindeldach und die Schornsteine, aus denen es immer raucht – denn Hunger hat jeder, der hier ankommt. Hinter dem Hause an den felsigen Hügel gelehnt steht die Stallung: wohnt im Erdgeschoß das Geschlecht der Rinder und Schweine, in den Dachräumen ist begehrenswürdig Heu und Stroh – denn müde ist jeder, der hier ankommt.

Droben am Dachfenster ist die Hochwacht. Dort luget der borstenhaarige Kopf Friedels in die Welt hinaus, ob nicht irgendwo von einer Kreuzschar etwas zu sehen oder zu hören ist.

Eine Weile ist's verzweifelt still, nichts zu sehen und zu hören als die Häher und die Steinlerchen – die bringen aber kein Geld. Auch ist der Sang der Sennerin und das Jodeln des Kühbuben, das aus der Ferne klingt, nicht zu versilbern. Guckt denn der Friedel noch eine Weile – halt, hörst es nicht wie das Summen einer Hummel? Es ist das Schallen eines Wallfahrtsliedes. Dort unten aus der Schlucht taucht eine rote Fahnenstange auf.

„Sie kommen!" schreit der Friedel. Dieser Ruf kostet manchem Lämmlein, manchem hoffnungsvollen Ferkel das Leben. Selbst das harmlose Hühnervolk stiebt vor solchem Schrei, unheilvoller als der Pfiff eines Geiers, wild auseinander – denn ist etwa ein Prälatenwagen bei der Kreuzschar, so gehen auch die Hühner nicht sicher.

Und siehe, nach einer halben Stunde schwankt die rote Fahnenstange der Kirchschlager – die Fahne selbst tragen sie in einer Blechbüchse – über das Steinkar heran. Heller wird der Gesang, denn die Sänger sehen schon das Wirtshaus. Der junge Kaplan, anzusehen schier wie der heilige Aloisius, ist umgeben von dem schönsten Kranze gottesfürchtiger Jungfrauen. Die Mechtildis jedoch geht etwas weiter hinterwärts – 's ist ihr an diesem steilen Berge fast das Mieder zu fest gebunden –, sie schnauft und sie hat in der rechten Hand das Paraplui und an der linken den Michel, daß es doch mag vorwärtsgehen mit harten Kräften.

Mittlerweile ist es Abend geworden, und von Kuppe zu Kuppe der Alpenhöhen heran kommen graue Nebel gezogen. Still, aber rasch, in dichten Ballen wogen sie heran und hüllen die Niederung, hüllen das Wirtshaus ein, und siehe, die fromme Wallfahrerschar thront in den Wolken des Himmels.

Daß sie aber auch noch ihre Leiber bei sich haben, die Seelen aus Kirchschlag, das weist das Poltern, unter welchem sie mit ihren staubigen Schuhen und Stöcken, mit ihren Brotsäcken, mit der Fahnenbüchse und der Stange in die Herberge einziehen.

Wer aber wollte nicht einziehen durch eine Pforte, über welcher der biblische Spruch steht: „Herr, bleib bei uns, denn es will Abend werden!“ Und das um so lieber, wenn über derselben Pforte, aber an der inwendigen Seite in einem Kranz von Knieholzzweigen die tröstliche Satzung prangt: „Auf der Alm, da gibt's ka Sünd!“

Der auswendige Spruch ist bald erfüllt, so mag denn der inwendige erprobt werden. Vorläufig besetzen sie die Tische, tun ihre mitgebrachten Brote, Krapfen und Schinken aus den Bündeln und lassen sich Gläser dazu bringen, wohlgefüllt aus den Fässern mit dem Bronnen des Heiles. Gottlob, daß sie recht essen und trinken, dies weist, daß sie gesund sind. Gesundheit und auf Gotteswegen wandeln – wer könnt' sich Schöneres denken! Leider, der gute Vorbeter ist so heiser, daß er kaum nach einem Gläschen Schnaps zu rufen vermag; und als er später zum Kartenspiel kommt, ist es mit seiner Stimme so arg, daß, wenn er ausrufen will: „Gestochen mit dem As, du verd –“, ihm der verdammte Schneider mitten in der Kehle steckenbleibt. Und wie – ich bitt' euch – soll er morgen mit so einem Kerlchen im Halse wieder vorbeten! – Dem Fahnenträger ferner sind die Arme so steif geworden, daß er den Maßkrug nur mit Mühe an den Mund bringt, das Fingerhäckeln mit der Kellnerin aber nachgerade unmöglich scheinen will.

Von den Weibsleuten zieht sich ein guter Teil beizeiten zurück auf den Heuboden. Daselbst graben sie sich unter Gekicher und Geglucke Nester, lösen ihre Haarflechten auf und belegen die wunden Füße mit Unschlitt. – Ja, ihr Leut', 's ist alles verweichlicht heutzutag'; vor Zeiten haben sich fromme Wallfahrer Sand und Glasscherben in die Schuhe getan, um unterwegs recht viele Sünden abzubüßen. – Ist denn das heutzutag' so sehr überflüssig? Ich glaube nicht! – Indes, meinen sie, was die Sünden anbelangt, so wären sie morgen um die Abendzeit in Zell, und da gäbe es Beichtväter genug. Und manches Mägdlein bildet sich noch ein, es habe gar keine Sünden zu tragen – der Toni-Natzl-Sohn, oder wie er heißen mag, sei weit stärker, der wäre so gut und trage in seinem Bündel auch ihre Sünden, die vorjährigen und die vom Winterfasching her, und auch die vom heurigen Frühjahr.

In der Gaststube geht es bis spät in die Nacht hinein lebendig zu. Kerzendunst und Tabaksrauch vermögen nicht, das Johlen und Lärmen zu ersticken, und die geistlichen Lieder sind zu weltlichen geworden, und die Kellnerin wahrhaftig ist ein hübsches Frauenbild – soll jünger sein als jenes zu Zell.

Der Wirtssohn, der Friedel, huscht schalkhaften Gesichtes unter den Gästen umher, weiß unterhaltsam zu sein, weiß prächtige Ziffern zu zeichnen auf dem Tisch, macht mit einem Fahrer Zahlen, die tief in die Hunderte gehen, und noch allerlei possierliche Zierarten dazu – ein talentiert' Köpfel, der Friedel! – Und wie geläufig er zu rechnen versteht! – Hat was gelernt, der Friedel! – Auf hohen Bergen können die Zechzahlen nicht niedrig sein, das ist ganz in Ordnung.

Aber manchem verschlägt Friedels hochherzige Ziffer völlig die Rede, nur daß er noch murmelt: „Bigott, wir sind auf dem heiligen Kirchfahrtsweg: 's ist Zeit zum Schlafengehen!"

Der Herr Kaplan ist schon früher verschwunden, auch seine Füße waren etwas wund, er mußte sie mit Unschlitt belegen. Die Mesnerstochter, die gelbhaarige Hanne, war so gut und hat ihm, eine neue Magdalena, die Füße gesalbt.

Wohl auch, der Fahnenträger verläßt seine Stang', torkelt auf den Heuboden hinaus.

Ehselb sie noch vollends die Augen schließen auf dem Heuboden, fällt es dem Vorbeter ein: „Du kreuzverzwickelt, sind wir aber fromme Kirchfahrer! Jetzt haben wir heut abends auf das Avebeten vergessen! Sakra, jetzt heben wir aber gleich an!"

Und auf dem finsteren Heuboden beginnt es zu summen.

Noch eine Weile rauscht das Heu und das Stroh – der Wirt hat sein Lebtag noch kein Stroh zu dreschen gebraucht, auf welchem Wallfahrer geschlafen – und endlich wird es still unter dem Dache, nur draußen braust der Wind in den Felsen.

Ich wollt', mir wären die lieblichen Träume der frommen Diener Gottes gegeben, daß ich sie zu weiterem Nutz und Frommen könnte in dies Büchlein tun. – Je nun, 's muß gut sein.

Des andern Morgens, noch ehe der Tag anbricht, kriechen unsere Kirchschlager aus ihren trautsamen Nestern hervor. Wieder ausgeruht und ernüchtert, kommt neuerdings der Geist der Frömmigkeit über sie. Hastig kleiden sie sich an; mag vielleicht manche ihr Jöpplein, ihr Schürzlein in der Geschwindigkeit nicht finden oder unversehens in das Schühlein einer Nachbarin schlüpfen – doch in guter Ordnung verlassen sie die Herberge.

Es geht über Stock und Stein, durch Finsternis und Nebel, sie halten sich aber vorsichtig aneinander, und gemächlich folgen sie dem Fahnenträger. Der hat ja gar die Fahne aus der Blechbüchse genommen und sie auf die Stange gehangen. Hat es wohl getan, damit die Leute in der Dunkelheit den Weiser besser gewahren, oder vielleicht hat er die Fahne schon entfaltet, weil heut der Einzug in Zell sein wird? Ihr Lob- und Bußgesang schallt in den Berghängen, an welchen schon der Schimmer des Morgenrotes liegt.

Die Kreuzschar trottet davon; im Wirtshaus auf der Höh' aber geht der Friedel herum, sammelt die Knochen der gestern zu Gottes Ehre verzehrten Lämmer für neue Suppen, lockert im Stallboden das Heu und das Stroh für neue Schläfer und hat den ganzen Tag für sich etwas zu lachen.

Und die Wallfahrer? Die sind am selbigen Abend glücklich nach Zell gekommen. Mit der roten Fahne und mit Musik sind sie eingezogen in die große weltberühmte Kirche, und hoch auf dem Turm ist geläutet worden mit allen Glocken. Kommt auf 38 Gulden zu stehen, der Einzug; doch die Kirchschlager lassen sich's kosten, damit es bei den Zeller Bürgern heißt: Ja, die Kirchschlager, die *können* sich's kosten lassen!

Vor allem nun – und das ist auch das Nötigste! – suchen die Kirchschlager Leute die Beichtstühle auf. Alles schon besetzt, und sieht man wieder einmal, wie sündig diese Welt ist. Nun, da sie warten müssen, werfen sie sich auf die Knie und rutschen kniend dreimal um den Gnadenaltar, der mitten in der Kirche steht. Die Mechtildis wohl auch. – Reiche Leute freilich, die können sich neue Schürzen und Unterröcke kaufen: unsere arme Magd aber rutscht aus Ersparungsrücksichten auf den bloßen Knien. Die großen breiten Steine tun ihr gar nicht weh, wo aber so ein kleines, scharfes Sandkörnlein liegt, und sie kommt darauf, da möcht' sie schier zusammensinken vor Not. Doch starkmütig überwindet sie den Schmerz, nur die „Zellermutter" sieht ihr Weh, ihr sei es geopfert. – 's wär' gut, wenn's ein wenig schneller ginge, denn ihr auf den Fersen nach rutscht der Michel. Schier wollen der armen Magd beunruhigende Gedanken kommen, ob Ersparungsrücksichten hier doch wohl am Platz! Doch ergeben, wie sie ist, überläßt sie alles der Gebenedeiten.

Nach diesem Bußrutschen flüstert der Bursche zur Magd: „Ich denk', Mechthild, wir gehen erst morgen früh zur Beichte."

„Ich denk' auch, Michel."

Und nach solcher Eingangsandacht versammeln sie sich in ein Wirtshaus.

Wir aber hätten schier noch Lust, ein wenig in der Kirche zu bleiben, in welche durch die hohen Fenster das Abendrot strahlt und in welcher vor dem Gnadenaltare ewig die stillen Kerzenflammen brennen.

Ein altes Weiblein kauert einsam davor und betet. Es betet von Herzen; es ist nicht gekommen, um sich zu ergötzen; es ist gekommen, um Trost zu suchen in seiner harten Lage, da es von allen Menschen völlig verlassen ist. Und das Mütterlein, das alles hat begraben, woran jemals ihr Herz gehangen, das keine Hoffnung mehr hat auf dieser Erde als die auf ein baldig Ende und auf das Wiederfinden der Ihren dort im Himmelssaal – es wird getröstet und gestärkt vor diesem Bildnisse: denn nimmer gebrochen ist die Wundermacht – lebt nur der Glaube.

Darum wollen wir still und ohne Lächeln an der Beterin und der Angebeteten vorübergehen und dankbar preisen den Allvater, der jedem, auch dem Ärmsten im Geiste, von seiner allgestaltigen Gnade spendet.

Genießen ja doch auch unsere wackeren Kirchschlager im Wirtshause von solcher Gnade, da sie guter Dinge werden und Gott einen guten Mann sein lassen.

Der Kaplan ist freundlich eingeladen, im Pfarrhofe zu übernachten; aber er sieht es wohl, er kann, darf seine Schäflein nicht verlassen in den unbekannten Räumen des Wirtshauses, um so weniger, da die meisten erst morgen zur Beichte gehen.

Wir wollen alles getrost dem Schutz des Himmels anheimstellen und freuen uns nur, daß unsere zwei Bekannten des andern Morgens ehestens Gelegenheit haben, an den Beichtstuhl zu kommen. – Der Michel kniet lange davor, und als er endlich fertig ist, schleicht er ganz duckmäusig gegen die Altarnische hin, in welcher unter Glas und Rahmen ein „heiliger Leib" ruht. Vor diesem heiligen Leibe soll er, einem Auftrage des Beichtigers gemäß, seine Bußandacht verrichten.

Vor einem heiligen Leib, der bloß aus Wachs ist, tut es doppelt weh, zu knien. Bald zum Glücke oder zum Unglücke schleicht auch die Mechtild heran; nicht gar weit von dem Burschen kniet sie hin, blickt ihn aber nicht an, sondern tut ihr Bußgebet. Dann erheben sich beide, weichen sich aus und kommen immer wieder zusammen, und endlich draußen in der Kapelle, in welcher der heilige Brunnen fließt, der Brunnen des Lebens, der gut ist gegen schlechte Augen, gegen Lahmheit, gegen andere Gebrechen und sonderlich gegen den Durst – dort ist es, wo sich die beiden jungen Leutchen wieder begegnen und wo der Michel das Wort flüstert: „Mechthild!“

Das erstemal weist sie ihm keine Antwort, sondern lugt gegen ihre Fußspitzen hinab.

„Mechthild!“ sagt der Michel noch einmal.

„Was willst denn?“ haucht sie.

„Du bist ja ganz dasig; was hat er denn zu dir gesagt?“

„Wer?“

„Na, der geistlich’ Herr.“

„Was wird er denn auch gesagt haben?“ entgegnet sie fast unwirsch.

„Wird schon was gesagt haben“, versetzt er.

„Was hat er denn zu *dir* gesagt?“ ergreift jetzt sie die Frage.

„Zu mir?“ murmelt der Bursche, „was wird er denn gesagt haben!“

„Wird schon was gesagt haben“, erwidert sie hierauf.

„Grad’ still ist er nicht gewesen“, gibt er bei. – Und das ist am heiligen Brunnen der Diskurs.

Hierauf nimmt der Bursche den blechernen Schöpflöffel, der beim steinernen Becken an einem Kettchen hängt (weil es Wallfahrer gibt, die nicht allein das heilige Wasser, sondern auch den Schöpflöffel gern bei sich haben möchten), diesen Löffel nimmt der Michel in die Hand und trinkt, daß alles Übel von seinem Leibe soll gebannt sein. Dann reicht er dem Mädchen das volle Pfannchen: „Willst auch?“

„Kann mir schon selber schöpfen“, ist die Antwort. Sie schöpft und trinkt aber nicht.

„Bist harb auf mich?“ fragt der Bursche.

„Weißt, was mir der Beichtvater gesagt hat?“ frägt sie entgegen.

„Ja, was wird er *dir* denn gesagt haben?“ frägt der Michel wieder zurück.

„Er hat gesagt“, flüstert sie und plätschert mit dem Schöpflöffel, „der geistliche Herr hat gesagt, ich und du – wir sollten uns meiden.“

„Das hat er zu mir auch gesagt“, versetzt der Bursche.

„Gelt ja!“

„Was hätt’ er denn sonst sagen sollen?“ meint der Michel, „das ist ja schon so der Brauch. Weißt, Mechthild, der Kirchschlager Pfarrer, der hat vor vierzehn Tagen so scharf gegen das Kartenspiel gepredigt; am selbigen Tag sitzt er beim Schwanenwirt und kartelt mit dem Kaufmann und mit dem Schulmeister bis zwölf in der Nacht. Hat ja recht, wenn’s ihn freut; aber predigen *muß* er, und predigt er gegen die Karten nicht, so predigt er gegen das Trinken oder gegen was anderes, und überall kann er sich selber treffen. – Ja, Mädel, das muß der Mensch nicht so krummnehmen.“

„Aber die Höll’, Michel, die Höll’!“

„Die fürcht’ ich nicht“, sagt der Bursche trotzig – sagt es vor dem heiligen Brunnen in Zell.

„Bist denn du ein Heid’ geworden“, ruft die Mechthild, „was gehst denn zur Beicht’?“

„Weil’s der Brauch ist.“

„Ich aber sag’ dir, Michel, ich mag dich nicht!“ begehrt das Mädchen auf, „wenn zwei ledige Leut’ so miteinander gehen, so ist das eine Schlechtigkeit. Ein garstig Leben ist’s und ein böses Beispiel!“

„Das, Mechthild“, versetzt der Bursche langsam, „das lass’ ich dir gelten. Aber schlecht will ich nicht sein. ’s ist wahr, unsere Bekanntschaft schickt sich nicht; müssen es anders machen.“

Da wird das Mädel blaß vor Schreck.

„Ein End' haben muß die Liebschaft!" sagt der Michel, „aber dich lass' ich nicht!"

„Was willst *denn?*" fragt sie ängstlich.

„Heiraten will ich dich und gleich auf der Stell'! Sagst ja?"

Sie sagt nicht nein, und das kann ihm genug sein.

Und darauf, wenn ich schon alles so haarklein erzählen will, trinken sie Wasser – trinken vom Brunnen des Lebens.

Und nach all den verrichteten Andachten kehren die Kirchschlager wieder zurück in ihr Heim, und am Sonntag darauf verkündet der Pfarrer, der vor Wochen die Wallfahrt verkündet hat, folgende Nachricht:

„Es wollen sich verehelichen: der Bräutigam Michel Partensteiner, katholisch, großjährig, bisher im Dienste beim Kranzbauer. – Die Braut: Mechtildis Klinger, katholisch, minderjährig, derzeit im Dienste auf der unteren Leut. Diese Brautleute werden zur Aufdeckung eines allfälligen Ehehindernisses verkündet heut das erste Mal."

Ein Ehehindernis ist nicht aufgedeckt worden: im Gegenteil hat der Vormund des Mädchens diesem eine kleine Erbschaft zugewiesen. Frisch geheiratet wird, und jetzt sag mir noch einer, daß das Wallfahren zu nichts nütze ist!

Die schöne Lenerl.
Ein Schattenbild aus dem Volksleben

Was ich hier erzählen will, ist so, daß mancher Leser fragen wird: Wozu? Warum erzählt er es? Was hat er damit für eine Absicht? Und ich antworten muß: Keine andere, als wieder ein Stück Wahrheit aus dem Volke zu geben. Ich habe stets lieber die erfreulichen Seiten der Leute darzustellen getrachtet als die gegenteiligen, aber mich nie auf einen Schönfärber des Volkes hinausgespielt. Es kann mir als Schilderer nicht ganz erspart bleiben, auch das Widerwärtige zu streifen, wenn es zur Kenntnis des Volkscharakters beiträgt. Ich suche es nicht auf, wenn es mir aber in den Weg tritt, da packe ich es an.

Also trat es mir auf den Weg an jenem Mariahimmelfahrtstage. Ich ging über die grünen Almen hin, um meinen Kindern die Pracht zu zeigen. Das Mädel pflückte Blumen, der Knabe fing Schmetterlinge und Käfer, und beide so hastig, als wollten sie dem lieben Gott das ganze Pflanzen- und Tierreich abjagen. Es war Leidenschaft in diesem Sammeln, und als sie die kleinen Hände voll hatten, ließen sie alles wieder fallen, fliegen und laufen. In meiner Einfalt machte ich sie aufmerksam auf die hohen Berge, die ringsum standen, auf den blauen See, der in der Tiefe lag, auf den Wasserfall, der heraufdonnerte aus der Schlucht. Das war ihnen nichts – die Kinder wollten nicht sehen, nicht hören, sie wollten haben. Und darum pflückten sie und haschten sie.

So währte es eine frohe Weile, da gesellte sich ein Mann zu uns, von dem es mir lieber gewesen, wenn er uns übersehen hätte und seines Weges gegangen wäre. Ich kannte ihn schon lange, es war der Udalrich Eschhuber, genannt der Ochsen-Udel, weil er im Sommer auf den Almen die Rinder der Bauern hütete. Er war ein großer, hagerer, breitbrüstiger Mann mit säbelförmig gebogenen Beinen, die in einer kurzen, schlotternden Hose staken und manchmal ein bißchen wakkelten, als vermöchten sie den plumpen, etwas nach links und nach vorn geneigten Oberkörper nicht recht bequem zu tragen. Auf dem langen Hals saß ein kleiner Kopf, welcher nicht in die Höhe, sondern stets nach vorwärts gestreckt wurde, so daß der verwitterte, fast krempenlose Filzhut mit der langen Rabenfeder auf dem Nacken lag wie auf einem ebenen Brette. Haare, Schnurrbart und Augenbrauen waren lichtfalb wie Flachs und stark zerzaust, die Nase stand aus dem braunen eingefallenen Gesicht keck hervor und ging als schmaler, langer, ruppiger Sattel bis zum Schnurrbart, in dem sich ihre Spitze völlig vergrub. Die kleinen grauen, halb blöden und halb verschmitzten Augen waren mit roten Adern durchzogen und zwinkerten, als er uns nun so von der Seite her anschielte. Über der braunen, wettergestreiften Lodenjoppe hing eine große schmierige Ledertasche, einen langen Stock hatte der Mann in der Faust, auf den er sich stützte, wie er jetzt so halb träge und nach vorn gebeugt daherging.

„Hau, do geit's ah Leut!“, mit diesen Worten hatte er uns begrüßt.

„Das ist ja der Udalrich!“ erwiderte ich seine Ansprache.

„Mog scha sei“, entgegnete er. „Und dos do“, er tippte mit dem Stock gegen die Kinder hin, „dos is gewiß schan die Bruat, gelt?“

„Meine Kinder, ja.“

Sein Auge strammte sich auf das zehnjährige Mädchen. Er schnupperte mit der Nase, und plötzlich murmelte er: „Saggera-Housnzwikkel! Dais wird amol a Mentsch zan Holsn! Du verdrackt, dos war a Gusta!“ Solche Würdigung meiner Kinder war ich nicht gewohnt. Es hatte mir sonst geschmeichelt, wenn die Kleinen an Bauernmundart Gefallen zeigten, heute war ich sehr froh, daß sie nichts davon verstanden.

„Ja, Kinder“, sagte ich, sie aus ihrem Sammeleifer rufend, „wir werden jetzt zu Tale steigen.“

„Do gehn mar eh mitanond“, sagte der Ochsen-Udel, während er sich eine Pfeife stopfte, „ih muaß ah a wenk schaun geh, wos de Hegerlschiaba mochn int in Tol.“ Da rief ich aufgebracht: „Kommt, Kinder, wir drei gehen nach dieser Seite hinab!“

„Zan Olmwirtshaus?“ fragt der Udel, „Teuxel, do kunt i ah mitgehn, hon a weni wos z’doan unt.“

Und er schloß sich uns ohne weiteres an.

„Was hat denn ein Halter im Wirtshaus zu tun?“ fragte ich ärgerlich.

„Muaß a bresl nochschaun ba mein Lenerl, daß ma dena wul neambt drüba kimbt. In der Wirtsluckn do int gehts furt on, de Bererei!“

Wir wurden seiner nicht los.

„Kinder!“ rief ich, „geht nur voraus und pflückt Enzian.“

Als ich soweit mit dem Burschen allein war, konnte ein Gespräch mit ihm gewagt werden.

„Die Lenerl“, sagte ich, „ist das eine Tochter von dir?“

„Wa nit aus!“ begehrte er auf, „’s Mentsch is’s.“ Dabei schnupperte er mit der Nase in den Schnurrbart.

„Wie alt magst du denn schon sein?“ war meine Frage. „Wir müssen ja miteinander in die Schule gegangen sein.“

„Oha, Helm“, lachte er heiser auf, „ih bin mei lebta nia in ’d Schul’ gonga. Fressn, saufn, ouchsntreibn und mentschastriegeln bringt oaner ah ohne schulgehn zwegn, Goud sei Donk oder wos beißt mih! A storka Vierzga bin ih, und kloa Buabn, sa viel ’st hobn willst, saggerakotzenbeudl, nochamol!“ Dabei tat der zynische Kerl die Knie auseinander, als ob er auf ein Pferd springen wollte.

„Mei Jetzige hots ah“, setzte er schnuppernd bei und blies ins Rohr, daß durch den messingenen Pfeifendeckel Rauch und Funken stoben. „’s Robnbradl! Muaßt as jo eh kenna, die schöne Lenerl!“

Die schöne Lenerl! Ich erschrak. Das war ja das hübsche, kaum neunzehnjährige Mädchen, welches in der Gegend für die Schönste und Sittsamste galt. Eines armen Holzschlägers Kind, war es schon als Schulmädchen musterhaft in der Aufführung gewesen und der Liebling der Dorfleute, die sie oft lange Zeit in ihren Häusern behielten und mit Nahrung und Kleidern versorgten. Schon damals nannte man sie die schöne Lenerl, womit freilich der Lehrer und der Katechet nicht einverstanden waren, weil sie fürchteten, daß durch solche Aufweckung der Eitelkeit das Kind Schaden nehmen könnte. Aber das Mädchen schien die schmeichelhafte Bezeichnung ganz und gar zu überhören, es war noch durchaus Kind, und die muntere Einfalt, in der es spielte und sprang und lachte, manchmal knabenhaft herlebig und doch wieder zart und züchtig war, machte es nur noch schöner. Denn schön war sie wie ein gemalter Engel! Als die Lenerl von der Schule ausgetreten war, nahm sie der Pfarrer in den Dienst und stellte sie unter die Obhut der braven Wirtschafterin. Das Mädchen gedieh, war fleißig und munter. Von einem jungen Bürger des Ortes, der ans Heiraten dachte, wußte ich, daß er sie liebhatte, aber zu viele Achtung von ihr empfand, um ein Verhältnis mit ihr anzubahnen, denn sie war noch gar so jung. Da waren aber Leute in der Gegend, die zum Holzschläger, dem Vater des Mädchens, gingen und ihm rieten, das Töchterlein aus dem Pfarrdorfe wegzunehmen und in die Bauernschaft zu bringen. Unter dem leichtsinnigen Mannsvolke des großen Dorfes könnte sie verdorben werden, in einem ehrsamen Waldbauernhofe wäre sie weit sicherer. Der Vater nahm die Lenerl also aus dem Pfarrhof weg und brachte sie in das Almwirtshaus hinauf, wo er seine Groschen zu vertrinken pflegte und bei dieser Gelegenheit auf das Dirndl achtgeben konnte. Das Achtgeben des Alten wäre nun zwar kein allzugroßes Hindernis gewesen, das Mädchen wußte sich aber in seiner Schneidigkeit und natürlichen Sittsamkeit schon selber zu hüten. Die Knaben und Jungen und Männer kamen nur so dahergeflogen und gesprungen und geschlichen und umflatterten sie wie Mücken ein Kerzenlicht. Mancher Schelm versengte sich die

Flügel, das Licht aber brannte ruhig und klar weiter. Einer Freundin hatte sie es vertraut, daß wohl einer dabei sei, den sie herzen möchte – ein schöner, bescheidener Junge, ein Nachbarssohn, der freilich wohl nahe zu ihrem Fenster habe, aber vor dem sie sich doppelt und dreifach hüten müsse, eben weil sie ihn gern habe.

Soviel wußte ich von der schönen Lenerl, die – ich gestehe es – manches Jahr in meinem Sinne war. Ich sah sie, wenn sie in ihrem einfachen und doch herzigen Kleide zur Kirche kam, ich sprach sie manchmal an und fragte, wie es ihr ergehe; sie gab freundliche Antwort, sie war immer zufrieden, und aus ihren großen, runden, braunen Augen schaute die helle Lebensfreude und Unschuld. Ich segnete sie heimlich, und ich segnete den Mann, den sie erwählen würde.

Als ich nun die Auslassungen des Almhalters Udel vernahm, glaubte ich ihnen nicht, sondern sagte: „Ja, mein Lieber! Da mögen zehn solche Udalrichs kommen, wie du bist, so seid ihr alle zehn der Lenerl ihrer kleinen Zehe nicht wert!"

Zwei-, dreimal paffte er und pusterte Rauch aus, mit zukkenden Äugelein sagte er dann grinsend: „Di kloa Zehn wurd ma schier wul zweng gwen se. Wann oaner amol ongreifft, pockt er nahm schar a gressers Bröckel, saggeraspotznschmolz nohamol!"

„Geh, Prahler!" rief ich.

Er blieb stehen, hielt auch mich zurück, nahm die Pfeife aus dem Munde und sagte ganz glatt und weich, als wäre seine Stimme mit Schweinsspeck eingefettet: „Daweil sein mas noh, der Udalrikl! Dem hots noch kani verlaugnt, Goud sei Donk, und a Schwommsuppn drauf!"

Mir ward unheimlich, denn nun erinnerte ich mich an die geradezu dämonische Macht, die dieser häßliche Mensch über das Weibervolk von jeher ausgeübt hatte. Boshafte Leute hatten ihn mit einer Bezeichnung aus dem Tierreich belegt, die der Udel aber durchaus nicht für Schimpf nahm, weit eher für eine Auszeichnung, auf die nicht jeder Anspruch machen konnte.

„Hau Kristi leisson“, lachte er, „do müassn's a weng ehanter aufstehn, d'Olmbuabn-Jodln, wans in Udalrikl oani noasn! Seit an erschten Advent-Sunter is s her. Saggera-Schuastapech!

Mei Lebtog is ma nia so worm gwen, wie in selben Scheehaufn afn Kirchweg – ba da Nocht – in d'Oraati! Jo, immeramol kon eahms der Olmjodl besser onschickn wia die gstudierschten Stodleut. Moan wul jo. Mitn Frogn richst ban Weibaleuten nix aus. An jadi is froh – an jadi! – Vageltsgad, Vageltsgad gmegazt immer oani. Da Lenerl hat's n Atn vaschlogn, hat mi ah seither ba neamand vaklogg.“

War das wirklich nur Aufschneiderei? Oder war es mehr? Mir wurde angst und bang.

Wir kamen nun in eine Talung, wo braungefleckte Kühe grasten und zwischen ihnen ein schwarzer Stier umherschnüffelte, der seine schlotternde Halsfahne einmal auf den Rücken der einen und wieder auf den Rücken der anderen legte.

„Kinder“, rief ich den vorauseilenden Kleinen nach, „dort drüben am Waldrande gibt's weiße Schmetterlinge, fanget ihrer!“

Es war aber nicht vonnöten, ihre Aufmerksamkeit von der lebenslustigen Herde abzulenken, die Kinder hatten keinen Sinn dafür. „Hau, Schworza!“ redete der Ochsen-Udel den Büffel an. „Schbring auf! Reit's däs zaunmarterdiri Robnviach! Hots scho ban Krogn! Firigehn loss 's saggeraschnopftabakdusn. Hiaz zindt er eihi!“

Tiefsten Abscheues voll wandte ich mich rasch ab von diesem wüsten Gesellen und eilte mit den Kindern waldabwärts bis zum Bergsattel, wo das Almwirtshaus steht.

Als wir an die Hausrainung kamen, bemerkte ich, wie in dem Wagenschuppen ein Mann Bretter hobelte. Er nahm nur eines davon in die Hand, hob es zum Auge und schaute am glattgehobelten Rande so hinaus wie der Schütze am Gewehrlauf.

Mich wunderte die knechtliche Arbeit an diesem Feiertage. „Ihr seid ja auch am Frauentage recht fleißig“, redete ich ihn zum Gruße an. „Immeramol muaß’s holt ah sein“, gab er zur Antwort und hobelte weiter.

„So, Kinder“, sagte ich zu den Meinen, „nun sind wir da und wollen es uns ein wenig gut sein lassen. Wollt ihr Milch oder Eierspeise?“

„Milch, Vater, Milch!“

So traten wir ins Haus, da schreckten wir aber auch schon zurück. Im Vorgelasse auf schmalem Laden lag eine Leiche. Sie war, wie dies in Bauernhäusern Sitte ist, mit einem weißen Tuch zugedeckt, und daneben auf einem Lehnstuhl stand ein Kruzifix und ein Wasserglas, in welchem kümmerlich zum Verlöschen ein Öllicht brannte. Die Kinder wußten nicht, was das war. Ich fragte die Wirtin, wem das gelte?

„Die Lenerl ist’s“, antwortete sie und setzte leise bei: „In Kindlbäitn, heint ba da Nocht!“

Die Lenerl ist’s, das schöne, gute, sittsame Kind.

„Was schaffen’s?“ fragte die Wirtin.

„Ich weiß nicht, ich hab’ keinen Hunger“, wird meine Entgegnung gewesen sein.

Drinnen in der Gaststube standen die Tische still und öde da. Ein paar leere Trinkgläser darauf wurden von Fliegenschwärmen umsummt. Am Tische, der bei der Ofenmauer stand, saß ein kleiner alter Mann, schmauchte sein Pfeiflein und schaute vor sich hin. Ich erkannte in ihm ihren Vater, den Holzhauer.

„Poldl, grüß Gott!“ sagte ich und reichte ihm die Hand.

„Griass Goud ah“, antwortete er.

„Wie geht’s? Nicht recht gut?“

„Hiaz is’s amol a wenk lonkweili, a poor Tog!“ sagte er und blinzelte mit den blöden Augen.

An diesem Worte hatte ich lange zu tragen. Er ist ein alter Mann, den das Weib und die anderen Kinder längst verlassen hatten. Nun liegt sein letztes Kind, sein Liebling, auf der Bahre, und er steht in kummervollem, mühseligem Alter allein auf der Welt. – Jetzt ist's einmal ein bißchen langweilig auf ein paar Tage! Das ist sein ganzes Klagen. Auf ein paar Tage, bis die Bestattung vorbei ist, dann beginnt es ja wieder, das lustige Leben des armen, einsamen Greises. Ist es Stumpfsinn? Ist es Unbeholfenheit im Ausdruck oder ist's weltüberlegene Philosophie? – Auf jeden Fall trachtete ich ihm auch über die paar langweiligen Tage hinauszuhelfen und ließ ihm ein Glas Wein bringen. Dabei blieb er sitzen, ließ sich's schmecken und rauchte gemütlich seine Pfeife.

Die Kinder verzehrten ihre Milch mit vollem Behagen, darauf schlich das Mädchen, ohne daß ich es merkte, hinaus und beredete die Wirtin, von dem Ding, das auf dem Laden lag, das Tuch wegzutun. Ich kam gerade zurecht hinaus, wie sie der Toten in das wachsblasse Antlitz schaute. – Es war das schlafende Lenerl. Wie ein Kind von zwölf Jahren, so war es anzusehen mit dem kleinen schmalen Gesichtlein und dem schlicht gescheitelten Haar. Ihr sanft gewölbter Busen war bedeckt mit papierenen Heiligenbildchen, die schmalen Hände waren gefaltet und mit einer Rosenkranzschnur umwunden.

Ich warf auf die Wirtin einen fragenden Blick, den sie sofort verstand und beantwortete: „In Muadaleib hots Kloani müassn zschnittn wern."

In diesem Augenblick poltert zur Tür der Udalrich herein und schrie überlaut: „Gehts aussi in d'Sunn, da Schinda ziacht enk d'Haut oh!" Aber der liebliche Gruß blieb ihm doch zur Hälfte im Munde stecken, als er die Leiche sah.

„Geh na her, Udalrikel", redete ihm die Wirtin mit erzwungenem freundlichem Tone entgegen. „Do leit oani, dai wirst guad kena."

Mit lang vorgestrecktem Halse starrte er hin und knurrte: „Höillsaggera, wos is dos!"

„Dai host du umglegt, Holder", sprach die Wirtin.

„Guat is s, hot a as Hinwern ibaschdont." So er, dann drehte er sich ein paarmal unentschlossen herum, ging zur Tür hinaus und stopfte sich eine Pfeife.

Der alte Holzschläger Poldl, der drinnen im Gastzimmer saß, hatte den Mann wahrgenommen, er schaute zum Fenster hinaus und sagte: „Wans mih nit truigt, er is's."

Hernach ließ er den Udel durch die Wirtin auffordern, er möchte ein wenig in die Stube kommen. Der ließ zurücksagen: „Hirschouchs, schäibiga! Du host nit weider heraus wie ih hinei."

„Däs is ah wohr", meinte der alte Holzschläger, nahm sein Weinglas und ging mit einiger Umständlichkeit ins Freie.

„Udel", sagte er und hielt ihm das Glas hin, „do drink amol!"

Der andere tat einen einzigen Zug, da war das Glas leer.

„Host an Schdorkn, heind!" knurrte er pustend und fing mit der Unterlippe den Schnurrbart, daß er die daranhängenden Tropfen auch noch bekomme. „Von der Olmwirdin ihr Sauschwem is däs koana. Wa nit zwida, der Saggera!"

„Ja, mei Mensch", entgegnete der Poldl, „mir trogts as holt, daß ih an guadn Wei trink, hiazt. Trink aus goa, Udel, weilst dih so brav aufgführt host."

„Gilt scha! Aftn zohl ih ah oan, Voda", sagte der Halter, denn es lag ihm daran, diese Stunde auf etwas Unterhaltliches hinauszuspielen. Er warf die Ledertasche weg, sie setzten sich zusammen an den Tisch, der unter dem Ahorn stand, und plauderten miteinander gemütlich eine Weile. Da hörte ich, wie der alte Holzschläger sagte: „Hiazt zohl ih nouh a Holbi. Wirst dei Geld eh ban Pforer und ban Totengrober brauchn."

„Sou dum wir ih nit sei!" pfauchte der Udel.

„Host as umbrocht, wirst as ah miassn eingrobn lossn", sagte der Alte.

„Schick um an Schinda, tuats wulfeila, wia da Pfora."

Der Holzschläger zuckte zusammen bei diesem unerhörten Wort des Halters.

Dann sprang er auf und kreischte: „Hänkn loss ih dih, du

Höilloos!" – „Mit dein Mostdorm leicht?" gab der andere ruhig zurück.

„Olls hots ausgsogt in da letztn Stund", sprudelte der alte Poldl jetzt hervor, „wiast sie mit Gwolt bist ongongen afn Kirchweg, du höillasch Robenbond, du vafluachts!" Mit bebendem Arm faßte er das Weinglas, um es dem Verderber seines Kindes an den Schädel zu schleudern. Aber der Udel packte ihn und leicht, wie man ein Kind niedertaucht, so drückte er den Greis an den Ahornbaum, setzte ihm das Knie an die Brust und sagte mit süßlicher Stimme: „Jetzt, mei liaba Hulzknecht Puldl, jetzt tuas sogn, willst derwürgt sein oder daschdouchn!"

Zur rechten Zeit noch kamen die Leute herbei, um den Alten zu befreien.

Der Halter hob langsam Pfeife, Tasche und Hut von der Erde auf und trollte pusternd davon. Der alte Holzhauer schoß im Hofe umher nach einer Waffe suchend, da sah er eine Futtersichel, die an der Stallwand hing, diese erhaschte er, lief damit flink wie ein Knabe dem Udel nach. Der ging eben zur Angerschranke hinaus, als die Sichel durch die Luft sauste und ihm an der linken Seite in den Bauch schlug. Einen Augenblick stand er da, starr wie ein Strunk. „Saggera!" knirschte er. „Wos hob er ma hiaz einikitzelt?" Die halbe Länge des krummen Messers stak in seinem Körper, er zerrte und riß daran, bis sie unter strömendem Blute endlich herausgezogen war. Ohne auch nur eine Bewegung des Angriffes zu machen, ließ er die Sichel fallen und wankte wegshin über die Matte.

Das alles hatte ich mit ansehen, mit anhören müssen an jenem Frauentage. Meine Kinder klammerten sich vor Angst wimmernd an mich. – Der alte Holzknecht Poldl saß wieder auf der Ofenbank und schmauchte seine Pfeife. Man merkte es nicht in seinem gleichgültigen Angesichte, daß draußen seine Tochter auf der Bahre lag, und man merkte es nicht, daß er sie eben gerächt hatte mit dem scharfen Wurfe. Man wußte kaum, ob der Alte weiter einen Unterschied machte zwischen dem gestrigen Tag und dem heutigen.

Ich machte mich mit meinen Kindern und mit einer neuen Erfahrung auf den Weg ins heimatliche Tal.

Am nächsten Morgen hörte man es schon. Oben auf der Alm zwischen Wacholdersträuchern war der Halter Udalrich gefunden worden, im Blute liegend, mit aufgeschlitztem Bauche und hervorgequollenem Eingeweide. Der Kopf im Geäste, hatten seine Zähne sich verbissen und verhakt in einem Wacholderaste, den er vor Schmerz halb durchgenagt. Also lag er mit gräßlich verzerrten Zügen hingekrümmt und erstarrt; selbst sein Tod war einer jener abscheulichen Zynismen, von denen sein Leben erfüllt gewesen.

Das empörendste für mich aber, was mir heute noch das Herz umdreht, war, daß sie die beiden Toten, die engelsliebliche Lenerl und den Unhold, in ein gemeinsames Grab gelegt hatten.

Es wäre anders zu kostspielig gewesen, und der alte Holzschläger konnte nicht zahlen, er war von Gendarmen fortgeführt worden in den Arrest.

Geschichten und Vorträge in steirischer Mundart

Da Vierkreuzabotzn

Ih sog holt ollamol: Viel Geld is nit vonnötn, oba recht onwendn muaß mas kina.

Nahst Sunta hon ih an kloan Hondl ghobb mit n Bäcknwirt.

„Wirtshaus“, sog ih, „geh her a mol, ih muaß da wos sogn.“

„Gleih gleih“, sogg er, „siachst as dan nit, daß ih d Händ vul Gläsa hon! D Leut sein dursti.“

Ahan, denk ih ma. Heint sein s dursti. Sist, wan er mit da saubern Frau Lederermoasterin banonda sitzt, do derf ma sih d Lungl ausschrein, bis ma sei Tröpfl Wein kriagg. Heint sein s dursti – nau, ih glaubs!

Endler is er do, da Bäcknwirt, und moant, ih sult nit sa viel regnan lossn, er hät seini Ruabn gern druckn in Kella.

„Du, Wirt“, sog ih, „loßn ma hiaz Regn und Ruabn af da Seitn. Du wirst dih erinern, daß mar in Kirchwahsunter af d Nocht do ba den Tisch banonda gsessn sein.“

„Wird eh sein“, sogg da Bäcknwirt.

„Und daß d ma – wiar ih mei Zech zohlt hon – an Fünfabangganotn[1] gwechslt host.“

„Dos kunt ih nit meh recht sogn. Sein kons eh“, moant da Wirt. „Oba du – muaßt scha vazeichn, ih muaß schaun, daß da Semeltoag aufknetn wird. Mei Bäcknjung steckt scha wieder in da Kuchel, der Sagara! Und heint is großi Bäck. D Ollaheilignsemeln für die Armen, du kenst jo den dumen Brauch; oba nau, wos kon ma mochn!“ Soggs und will wieda davonrena.

Do schrei ih in die Kuchel aussi zan Bäcknjung, er sult Semel aussaknetn gehn, da Herr Wirt miad in Gästn aufwortn.

---

[1] Banknote zu fünf Gulden

Is ah gleih ba sein Gschäft gwen, da Bäcknjung, und da Wirt hot ba mir sitzn bleibn müassn.

„Jo, und daß ih sog", red ih weita, „du host mar in Kirchwahsunter af d Nocht an Fünfabangganoten gwechslt und host mih ongschmiert!"

„Ongschmiert? Ih dih?"

„Knopp an Guldn hot die Zech ausgmocht."

„Richti, is eh wohr, hiaz follts mar ein, und ih hon da von Fünfa vier Silbaguldn zrugg gebn. Dan bist schuldi gwen", sogg da Wirt und mocht a schreckbor ehrlichs Gsicht.

„Du, Wirt", sog ih und tua mei lederanas Geldbeiderl ausanonda, „du host ma drei Silbaguldn und an Vierkreuzerbotzn aussagebn. Ba deina Totnbohrfunzn[2] hon ihs zwenk gsechn, und wiar ih hoamkim und mein Weib in Geldbeidl gib, hoaßt s mih mir nix dir nix an Lumpn, der in a Stund zwen gonzi Guldn vasauft und noh nit amol an Rausch hoambringg – a Zoachn, daß ih mehra gwohnt war. Und kim ih hiaz drauf, daß sih da vadonkti Vierkreuzabotzn fürn viertn Guldn ausgibb. Hot sih holt vagriffn, da Bäcknwirt, denk ih ma, mei Gad, is jo leicht migla, daß ma sih amol vagreifft, da Botzn is sa groß und ah sa schwar, wiar a Silbaguldn."

„Do hört sih olles auf!" gromelt[3] da Wirt, steht auf und legg sei Faust hasn[4] stork afn Tisch, „sa kenad ih s Geld nit, moanst, oda hät dih zfleiß ongschmiert! Ih bin scha zwoanzg Johr Wirt und wiar epper a wenk mehr Geld in da Hond ghobb hobn, as wia du dei Leppa gsechn host, mei Liaber! Und ih schau mei Geld on, ob ihs ausgib oder einnim! Wer woaß s, *wo* du dein Guldn vadredlt[5] host, ban Hoamgehn! Und ih hät folsch aussagebn! Do schauts her!"

– Er laugnts[6], denk ih mar. Bin freilih fest übazeugg, daß

---

2 Benennung für ein schlechtbrennendes Kerzenlicht
3 grollt
4 fast
5 vertan
6 leugnet es

er mein Guldn hot, grod weil er a so aufbegehrt. Däs is vadächti. Oba weil er s amol laugnt, sa kon ih nix mochn; ih häts besser onschaun suln, s Geld, wan er ma s in d Hond gibb. Kan Hondl und ka Feindschoft mog ih va wegn ar an lausign Guldn nit onhebn. Loß eahm an, denk ih mar und sog: „Nau, wanst du s gwiß woaßt, daß d ma vier Guldn host aussagebn, sa muaß ih da s glabn."

„Nau, ih moanads ah!" sogg er kernfest und geht zan Bäcknjung, der ban Bochtrog mit boad Händn in Toag hin und herschmotzt. Da Wirt wischt sih sei Hond a wenk in da Hosn oh, greift a kloans Batzl aus n Trog und leggs ols Gwicht af d Wogscholn. Klewa nußgros is s Batzl, klewa nußgroß. Und däs sult in Ormaleut-Semeln eahna Gwicht wern? – Na, wort, Bäck! denk ih ma. Und wiar er in Bäcknjung schorf auftrogg, dreihundert Stuck, und *jo* nit schwarer z bochn, as wia die Gwichtsemel, de af da Wogscholn ligg, und wiar er nocha ba da Tür aussi geht und da Bäcknjung noh gschwind in die Kuchl rent um sei Kaffeelackel, weil er mit da Köchin guat on is – husch i gschwind hin zan Bochtrog und steck mein Vierkreuzerbotzn ins Toagbatzl va da Gwichtsemel. – Sou, denk i ma, do host dei Vierkreuzastückl wieda, däs d ma so schön fein um an Guldn vakafft host, wird da guati Zinsn trogn, vahouff ih.

In ondern Tog in olla Herrgottsfrüa kemen s scha, die Ollaheilignstritzlsomla, die ormen Leut mit eahneri Sackler, und vawundern sih hell üba die großmächtign Semeln, dä däsmol ban Bäcknwirt toalt wern, und ma tat n holt douh unrecht, wan ma n für an Geizhols ausschreiad. Sa großi Semeln hät ma neama gsechn seit zwoanzg Johrn, wo s Korn onghebb hot, wulfeila z wern. „Vageltsgott, ztausend mol! Vageltsgott Ollaheilign!"

Endla kralt da Bäcknwirt va sein Fedabett ausser, und wiar er oani va die Ollaheilignsemeln siacht, gibb s n eh gleih an Stich ins Herz. Und richti, oll sein s so groß, oani wiar oll! Hiaz gibbs a Mettn! Da Bäcknjung vaschwirt sein ormi Seel, er häts nit um a Grandl schwara bochn, wia die Gwichtsemel war gwen. – „Her mit da Gwichtsemel!“ schreit da Bäcknwirt, „siagst as, wos däs für a netts Dingerl is! Und du bochst de oltweltischn Knedler aussa, de unförmign, daß s a Schond is!“

„Ober ih bitt, Moasta! s Gwicht. Thoa ma s wäign!“

Und wia sies richti wäign, sogg da Bäcknwirt: „Hot dan do da Teuxl sei Gspiel! Akrat sa schwar!“ –

Ih geh sist nit ins Wirtshaus in da Früa, oba däsmol hon ih ma s nit kina schenkn. Kim grod recht, wiar er sih höllasch gift't, da Bäcknwirt.

„Vadonkta Kletzn!“ sogg er und druckt die Gwichtsemel mitn Fingern broad. Do medert[7] er in Vierkreuzabotzn aussa.

Schaut n a Weil on. „Du!“ sogg er und schiaglt[8] gifti af mih her, „de Bosheit is va dir! Du host a Vierkreuzastückl ghobb, däs a Kringerl[9] hot afn Rond!“

„Sou?!“ sog ih, „a Kringerl hots, mei Vierkreuzastückl! Wia bist dan du go sa guat bekont damit, Han?“

„Do! Do host n!“ schreit er und reißt sein Geldbeidl aus n Hosnsäckl, „do host n, in Silbaguldn! Ih schenk da n! Ih wir derawegn nit orm wern. Do host dein Schmorn!“

Und schmeißt ma s Silbastückl vor d Füaß, daß s af d Hech springg, davonhupft und untern Tisch eini radlt[10].

„Ghört ah in Ormen!“ sog ih, „oba däsmol hat a lumpiga Vierkreuzabotzn mehr ausgricht't wiar a hellglonzenda Silbaguldn. Derawegn sog ih: Recht *onwendn* muaß ma s Geld kina!“

---

[7] drückt
[8] schielt
[9] kleiner Einschnitt
[10] rollt

Da Regnschirm

Da Sama Hiasl hot an Weg über d Olm. Wiar er aussi geht ba da Tür va seiner Hüttn, steht er afn Stiagerl a Weil still und schaut um und um. Gugg ins Gebirg eini, gugg af die Bam hin, gugg in d Sun, beidelt in Koupf, draht sih um, draht sih nouhamol um und gugg wieder in d Sun.

„Du Olti", sogg er za sein Weib, däs ba da Tür steht, „wos moanst dan, kunt ih nit an Regnschirm mitnehma?"

„Wiast willst, Hiasl", moant sie.

„Mih deucht, as wird nit ausholtn, heint. Sou viel demi[1]. Und de Fluign! Wird hasn nit schlecht sei, wan ih n mit nim."

„Host recht, nim an mit."

„Oba Teuxl, da Steckn war ma zan Gehn kamouta. Wans eppa douh schön bleibb, is da Regnschirm ungschickt, vagißt ah leicht drauf und loßtn wou loan. Daß s douh nit eppa gscheida war, ih nahm in Steckn und loßad n Schirm do."

„Sa lossn do", sogg sie.

„Oba *wons* regngg! Afn gonzn Weg üba d Olm ka Doch, ih wurd waschlnoß. Für a Fürsorg kunt ih n lacht douh mitnehmen, in Schirm!"

„Nau, nim an mit."

Da Hiasl draht sie wieder amol um und um und schaut.

„War ober ah nit unmigla, daß s ausholdad!" sogg er. „As ziacht a Lüftl. Onständiga war er ma holt viel, ban Bergsteign, da Steckn. Möchts douh frei wogn, daß ih n do lossad, in Regnschirm."

„Nau, sa lossn do", moant sie schon a wenk granti.

Er schaut ins Gebirg eini, wo s milchweißi Gwölk steht: „Aufsteign tuats saggerasch. Und d Sun blegatzt säidi her! Scha

---

[1] schwül

frei z demi blegazt ma d Sun! As kimbb wos, heint! – Wan ih n douh mitnahmad!“

„Oba, Goud, sa nim an mit!“

Af dos wird er wild: „Wos hoaßt dos: Nim an mit, loßn do! Nim an mit, loßn do! Däs Umziachn, amol sou, amol sou, kon ih wos nit leidn. Daß s gor a so wonkelmüati möign sei, d Weibaleut!“

Da Stiefelknecht

Drei lustigi Grazer Studentn! Ah, dos kon nit zwida wern, lustigi Leut hot mar ollaweil gern, und mir hot däs Gschichtl a gmüatlicha Klostabruada dazählt. Nau olsa, drei lustigi Grazer Studentn, va der Gottung, wo ma noh wos studieren muaß – olsa eigentlih koani wirklichn Studentn –, sein af Vakanzn amol übers Lond groast. Va hoam weck hobns Geld ghobb; in erstn Tog seins in an nobln Hotel üba Nocht bliebn, in zweiten in an Gosthof und in dritn in an Wirtshaus. Wias ober in viertn Obnd in a Gebirgsdorf kemen, seins ah schon in Wirtshaus ausgwichn und hobn an Pforhof nochgfrogg. Vula Schwänk seins gwen und va lauta Bumelwitzigkeit hobns überoll, wo s hinkema sein, wos ongstellt. In Hotel hobns zmorgns, ehs ohgfohrn sein, s Bett afn Tisch gstellt. In Gosthof hobns recht a grossi Kaffeescholn untern Bett auffazogn, mitn in Zimer hergsetzt und zwoa Kiaznliachta dazua gstellt. In Wirtshaus hobns da Frau Wirtin hintn ban Fürtabandl an Bortwisch onghenkt. Däs hobn die drei Burschn für an großn Gspoaß gholtn. Wias oba hiaz in Pforhof einigehn und um a Nochthiaber[1] onholtn, seins gonz dusum[2] und deamüati gwen, und da Pfora, selber a herzfrischa gmüatlicha Herr, hot eahnas gleih ghoaßn – se kuntn dobleibn. A guats Nochtmohl hot er eahner auftischt; die Köchin, a gramsti[3] Person, hot sih nit spottn lossn. Wochsandi Leut toan gern essn und roasandi Gselln sein dursti. – Se tan jo eh ah af Geistlih studiern olli drei? frogg da Pfora. Na freilih, wos *den*, däs is gwiß. – Recht hätns, gang an Geistlar

[1] Nachtherberge
[2] duckmäuserisch
[3] aufgeweckte

ah nix oh, d Hauptsoch war, nur sein Ombb fleißi varichtn. – Niaßn muaß oaner, und die Köchin sogg: „Helf uns God, wohr is s!" –

In ondern Morgn, ehs die Drei ohroasn, follt eahna richti wieder a Spitzbüaberei ein, und daweil die Zwee mitn Pforer ban Kaffee sitzn, schleicht da Dritti ins ondri Zimmer und buxiert n Stiefelknecht ins Bett – in Pfora sei Bett eini unta die Deckn.

Aftn wias fuatgehn, schenkt da Pforer an iadn noh an Zwoanzger af a Glasl Wein untawegn und lodt s ein af da Hoamroas, wan s in sebin Weg zrugg nahmadn, sa möchtn sie sih doh nit scheniern und möchtn wieda zuasprechn in Pforhof.

Richti, in a Wochn drauf keman de Studentn wieda zrugg und kehrn ein in Pforhof, wo s eahna s erstmol sa guat gongan is. Und möchtn ah wissen, wos da Herr Pfora zan guatn Witz sogg, wiar er in *sein Bett n Stiefelknecht* hot gfundn.

„Seids scha wieder do, ees Spitzbuabn!" locht eahna der Pfora lusti entgegn. „Mein Stiefelknecht hobbs ma gstuhln."

„Nit gstuhln!" sogn d Studentn.

„Wos *den!* s gonzi Haus hobn ma durchsuacht, ih und mei Köchin. Nix hobn ma gfundn."

Die Oltweiber-Mühl

Da Hosnknopfjocherl is a Kreuzköpferl; mir mochn eahm s koana noch! Wan s wohr is, sull er in sein jungen Johrn gstudiert hobn – se sogt ma, und seini Johr sull er so guat durchgmocht hobn, daß er anbn iads auf ollgemeines Verlonga *zwoamol* hot mochn müassn, und s Preding und s Beichthörn hot er kunt, wia nit bol oana, oba, wan er an saubern Dirndl a Buß hätt gebn sulln, is n ollamoll s „l" ah dazuakemen und aus da Buß is a Bußl worn.

Se hot da Dechant nit leidn wölln und hotn vasprengt. Aftn is da Jocherl noch n Vodan sein Hondwerch s Hosnknopfdrachsln ongongen.

Daß er mehr kunt hot, wia Birnsiadn, se beweis ih. Amol hot er s ban Liplwirt lautmauli gmocht, zwegn wos er eigentlih zwölf longi Johr gstudiert hät. Nau, weil er holt wos lerna hot wölln! Und hiaz kon er wos. No, wos kon er dan, da Hosnknopfjocherl?

Se därf ih nit sogn! Er hot s selba neamt gsogt, grod nur der oanzin bugladn Kathl, oba der hot er s streng vabotn, doß s es nit weita redt. Die Kathl hot s kan Menschn gsogt – oba gleih sein s olli dogwen und hobn sih ongfrogt ban Jocherl: „Du – ober ih frog nit für mih, vasteht sih, ih frog für an olti Moam – is se wohr, daß du die oltn Weiber und Mentscha wieda jung mochn konst?"

„Jo", moant da Jocherl, „wan s es scha wissn, laugna kon ihs nit, die Altn wieda jung mochn – s is a Kunst! oba zsombring ih s, denk ih, se geht ma nit da Schiach on[1]! Seids jo koani olt, wos ma sogt, oba wan enk mehra sein, de noh jünga wern wölln, so kemt s holt morgn noch da Suppn in mei

[1] Da hab' ich keine Sorge

Keischn. An iadi a Gröschl nehmts mit. Ih hon an Oltweiber-Mühl, wia gleih gehn, s Wossa drauf loatn.“

Richti, in oan Tog hot ma wos sechn kina; do sein s olli kema, die Oltn, die Kropfadn, die Bugladn, die Beangadn, die Folteradn, die Schiagladn, die Zohntluckadn, und hintn is die Schiahast nochghatscht, hot an lonkn Krogn gmocht und hot bovlt und greint; – auf da sebin, sogt ma, sul da Teuxl sein gritn. Wan da Schipl in *mei* Hütn kema wa, er hät mih aus da Haut gjoat. Oba da Hosnknopfjocherl is drina bliebn. D Mühl hot ma schebern ghört. Da Jocherl hot noh die Tür aufgmocht und hot gsogt: „Geht s na he, Mentscher, hot an iadi ihr Gröschl in Sock? Aussa damit. Nix schlechta fürs Jungsein, as wia wan da Mensch Geld in Sock hot. So. Und hiazt paßts auf, hiazt moch eh enk jung, bis auf die Ollerältast von enk. Die Ältast, paßts auf, die se därf nit einer in d Mühl und muaß ihri Grumpfan und Foltan wieda hoamtrogn!“

Dabei schaut er an iadi schorf an.

„Na, se bit ih mar aus, ih bin die Ältast nit!“ schreit an iadi. „Ih bin siemavirzg, ih vieravierzg, ih neunadreißg, jo, und ih gor erst ochtadreißg und alf Manat!“ schrein s nochanonda, daß ma sein oagns Wort nit vasteht.

„Is recht“, moant da Jocherl, „schaut s, zwegnbrocht hon ih s holt doch: hiazt seid s olli viel jünga wia gestern. Ih wünsch enk viel Glück; geht s hiazt hoam und suacht s enk gschwind Mana zsom!“

Jetz, do hobns trefelt und kifelt und bofelt und gschultn und greint, und wias nochher fuatzoppelt seink, do hot ma s long ghört schebern – die Oltweiber-Mühl.

Die Gschicht von trutzign Baurn

„Jo!" sogg da Bursch.

„Na!" soggs Dirndl.

„Und nohamol jo!" sogg da Bursch. Sein Aug zuckt.

„Und nohamol na!" soggs Dirndl. Ihr Aug zuckt ah.

Da Flurl is a wenk still.

„A *Selchti* bist du!" sogg er nocha gonz töwi[1] zan Dirndl. „A Selchti bist du, ba der s ollaweil: *na* hoaßt, wan da Mon *jo* sogg. Und a Selchti will mih gern hobn? A Selchti will mir Freud und Load trogn helfn, wia da Pfora sogg!"

„Da Pfora hots noh nit gsogg, mei liaba Flurl", drauf sie.

„Afs Widagspiel willst dih du einrichtn! Na, Vronerl, dos kunt a netts Zwiegspon wern. Geh, geh, du host mih nit gern. Adje, adje, in olli Ewigkeit adje."

A so da Bursch. Do sinkt s eahm gleih afn Leib, woach wia Wochs ban hoaßn Eisn. Er tauchts wek und tuat, wia wan er davon möcht. Sie holt fest ba da Hond: „Flurl! Flurl! Mei Brust reiß mar auf und schau in mei Herz! – Du liaba Bua! So gern wia *dih* hon ih neamb af da Welt! – und mehr sog ih nit!"

„Will ah nix hörn", sogg da Bursch trutzi. „Oba sechn will ihs. Beweisn sullst mas, daß d mih gern host. *Oanmol* beweisn, wos d ma tausndmol gsogg host!"

Sie schaut n on. Ihr feuchter Augnstern wird größa, daß ma schier s Weißi neama siacht. „Wanst as wissn kunst", heschat's[2] und druckt die zwoa Händ af ihr Herz. „*Meintswegn* wult ih *jo* sogn, wos liegad ma dron. Won ih dih hon, do frog ih noch koa Jugend und noch koa Tugend. Ohni deiner war ih jo do nix wert. Wou ihs aba *deinetwegn* bedenk! Manst du

---

[1] heiser

[2] schluchzt sie

dih *heint* an mih onschmiedst mit eisenan Ketan, nocha ghörst du morgen selba neama dei ...“

„*Dei* ghör ih und dih wir ih nehma!“ sogg da Bursch.

„Du *wirst* mih nehma, Flurl, dös glaub ih gleihwul va dir. Ober ih wir nit wissn, nimst mih aus Liab oder aus Muaß. *Gonz* frei sulst du sei, wanst mir dei Hond gibst vorn heilign Oltor.“

Drauf holblaut da Bursch: „*Gonz* frei, Vroni, dos kon gor nit sei. Vierzehn Tog *vor* da Hochzeit mocht ma s Vasprechen. Dos gilt und bindet zwoa ehrnhofti Leut so fest wir in Pfora sei Stuln. Heint is der Tog, Vroni, und heint wölln mar uns mitanonda vasprechn.“

„Und moanst, Flurl, daß mir zwoa in vierzehn Tagn Hohzat hobn kina?“

„Möcht wissn, wer uns däs kunt vabiatn.“

„Wär däs kunt vabiatn?“ frogg sie, „da Kaisa kon da s vabiatn.“

„Wia so?“

„Flurl, ih woaß recht guat, daß d oanazwoanzg Johr olt bist und daß d in drei Wochn za da Soldotn-Stellung muaßt.“

„Wer sogg dos?“ fohrt da Bursch auf. „Af mih hot koa Mensch a Recht. Ih bin der oanzigi Suhn afn Schwandhof, däs woaßt. Meini Eltern sein olt, d Wirtschoft is groß, ih bin militärfrei.“

„Frei bist!“ schreit s Dirndl, „frei bist?“ jauchzt s auf.

„Und so frei, daß ih dih noh amol frog. Vronerl, obs da recht is!“

Do hots Dirndl nix mehr drauf gsogg – und däs is d Ontwort gwen. –

Und noch a Weil, wia s aussigehn aus n jungen Tanenwold in liachtn Sumatog, do is da Bund gschlossn gwen, und da Schlüssel in Obgrund gworfn, der koan Bodn und koan End hot.

Da Schwandhof is da fürnehmsti Hof in gonzn Gau.

Der olti Schwandhofer is dogstondn strom wia d Wetatann vor sein Haus. Vor neamb und vor nix hot er sih duckt. Do kimbb sei siebzigstes Jebensjohr, nur vor dem muaß er sih duckn und biagn. Mit an Steckn muaß er umgehn und zitern eahm Händ und Füaß. Oba sei Willn, der hot nix Fleisch und Boan, der kon nit vafolln, sei Willn is noh fest. Sei Weib holts mit eahm, zwoa storki küahli Herzn und *oan* Kopf. A stoanana Kopf! Do gibbs Leut, de sogn: Die Schwandhoferischn besitzn Geld. Do gibbs wieda onderi Leut, de sogn: Die Schwandhoferischn warn von Geld bsessn.

Funfzig Johr olt is er scha gwen, und sie um funfzehn jünga, wia da kloani Bua is kema, s oanzigi Kind, da Flurl. Und ehrnfest wia die Oltn, und trutzi wia die Oltn, is ah da Jungi worn.

Und um de Zeit, va der hiaz d Red is, kimbb amol da Dorfrichter zan oltn Schwandhofer und sogg, er möchtn an guatn Rot gebn. – In Schwandhofer an guatn Rot? Schod, daß mar an Richter nit ba da Tür aussiwutzln kon!

„Dein Buabn wegn", sogg da Dorfrichter mit seiner broadn Stim und klopft af sei Schnopftabakdusn. „A saggrischa Klachl[3] is er worn, dei Flurl."

„Eh nit zwida", donkt der Schwandhofer.

„Den pockt da da Kaisa, wanst n nit bol onschreibn loßt afn Hof", sogg da Richter und zwickt a Bries aus da Dusn.

„Onschreibn afn Hof?" sogg da Baur, „paßt ma nit. Da jung Lecker vasteht noh nix, und mir Oltn kuntn nocha gehn von Haus wia die Dirn von Tonz. Paßt ma nit."

Da Richta holt't sei Bries zwischen an Fingern und sogg: „Dei Flurl is ba da nachstn Stellung dabei, daß da s woaßt. Wanst n ledi hobn willst von Soldotnlebn, so muaßt dazuaschaun. Ih sog da s."

„Muaß er grod seini grodn Glieda hobn, der Saggera!" fluacht da Schwandhofer.

„Sei froh, Nochbar, sei froh, daß er s hot. Wos tast mit an Dwoasl[4]! Wern schon Onwert hobn, seini grodn Glieda,

[3] kräftiger Kerl
[4] Krüppel

wanst as ah du nit konst brauchn, gleihwul dar ah schon a frischas Gstell nottat. Muaßt nit a so sei af dei Kind!“ A so moant da Richter und hiaz schnopft er sei Bries erst in d Nosn.

Der Olti Schwandhofer sinniert. A por Tog geht er um und sinniert, wos do zmochn is. Und aft roacht er sei Gsuach ein, wegn da Befreiung.

Nocha sitzn s amol in eahnan Stübel, er und sei Weib. Er in Ormstuhl af an Lederpulsta, sie af der Ofnbonk. Sie is a bsunders Weib: Is still, wan er redt, und loßt n ausredn. Und nochha beredn s as nohamol, wos s scha grichtlih eingebn hobn. s is noh eahna freier Willn. Kuntn s Gsuach ah wieda zruggnehma: Oba: *wan* er vaspricht, daß er brav und fleißig is, da Flurl, und sein Eltern s Recht loßt, so kuntn s eahm in Hof vaschreibn lossn in Goutsnom.

Do geht er ba da Tür eina, da Bursch. Er kimbb von Wold, heint gspürt ers, daß er Mon is, und fest greift er on ba da Türschnoln. Er redt nix und deut't nix, setzt sih afn Schamel. Die Oltn schaun an on. Er spreizt die Knia ausanonda, lümelt d Ellbogen drauf, klöpfelt a wenk mit n Schuachspitz afn Fletz[5] und sogg: „Wern mas holt ongehn.“

Der Olti loßt seini Augn holbad zuasinkn, as wia wan er schlaferi war, und brumelt: „Wos moanst, Flurl?“

„Wan ih afs Haus gschriebn wiar“, sogg da Flurl, „so kon ih nit aloan stehn.“

„Aft setz dih nieda“, sogg da Olti.

„Heiratn will ih“, fohrts in Burschn aussa.

„So?“ sogg der Olti gonz gleichgilti und schlaferi.

„Ih woaß oani“, drauf da Flurl, „und will nit long umtoan.“

Der olti Schwandhofer trumelt hiaz mit n Fingern afn Tisch. Do hebb er gach a wenk d Augn und sogg: „Derf ma frogn, wer s is?“

„D Stegbruner-Tochter. D Vronerl.“

„So?“ sogg hiaz ah d Muada. Nochher sogn s a Weil nix.

---

[5] Fußboden

Da Suhn, da Flurl, hebb on auszlegn, daß er eahm ka Besseri wissad: gsund war s, brav war s, wirtschaftlih war s, ma kunts nit bessa valonga. Ollahond guati Gründ gibb er on, wegnwos er d Vronerl will heiratn – in bestn vaschweigg er. Der Olti hot a Weil trumelt, nochher a por Fliagn wekgjogg, nochha wieda d Augn zuagmocht. Wiar er fiati is, da Flurl, mit sina Red und aufstehn will, sogg da Voder af an kloan Deuta[6] mit da Hond: „Bleib noh a wenk sitzn. Die Gschicht is nit gonz in da Richtigkeit." – Nochha steht er stad und schwarfälli auf, mit sein Steckn mocht er hadschand[7] an Schriat, bleibb stehn vor sein Suhn und sogg völli güati:

„Mei liaba Flurl! Du host do etwos dahergredt. Greif amol in d Luft mit da Hond, ob s Wort noh umfliagg. Findst as? Findst as nit? Ih a nit. Ih will s nit ghört hobn und hon s nit ghört. Sullst amol heiratn wölln, so woaßt, wens d z frogn host. – Hiaz konst gehn."

Da Flurl geht oba nit. Er schaut sein Vodan on und frogg: „Sul dos an Ontwort sei?"

„Frog wirds koani sei", drauf der Olti.

Hiaz kimbb d Muada va der Ofenbank. Ganz still kimbb s daher und gonz woach redt s n on: „Bist dan narisch worn, Flurl?"

„Gscheita wia heint bin ih noh nia gwen", is sein Ontwort.

„Die Stegbrunerisch!" hebb d Muada on und schlogg d Händ zsom. „Wanst mit da Lotern gsuacht häst, koan Ungschickteri häst nit mögn findn. De hot olls banond, wos nit paßt für uns. Sie hot ah die Stegbrunerisch Hoffort; sa long mir ka Geld hobn ghobb, sein de in eahnan seidenen Fetznan umgflontscht und hobn uns nit ongschaut. Hiaz, weils eahna Sachl vahaust[8] hobn, war da reich Schwandhofer-Suhn guat! – Af d Schönheit gehst! Möcht wissen, wo ba *der* d Schönheit

---

[6] Wink

[7] hinkend und schleifend

[8] Besitztum verwirtschaften

steckt, müaßads nar ausglichn hobn, gsechn hon ih noh koani ban ihr. Mit Somad[9] und Seidn wurd sih de schön mochn wölln, wiar ihr Muada va Zeitn, Guldring und Holsketan, daß d ihr kunst kaffn – *däs* würd a Wirtschoft sei, du heiligi Muadagouttes! – Nim an Deanstbotn, wanst wen zan Orbatn und Hausn brauchst, ober oani, de reich gwesn und orm worn is, stellst uns *nit* ins Haus, daß d as woaßt."

Über de schorf Red va sein Weib mocht der Olti an kloan Deuta mit da Hond, gottika[10] as wult er sogn: zohlad sih nit aus, wegn der Kloanikeit a so a Gschrei onzhebn.

Da Bursch mocht an Strompfa mitn Fuaß und sogg: „Vafluacht und vamirideit, die Vroni loß ih nit schimpfn! De wird mei Weib!"

Hiazt mocht der olti Schwandhofer seini Augn s erstimol weit auf, schaut in Suhn on und sogg: „Wanst fluachn und schmentn[11] willst, so geh aussi zan stedin[12] Roß. Konst die letztn Schöber Heu einführn; wia s mir in Orm zuckt, zimbb mih, mir kriagn Regnweta."

Da Flurl steht do und druckt sein Zorn nieda. Nochha wendt er sih und sogg in Guatn: „Voda! Seit ih Hond und Fuaß kon hebn, hon ih gorbat't in Schwandhof wiar a Knecht. Saur is s mar oft onkema, hon oba nia wos gsogg, hon uichern[13] Willn ton. Oba *hiaz*! In Heiratn bin ih selba mei Herr! Ih heirat für mih, und do deaf ma ka Goud und ka Tuifel dreinredn!"

„– Herein!" ruaft der Olti. s hot oaner onklopft.

Der Omtsdeaner is s, bringg an Papierbogn, bit't um an Untaschrift.

„Wos bringst dan scha wieda!" fohrt n da olti Schwandhofer on. Is niar a guats Zoachn, wan der Omtsdeana kimbb.

---

[9] Samt
[10] gleichsam
[11] sakermentieren
[12] wilden
[13] euern

„Nichts Unangenehmes, diesmal“, sogg da Bot und lest in Briaf:

„Laut Gesetz und Verordnung kann dem Gesuche des Lorenz Pürgher, derzeitigen Besitzer des vulgo Schwandhofes im Gau, und seiner Ehegenossin Katharina Pürgher, gebornen Stadlauer, Mitbesitzerin auf genannter Realität, beide gegenwärtig zur selbsteigenen Verwaltung und Führung der Wirtschaft hohen Alters halber nicht mehr befähigt, wegen gänzlicher Befreiung ihres einzigen Sohnes Florian Pürgher von der Militärpflicht hiergerichts entsprochen werden und hat außer genannten Bittstellern Lorenz und Katharina Pürgher das obwaltende Gemeindeamt die oben als Begründung angeführte Tatsache ordnungsgemäß zu bestätigen.

Das k. k. Kreisgericht Nidau.“

„Wos is dos für a Bondwurm?“ frogg der olti Schwandhofer, „ka Wort hon ih vastondn.“

„Ah, Ihr versteht die Kanzleisprache nicht“, sogg der Omtsdeana, „macht Euch nichts draus, die versteht kein Mensch. Die Sache ist, daß Euer Sohn die Militärbefreiung erhalten hat.“

„Und däs“, frogg der Olti stad, „und däs sult ih untaschreibn? – Na. Mir brauchn ka Befreiung.“

„Voda!“ schreit da Flurl auf.

„Wos host dan“, sogg der Olti zu sein Suhn, „ban Untaschreibn bin ih selba mei Herr, do derf ma ka Goud und ka Tuifel dreinredn. Kurz mochn ma s!“ Und reißt in Papierbogn mitn ausanonda. –

Da Flurl wird totnblaß bis üba d Lefzn, seini Odern gschwelln on, d Finga krompfn sih zsom zan a Faust. Ober es gschiacht nix. – „Vodaleut“, sogg da Bursch, „*ih* brauch Enk nit. Goud gib s, daß s Ees *mih* nit brauchts.“

Und geht aussi ba da Tür. – s letztimol in sein Lebn.

A por Wochn drauf is da Flurl Soldot. A holbs Johr späta steht er af da Wocht in hoaßn Stoangebirg der Herzegowina.

Die oltn Leut afn Schwandhof sein oansum, vazogg. Eahm tuat s Herz weh, ihr tuat s Herz weh, wölln s oba nit eingstehn und sogn, as war die Gicht. – As vageht wieder a Weil, do kimbb gach a schworzgsigelta Briaf; in Flurl sei Totnschein.

„Aus is s!" woanan die zwoa oltn Leut, „o du liabs Kind!"

Do schreit an olta Bedelmon ban Fensta eine: „Kind! *Fahlt* Enk oans? Die Stegbruner-Vronerl hot oans."

A Todtnschein und a Taufschein!

So geht s af da Welt.

Abenddämmerung
Aufsätze aus der Spätzeit

Zur Naturgeschichte der Stadtleute (1899)

Sie meinen, alter Freund, ich könnte es wissen, was der Alpenbauer sich von den Stadtleuten denkt. Bigott, das weiß ich in der Tat. Ist Ihnen ernstlich darum zu tun? Gut, ich will es Ihnen sagen, will aber nichts gesagt haben.

Doch kaum von jenen Bauern will ich sprechen, die schon mit Städtern Bekanntschaft gemacht haben, deren Urteil ist nicht mehr unbefangen, solche halten die Stadtbewohner wie andere auch sind, haben über sie teilweise sogar die richtige Meinung – und die interessiert uns nicht.

Ja, Steinhaufen-Höhlengenosse, wenn wir Stadtleute so wären, wie das Gebirgsbäuerlein im hinteren Eisluckengraben uns sich noch vor kurzem vorgestellt hat, wir könnten mit aufrichtigem Respekt voreinander die Zylinder ziehen – mit unaufrichtigem tun wir's auch so. Der dumme Bauer glaubte nämlich, die vornehmen und gebildeten Stadtherrschaften wären um ein paar Grade vollkommenere Menschen, als es deren im Eisluckengraben gibt. Und sie täten in ihrer güldenen Stadt ungefähr das, was er tun will, wenn er einmal im Himmel ist. Nur das Studieren und Bücherlesen und allerhand verdächtige Bogen vollschreiben, das nahm er aus, das wollte er nicht tun, einstmals da oben, wenn's Gott gibt. Aber man ist halt in der Stadt einmal so eingerichtet, und sie lassen sich ja gut zahlen dafür. – Aufs Geld geht jeder Stadtmensch, umsonst, aber für ein Büschel Hafer tut keiner was. Sogar der Herr Pfarrer und der Herr Lehrer und der Herr Bader in Jörgendorf haben diesen Brauch mitgebracht. – Die übrige Zeit lassen sie sich gutgeschehen da drinnen z' Graz oder z' Wien. Und denke dir, da hat einer, der einmal eine Weile in der Stadt gewesen, die folgende Beschreibung vollzogen, nach welcher unser Bäuerlein sich eines anderen belehren kann.

Heißt es: „Auf dem Heu können sie nicht liegen, weil sie keines haben sollen. Die dürren Heublumen kaufen sie ums teure Geld und nennen sie russischen Tee. Dort trinken nicht die Kranken Tee, sondern die Gesunden, und zwar mit viel Zucker, so lang, bis sie krank werden. Sind sie krank, dann trinken sie ihn ohne Zucker. Viele legen sich, wenn sie krank werden, nicht ins Bett, sondern gehen weit fort in die Fremde, was man Bad heißt, und baden so lang, bis sie tot sind.

Also, daß ich wieder aufs Heu komme – auf dem liegen sie nicht, sondern auf rotsamtnen Pölstern; aber wenn sie sich fest draufwerfen, so kracht das Zeug und bricht durch. Überhaupt, in den schönen Stadtherrenzimmern soll alles krachen, weil die Tischler nicht erwarten können, bis das Holz tot ist. Wenn der Mensch nur ein paar Tage auf der Bahre liegt, denken sie, so wird's beim Brett mit ein paar Monaten Abliegen genug sein. Unser Zimmermann im Eisluckengraben läßt die Laden sieben Jahre lang liegen, ehe er die Kästen macht – nachher stehen sie zweihundert Jahre lang und mucksen sich nicht. In der Stadt wäre das unnütz; dort steht kein Haus mehr zweihundert Jahre lang, weshalb ein Kasten? Die Stadtherrschaften sind so, daß sie derlei Zimmereinrichtungen auch nicht lange mögen. Alle zehn Jahre eine andere Mode, ein anderer Kasten. Die Häuser wechseln sie auch so, alle paar Jahre ein anderes, und aufgestapelt übereinander, wie beim Kaufmann die Kisten.

Aber ein schönes Gewand haben sie. Die feinsten Herren kohlschwarz und schneeweiß; am Hintern Schwalbenschwänze, auf dem Kopf eine Butten aus Packpapier, mit schwarzem Seidenhaar überzogen. Die Frauen scheckig wie das Umgangsfigürl am Fronleichnamstag. Bei Festlichkeiten, wo recht viele Leute zusammenkommen, decken die Weibsbilder ihre Finger ein, und den Arm bis ganz hinauf lassen sie nakkend. Andere Sachen lassen sie auch noch nackend.

In den Gassen und Straßen haben sie an Pfähle große Stallaternen gebunden, und wenn die Sonne untergeht, hebt erst recht der Tag an. Nachher laufen sie in einen Stadl zusammen, aber es ist keiner, sie heißen's Theaterhaus, setzen sich hin, eins ans andere, stockfremde Leute zusammen – denn in der Stadt kennen einander gar nicht alle – und lassen sich was vormachen. Lauter so Dummheiten, manchmal so ernsthaft, daß es zum Totlachen ist. Keiner glaubt's und reden dann doch den ganzen Tagen mit einer Wichtigkeit davon, als wäre alles wirklich wahr. Und das Gute ist: wenn ihrer mehrere wo zusammenkommen und ihnen der Gedanken stillsteht, so reden sie vom Theater. Strohdreschen tun sie nicht, weil sie keins haben. Später in der Nacht gehen sie ins Kaffeehaus. Da wird Tag und Nacht Kaffee getrunken, aber nicht, als ob lauter alte Weiber herumhocken täten mit ihren Töpfeln. Fast lauter Mannsbilder, und damit sie die nötige Bewegung dazu machen, hüpfen sie um einen flachen, grünen Trog herum und tun Kugeln stoßen. Um die Zeit, wenn der Morgenstern aufsteigt, gehen sie heim, schlafen; vorher werden die Vorhänge niedergezogen, damit der helle Sonnenschein nicht stört. So um zwölf Uhr mittags denken sie dann ans Frühstück.

Die körperliche Arbeit fürchten sie wie den Hexenschuß; damit ihnen aber die Knochen nicht verschimmeln, tun sie turnen, schwimmen, kraxeln und lauter so Bubensachen; das entehrt nicht, die körperliche Arbeit aber tät' entehren. Mit der Ehre haben sie ihr wahres Kreuz, die Stadtherrschaften, die ist bei ihnen ein gar krepierlich Ding; ein schiefer Blick, ein krummes Wort – und hin ist sie, mausetot, und müssen ein paar zueinander fechten gehen, um doch wieder ein bissel Ehre zusammenzubringen.

Die Stadtherrschaften haben zumeist lange Beine, sie brauchen dieselben vor allem zum Sitzen, um den Rumpf in den Polsterstuhl zu spreizen, dann aber auch, um schöne Lackstiefel dranzustreifen. Zu Fuß gehen sie nicht gern, sie haben dazu nicht Zeit; die Stadtleut' haben für nichts Zeit. Da gibt es Kobelwägen, in die sich jeder hineinsetzen und abfahren kann. Beim Aussteigen muß er so viel Geld hergeben, als vorgeschrieben steht, und wenn er das tut, ist's immer zu wenig. Auf Straßen und Plätzen sind gläserne Stuben hergerichtet, da kann man sich auch hineinsetzen und wird mit Rössern fortgezogen. Es gibt auch solche Stuben, die ganz allein gehen, ohne Rösser. Das nennen sie elektrisch und wissen nicht, wieso. Namen haben die Stadtleut' für alles und meinen, damit wüßten sie's schon. Zuwegbringen sie in manchen Sachen wohl viel mehr wie unsereiner, und wegen der Landwirtschaft haben sie alles in ihren Bücheln, was wir im Kopf und in den Händen haben müssen. Einmal hat mich einer gefragt, ob ich den studierten Herren ihren großen Kopf sehen wolle. Und hat mich in ein kirchenbreites und turmhohes Haus geführt – lauter Bücher. Das ist den Gelehrten ihr Kopf, sie haben ihn gemeinsam. In ihren gewöhnlichen Köpfeln, die nicht größer sind wie die unserigen, hat gerade so viel Gescheitheit Platz, daß sie sich im gemeinsamen Kopf auskennen.

Alle Tage ein- oder zweimal kommt die neue Zeitung, die von der ersten bis zur letzten Seite gerüttelt voll Druck ist und in der nichts drinnensteht. Das ist, unter wenigen Ausnahmen, schon seit undenklichen Jahren so, aber der Stadtherr glaubt's nicht und hat keine Ruh und Rast, bis er noch vor dem Frühstück seine Zeitung durchgeschaut und gesehen hat, daß wirklich nichts drinnensteht. Wenn aber einmal, dann ist's zumeist ein Schrecken oder ein Ärger oder ein anderer Jammer, und jetzt steht was drinnen, jetzt kommt der Zeitungskäufer auf seine Kosten.

In der Stadt gibt's auch viele Kirchen, die sind aber nur für die gemeinen Leute. Der richtige Stadtherr geht nicht hinein. Der geht in einen großen Saal, wo Musik getrieben wird oder andere Kurzweil; oder er geht in ein großes Wirtshaus. Dort steigt einer hinauf und hält eine Predigt über dies und das; gefällt sie, so schreien sie: Bravo! Gefällt sie nicht, so schreien sie: Pfui!

Können tun die Stadtleute alles, was sie wollen. In der Wienerstadt habe ich eine Kinderbrutanstalt gesehen. Da werden kleine, unausgebackene Kinder fertig gemacht. Ist aber nur eine Halbheit. Die bisherige Einrichtung wird fallen und auch bei den Menschen das Eierlegsystem eingerichtet werden müssen. Das wird aber noch lange nicht werden, denn die Sache muß in den Reichsrat." – –

Das, meine Steinhaufen-Höhlenmitbewohner, ist nur ein kleiner Teil der infamen Frotzlerei, die ich in einer Hütte des Eisluckengrabens aufgefunden habe und aus der die dortigen Bewohner ihre Weisheit über uns Stadtleute bilden.

Dann ist es kein Wunder, daß die Bauern dort oben denken, wir – die vornehmen, gebildeten Stadtherrschaften wären – ich will nicht sagen, was.

Über den Reinlichkeitssinn in unserer Bevölkerung (1900)

Dreißig Jahre lang habe ich gezaudert mit diesem Kapitel. Mittlerweile ist das Bauernvolk doch so weit hinauf und die Literatur so weit herabgekommen, daß man's wagen darf. Und kann ich als Präludium gleich jenen Stallknecht als Muster der Reinlichkeit anführen, welcher sich das ganze Jahr lang nicht wusch, weil er der Meinung war, erst das Wasser mache die Krusten zu Dreck. Diese Stalldungkrusten schälten sich denn zeitweise auf das allerreinlichste von der Haut los, während das Wasser ein Jauchenbad angerichtet haben würde. Diese besondere Auffassung von Reinlichkeit darf nicht verallgemeinert werden. In den meisten Gegenden der Alpen, besonders gegen Westen hin – wenigstens heute schon –, ist das Wasser nicht allein als „Weihbrunn", sondern wohl auch als Reinigungsmittel der begehrteste Gegenstand. Da herrscht oft die wahre Scheuerwut, aber in manchem Hause bekommt man den Fußboden, „auf dem man Strudelteige ausziehen könnte", wochenlang nicht zu Gesichte, weil er der Schonung halber mit Fetzen bedeckt ist. Diese Fetzen bleiben oft so lange darauf liegen, bis unterhalb der Fußboden wieder schmutzig ist, dann neuerdings gescheuert und neuerdings verdeckt wird – so daß die schöne Reinlichkeit ein Geheimnis bleibt. Mit nichts kann man das Herz einer echten Hausfrau tiefer verwunden als mit schmutzigen Stiefeln, die plump in ihr Heiligtum treten. Daß in einem solchen Hause auch alle Geräte blinken, daß die hölzernen Milchbehälter jeden Tag in Kesseln ordentlich gargekocht werden, um in den Fasern und Fugen nicht die geringste Unreinlichkeit aufkommen zu lassen, ist Regel. Mit der Kleiderwäsche dasselbe Verhältnis, und die Kinder werden an Samstagen nur gleich in Laugenbottiche geworfen und mit Strohwisch und Sand abgerieben, so rücksichtslos, als ob es Sachen wären und nicht kreischende Wesen. In manchen alten Häusern vertritt Sand und Asche die Seife; der Sand soll, will man wissen, die Poren viel tiefer packen, die Haut viel frischer machen als Seife. Der alte Pechölmann zu Strahlwand, wenn er boshafterweise befragt wurde, weshalb er denn schon wieder ein so zerkratztes Gesicht hätte, antwortete allemal: „Weil ich mich halt mit Bachsand tu' waschen!" Das war nicht richtig, ein weit schärferes Mittel als Sand hatte er zu Hause, das ihm alle egoistische Unlauterkeit abscheuerte – ein kratzendes Weib.

Aber mit dieser besonderen Reinlichkeit in unserem Volke springt man nicht allzu weit. In Gegenden, wo große Armut ist oder wo die uralten Häuser stehen, sieht es anders aus. Ich weiß noch sehr viele jener alten hölzernen Bauernhäuser, in welchen Wohnstube, Küche, Schlafkammer, Vorratskammer und Hühnerstall ein einziger Raum sind. Die Stubendecke ist überzogen mit einer Rußkruste, der Fußboden mit einer feuchten Schmutzigkeit, auf die man wie über einen Lederteppich schreitet. Herd und Tisch müssen vor jeder Mahlzeit von Katzen- und Hühnerspuren gereinigt werden. Von anderem kleinen und kleinsten Getier aller Art nicht zu reden. Ich habe an den Bewohnern solcher Häuser immer den Heroismus bewundert; wer ihn nicht hat, wie ich ihn in meiner Lehrlingszeit nicht hatte, der führt ein qualvolles Dasein. Was half es, wenn die Bäuerin überlaut ausrief: „Der Mensch muß nit so grauslich sein. Man weiß ja nit, wovon man fett wird!" Und sie gedeihen wirklich in ihren Schmutzhöhlen, während unsereiner vor Ekel die Auszehrung bekommen könnte. Fragt nicht, wie oft Hemden, Hosen und Bettzeug in die Wäsche kommen, *wenn* sie aber einmal an dem Ort der Reinigung anlangen, dann ist es gleich ein fermes Fegefeuer. Die Pfaiden, Plachen und Bettdecken werden gekocht wie Sauerkraut oder im heißen Ofen gründlich geschmort und gebraten. Eine radikale Selbsthilfe, zu der sie sich nur in äußerster Not emporraffen.

Bad? In Tirol hat die Bauernschaft ihre Badeanstalten, in denen sie es manchmal fast den Stadtleuten nachmacht. Bei uns im Osten ist diese „Hoffart“ unbekannt. Da gibt es alte Leute, die seit ihrer Säuglingszeit nie in ein Bad gekommen sind. Sich nackt ausziehen und ins Wasser legen gilt nicht bloß für höchst ungesund, sondern geradezu für sündhaft. Im Stifte A. sind einmal am heißen Sommertage drei junge Priester in den Teich gestiegen, haben bei dieser Gelegenheit entdeckt, daß sie schwimmen konnten, und sich vorwitzig wie muntere Fischlein herumgetrieben. Der Guardian, der im Parke lustwandelte, drückte zwar ein Auge zu, anfangs eins, dann alle zwei. Aber Landleute, die am Ufer dahinschlichen, machten die ihren um so weiter auf. Sie hatten heimlich eine rechte Freude über die Erscheinung; als sie aber sahen, daß die jungen Leute beim Aussteigen ein geistliches Gewand anzogen, faßte sie Entsetzen „über die Sittenverderbnis des Klerus“ und wollten von da ab gar nicht mehr in die Stiftskirche gehen. Nur einer der Waldkerle sagte: „Bin schon lang nimmer beim Beichtstuhl g'west, wenn's aber noch einmal muß sein, dann mach' ich's mit einer der Forellen ab (er meinte jene, die im Bade waren), vor denen fürcht' ich mich nit um ein Batzen mehr.“ Ich hörte das von dem Manne, weiß aber nicht, wie es gemeint war. Genug, die kleine Wassertour hatte das Verhältnis verrückt.

Lieber als ein nasses nehmen die Leute ein trockenes Bad, doch nicht aus Reinlichkeits-, sondern aus Gesundheitsrücksichten. Sie legen sich nackt in die heiße Sonne oder graben sich in junges Heu, das striegelt die Haut auf das allerwohltätigste und wirkt berauschend, so daß manchmal ein richtiger Katzenjammer nachfolgt.

Unter den jüngeren Ärzten gibt es ihrer, die bei gewissen Leiden oder nach Krankheiten tatsächlich Bäder verordnen. Das sind auch solche, die man –! So kommt die Schlechtigkeit ins Land! – So weit sind sie, diese „Naturkinder“, daß ihnen der nackte Menschenkörper ohne lüsterne Vorstellungen nicht mehr denkbar ist. Woher haben sie denn das?

Sitte ist, soviel ich weiß, überall, daß die Leute an jedem Morgen Gesicht und Hände waschen. Mancher tut's am Brunnentrog. Andere sparen mit Wasser, das im Überfluß am Hause vorbeifließt, und machen es so, daß sie das Wasser zuerst in den Mund nehmen, einen ordentlichen Backen voll, dasselbe dann auf die hohlen Hände sprudeln und sich so das Gesicht waschen! Ist das nicht sinnreich? Erstens wird das Becken entbehrlich, zweitens das Wasser leicht erwärmt, drittens wird gleichzeitig der Mund ausgespült – und wenn du ihnen sagst, das Ganze sei eine Schweinerei, glotzen sie dich an – was dir denn schon wieder nicht recht sei! Zum Abtrocknen haben alle Hausgenossen ein gemeinsames grobes Tuch, wenn man es nicht vorzieht, das Gesicht sich mit den Hemdsärmeln abzuwischen. Das Haar strählen sich die Männer mit den ausgespreiteten fünf Fingern durch, und die Toilette ist gemacht. – Ein besonderer Tag ist der Christabend. Da gibt's großes „Kopfwaschen", da wird das ganze Haupt einmal gründlich in Arbeit genommen und bei dieser Gelegenheit auch Brust und Rücken mit Wasser bedacht. Das geschieht aber weniger aus Reinlichkeitsgründen als des Festbrauches wegen und weil es heißt, daß am Kopf, der am Heiligen Abend gewaschen wird, das ganze Jahr sich kein Grind ansetzen kann. Sie haben, wenn sie sich putzen, allerhand Gründe, nur den der Reinlichkeit nicht.

Wer in einem unserer alten Bauernhäuser essen will, der tut gut, wenn er vorher der Bäuerin nicht zu aufmerksam zuschaut beim Kochen. Ich möchte dasselbe übrigens auch in den Stadtküchen raten, in den Gasthöfen, Fleischereien, Bäckereien usw. Man muß es nicht just immer wissen, wie's gemacht wird. Die Leute haben übrigens ein trostreiches Sprichwort. Schmutziges Wasser, das über neun Steine rinnt, ist wieder rein, und neun glühende Kohlen brennen allen Unrat aus der Pfanne weg.

Mit Mißtrauen sind Bauernhöfe zu betrachten, in denen gar zu großer Kunstsinn herrscht. Da ist alles mit Farbe bemalt, Tisch, Bank und Schrank, Kübel und Kegel, damit das öftere Abscheuern überflüssig wird. Ich weiß ein Haus, wo sogar das Nudelbrett und der Strudelwalzer mit schönen Blumen bemalt sind! – Die bunten Strümpfe, die gestreifte oder geblümte Wäsche ist auch Blümel-Blamel; derlei soll nur den daran haftenden Schmutz unbemerkbar machen.

Man muß jedoch die andere Seite auch ein wenig ansehen, und lustig war es, als jenes Stadtschulmeisterlein den alten Dungführer erziehen wollte. Saß der alte Krauterer an seiner Mistfuhre, hatte in seinen krustigen Händen ein Stück Brot und ließ es sich schmecken.

„Vetter", redete ihn das vorüberwandelnde Schulmeisterlein an, „wolltet Ihr vor Eurem Imbiß Euch denn nicht die Hände waschen?"

„Ist eh wahr, das kann ich tun", antwortete der Bauer und wusch sich an der braunen Jauche behaglich die Hände. „Darf ich vielleicht auch ein Stückel aufwarten, Herr?"

Der andere dankte mit leidenschaftlicher Entschiedenheit. Als Philosoph hätte er allerdings die tiefsinnige Frage an sich stellen können: Was ist unrein? Ist dem Bauern der Dünger unrein? Der ist ihm unrein, wenn etwas anderes dazukommt, er will nicht Zusatz von Sand oder Moor oder Scherben, er will *reinen* Dünger haben. Jetzt bekommt die Sache ein anderes Profil, allerdings nur für den Philosophen. Als Moralisten könnten wir beisetzen, daß den Reinen alles rein sei, wenn dieselben Schmutzhammel, die mit gewerbsmäßigem Behagen sich im Kot wälzen, anderseits nicht oft den größten Ekel von einer toten Fliege oder einem Haar in der Suppe hätten. Mir war ein wulstiger Schustergeselle bekannt, der gestaltete sich so, daß ihm die Leute nur gerade gern auf zehn Schritte auswichen, wenn es möglich war. Dieser hielt sich in den Bauernhäusern über jedes Fleckchen im Tischtuche auf und rieb den Löffel unzählige Male mit seinen schmutzigen Fingern ab, bis er es wagte, ihn in den Mund zu stecken. Endlich kaufte er sich einen Silberlöffel, von dem ihm gesagt wurde, daß er im Gegensatz zu den Blechlöffeln nichts Unreines annehme, sondern alles Ekelhafte von sich stoße. Aber auch mit diesen Grundsätzen des Silberlöffels mußte es nicht weit her sein, denn der Löffel ließ sich den Schustergesellen ruhig gefallen und wurde bei ihm bald so unsauber wie das gemeinste Blech.

Habe ich nicht schon zu lange verweilt? Sollen wir nicht lieber umkehren, bevor es noch dicker kommt? Ich habe meinen Zweck erreicht. Es soll nicht gesagt sein, daß es unserem Landvolke im ganzen etwa an innerer Reinheit fehlt. Das ist ein Kapitel für sich und wird kaum zuungunsten meiner Landsleute ausfallen. An äußerer Reinlichkeit aber fehlt's, wenn's auch nicht mehr so schlimm ist als früher. Und da sollen halt wieder die bekannten Leiter und Lehrer des Volkes fegen und scheuern. So weit, wie manche Nachbarvölker sind, wird unser tüchtiges, lenkbares Volk wohl auch zu bringen sein. Ich als Volksschriftner tue für die Reinlichkeit das Meine, indem ich den Leuten manchmal tüchtig die Köpfe wasche.

Die Freuden des Berühmtseins (1914)

Unter meinen zahlreichen Bekannten ist auch ein junger Mann, ein sonst ganz prächtiger, gescheiter Mensch, der aber die Schwäche hat, berühmt sein zu wollen. Seit manchem Jahr arbeitete er an der Erreichung dieses Zieles mit Kopf, Händen und Füßen. Er dichtete, er malte, er meißelte, er geigte; und da die schönen Künste sehr spröde waren, versuchte er es auf dem nicht mehr ungewöhnlichen Wege und stieg aufs Zweirad. Damit kam er nun allerdings rasch vorwärts, so rasch, daß er daran dachte, als Distanzfahrer in die Ruhmeshalle zu gelangen. Nun wollte es aber das Ungemach, daß auch andere auf dem Rade sehr rasch vorwärts kamen, manche sogar ein klein bißchen rascher als er; und da schon einmal alles fuhr, so ließ er auch die Hoffnung fahren.

Nachdem er in den verschiedensten Richtungen zum Ruhme galoppiert war, kam er wieder zum Ausgangspunkt zurück, bei dem so viele gute Leute berühmt werden: zur Kunst. Er hatte bemerkt, daß junge Maler, die widerliche Gegenstände sehr häßlich malten, noch am ehesten Aufsehen erregten, daß über ihre Malereien viel geschrieben und gesprochen wurde, daß Kunstkenner darüber sogar Vorlesungen hielten und ob der Bilder ein Streit entstand, der chronisch wurde und also eine permanente Reklame abgab. Mein junger Freund malte also häßliche Bilder. Aber auch damit hatte er kein Glück; sosehr er sich auch anstrengte, einen recht abscheulichen Stoff zu finden, ihn recht unmöglich zu stilisieren, mit recht garstigen Farben stümperhaft zu malen: es gelang nicht. Der Mann hatte zu viel gelernt, und einen guten Geschmack kann man sowenig auf Ja und Nein abschütteln wie einen schlechten. Die Malereien wurden nicht häßlich, nicht unappetitlich genug – oder es war etwas von jener klassischen Häßlichkeit an ihnen, die in ihrer Art schön ist. Kein Hahn krähte also nach seinen Bildern, und er selbst wollte eigentlich nicht die Henne sein, die laut gackert, wenn das Ei gelegt ist.

Nun fiel ihm neuerdings die Dichtkunst ein. Der Pegasus hat Flügel: mit dem muß es doch noch am leichtesten aufwärtsgehen. Auch braucht man dazu nur Papier, Feder und Tinte – nach einiger Meinung allerdings auch Talent. Daß er Talent besaß, hatte sich schon beim Fahrrad erwiesen; warum soll ein intelligenter Mensch, der radeln kann, nicht auch dichten können? Es kam wohl auch hier wieder auf einen recht aparten Stoff an. Ob er gefiel oder nicht, ob er künstlerisch behandelt war oder nicht: wenn er nur packte! Wenn er dem guten Geschmack ins Gesicht schlug – um so besser: dann schreit man, es erhebt sich eine kritische Balgerei, das Publikum horcht auf, der Mann wird genannt, er macht Schule . . . und der Ruhm ist da.

Weil es aber mein Beflissener nicht so weit brachte, weil es immer nichts war, soviel er auch Schlechtes, Anstößiges und Läppisches schrieb, so fragte er einst brieflich bei einem weltberühmten Künstler an, wie er es doch machen müsse, um berühmt zu werden. Er erzählte mir's nach vollbrachter Tat.

„Mein Lieber", sagte ich ihm, „das hättest du dir auch ersparen können. Wenn der Mann überhaupt antwortet, was zwar nicht wahrscheinlich ist, so hast du dich auf eine große Nase gefaßt zu machen. Entweder der Meister kanzelt dich ab wegen deiner kindischen Eitelkeit, der es nicht darum zu tun ist, etwas Tüchtiges zu leisten, sondern nur darum, berühmt zu werden, oder er frozzelt dich zum Verkriechen neun Klafter tief in die Erde hinein. Wenn gerade seine satirische Ader geschwollen ist, dann läßt er sich den Prügeljungen nicht entgehen, schon zum Merks der anderen Ruhmesdurstigen, die auf allen Gassen, in allen Schulen, Amtsstuben und Kaffeehäusern dutzendweise herumlaufen und herumsitzen!"

Nach wenigen Tagen langte der Brief mit der deutschen Reichsmarke an. Zu meiner Verwunderung war der Meister weder grob noch spöttisch; er nahm den Fal in jenem ruhigen Ernst auf wie etwa ein Arzt, dem der eingebildete Kranke ein schweres Leid klagt. „Weh muß es ja doch tun, sonst würde er nicht klagen. Und dann ist's schon eine wirkliche Krankheit." Vielleicht auch war es dem berühmten Mann darum zu tun, über die beneideten Genüsse des Ruhmes einmal sein Herz auszuleeren.

Ich vermochte meinen Freund zu bestimmen, daß er den Abdruck des Briefes hier gestattete – unter der Bedingung natürlich, daß die Namen des Absenders und des Empfängers ungenannt blieben.

Und hier steht der freimütige Brief jenes erfahrenen Mannes über die Freuden des Ruhmes:

„Mein lieber Herr!

Ihre Zuschrift ist künstlerisch und ethisch keinen Gründling wert, aber mir ist sie sympathisch, ihrer Offenheit wegen. Andere meinen es bloß, Sie sagen es. Ob da was Rechtes geleistet wird, das ist auch Pappe. Hauptsache ist der Vorteil, ist der Ruhm. Nun, dem Vorteile ließe sich noch eher ein entschuldigendes Wort sprechen; der Ruhm aber ist ein Kujon. Der hetzt Sie wie ein Jagdhund den Hirschen, der bringt Sie um alle Lebenspoesie, der frißt Ihnen Ihr eigenes Herz aus dem Leibe. Sie meinen wohl, ihn trotzdem mit Vergnügen erdulden zu wollen, den bösen Ruhm. Ich kenne Sie nicht. Sind Sie ein hohler Mensch, dann stopfen Sie den Kerl immerhin mit den unterschiedlichen Früchten des Ruhmes aus. Sind Sie eine Persönlichkeit, dann werfen Sie den Ruhm zum Teufel, wohin er gehört, und gehen Ihrer Wege.

Mich nennen Sie berühmt. Meinetwegen! Popularität schließt die Kalamität nicht mehr völlig ein, die mir zusetzt. Obschon der Ruhm eigentlich erst nach dem Tode beginnen soll. Der echte Ruhm hat zwei Kränze; mit dem Dornenkranz schmückt er die Stirn des ringenden Erdensohnes, mit dem Lorbeerkranz krönt er den Totenschädel. Aber der Ruhm, den

Sie suchen und den ich hiermit meine, ist ein anderer. Mir ist er ein großes Bündel Ungemach geworden, und ich kann nicht sagen, daß ich ihn verschuldet habe. Ich habe ihn nicht gesucht, nicht genährt, nicht einmal erwartet. Als er sacht kam, war er sehr süß. Das gestehe ich. Als er da war in seiner ganzen Dicke und Tücke, da sah ich's eben, daß er ein Kujon ist.

Werden Sie berühmt, mein Herr! Wie und wodurch, das ist gleichgültig; werden Sie bloß einmal berühmt. Dann sprechen wir weiter. Aber Sie verstehen mich ja nicht! Sie meinen, dem Satten sei es sehr leicht, von Entsagung zu predigen. Na, Sie wollen nicht entsagen; und so mögen Sie wissen, wie der Tag eines berühmten Mannes aussieht. Von Genüssen und Ehren erfüllt, in der Tat! Setzen wir den Fall, Sie seien ein berühmter Schriftsteller. Das wird Ihnen recht sein, denn man braucht nichts als Papier, Feder und Tinte und noch etwas dazu, nämlich Streusand. Gottlob, dann hätten wir's ja beisammen. Ihre Bücher werden vieltausendfach gelesen, bewundert hüben und drüben. Es vergeht keine Stunde bei Tag und Nacht, da nicht irgendwo in der Welt Ihr Name ausgesprochen wird. Dieses Bewußtsein macht Sie selig; und mit Recht. Vielleicht sagt Ihnen auch Ihr Inneres, Sie hätten doch etwas wahrhaft Gutes geschaffen, damit die halbe Menschheit erfreut, viele beglückt. Das Gefühl ist himmlisch, ich sage es Ihnen. Aber dabei bleibt's nicht. Der Ruhm ist kein Vergelter, kein Friedengeber, er hat keine Liebe, keinen Takt, er ist ein zudringlicher Kujon.

Sie haben einen schweren Kopf noch von gestern abend, Sie möchten gern noch schlafen, aber vor Ihrem Fenster bringen Ihnen angeheiterte Studenten, die vom Kaffeehause kommen, ein klingendes Morgenständchen. Zu bedanken brauchen Sie sich nicht; man setzt ja eigentlich gar nicht voraus, daß Sie schon zu Hause sind. Hingegen wird noch an diesem Vormittag die verschleierte Dame kommen, die vor ein paar Tagen das Manuskript brachte, das mit dem roten Bande, eine siebenaktige Tragödie, glaube ich; sie will darüber Ihre maßgebende Meinung hören, und Ihnen fährt es durch den Kopf: das Drama ist noch gar nicht gelesen! Noch sind Sie mit der Toilette nicht fertig, und schon trägt die Magd einen Rosenstrauß herein, den ein Dienstmann gebracht hat: ‚Von einer durchreisenden Verehrerin.' Sie legen das Bukett zu den gestrigen, schon welkenden Blumenspenden und denken: Das ist zu nett von der Dame, daß sie durchgereist ist . . . Der Briefträger bring die erste Post; er vermag sie kaum in einer Hand zu halten, und etliche Zeitungen und Briefschaften gleiten auf den Boden. Sie schieben einstweilen mit der Stiefelspitze die Sachen seitlings und wollen einmal sehen, was es denn gibt. Journale, mit Rotstift angestrichen. Ihr neuestes Buch wird besprochen – glänzend! ‚Es ist ein literarisches Ereignis, sooft ein Werk von unserem genialen X. erscheint!' In einem Briefe werden sie gebeten, Ihr Bild mit biographischen Daten gütigst zu schicken für ein illustriertes Unternehmen, ‚das sich mit einer eingehenden Würdigung des berühmtesten Zeitgenossen selbst ehren will'. Dann kommen zwei Autographensammlerinnen, von denen eine auf der Adresse Ihren Namen falsch schreibt, die andere über ‚Ihren Roman Karfunkel maßlos entzückt ist', während Sie diesen Roman gar nicht geschrieben haben. Ein dritter Brief bittet ebenfalls, den Absender mit ‚Ihrem werten Namenszuge unendlich glücklich zu machen', da in seiner Sammlung gerade noch eine Lücke sei. Ferner finden Sie unter Kreuzband, von einem guten Freunde zugesandt, eine Kritik Ihrer Person und literarischen Tätigkeit, die in dem Gedanken gipfelt, daß Sie und Ihre schriftstellerischen Produkte mit der Literatur nichts zu tun haben, daß Ihre Popularität nur durch ein freches Cliquenwesen künstlich aufgeblasen worden ist, ein Modegötze mit tönernen Füßen usw. Solche Sachen – sage ich Ihnen – lesen manchmal auch Ihre Verehrer nicht ungern: Gönnen Sie den Leuten, die des Lebens ohnehin so selten froh werden, doch einmal, ein wenig schadenfroh sein zu können! . . . Sie erhalten auch die Aushängebogen eines Buches, das Sie durchlesen sollen, denn der Verfasser will es Ihnen widmen, als ‚dem unübertrefflichen Meister und großen Vorbilde in Ehrfurcht und Dankbarkeit'. Sie erinnern sich bei dieser Nummer, daß schon lange ein Paket Korrekturbogen bei Ihnen liegt, die Sie ebenfalls durchlesen sollten, weil der junge Verfasser Sie ersucht hatte, zu seinem Werke eine Vorrede zu schreiben, damit das Buch unter der Ägide eines so illustren Namens leichter seinen Weg mache.

Noch sind Sie mit der Morgenpost nicht fertig, als sich schon die verschleierte Dame melden läßt. ‚Tausendmal', sagen Sie, ‚meine Verehrteste, muß ich um Entschuldigung bitten, daß ich noch nicht die Zeit fand, Ihr Drama zu lesen. Wüßte übrigens auch kaum, wie Ihnen zu dienen wäre, denn obschon ich an der Vortrefflichkeit Ihres Opus nicht einen Augenblick zweifle, ist doch weder bei einer Bühne noch bei einem Verleger je noch etwas anzubringen' – und so weiter. Die Dame ist konsterniert. Sie hätte gemeint, einer Dame gegenüber dürfte doch wohl auch der berühmte Mann einige Rücksicht beobachten, sich ein bißchen gefälliger zeigen, nachdem ihre Poesien überall die freundliche Aufnahme gefunden hätten.

Es würde nicht so leicht gewesen sein, die ‚Kollegin' auf gute Weise hinauszukomplimentieren, wenn nicht ein paar Vereinsdiener schon an der Tür ständen, die Beiträge einzukassieren haben. Denn alle Wohltätigkeits- und Geselligkeitsvereine des ganzen Landes reißen sich um die Ehre, den berühmten Literaten in ihren Listen zu haben. Kaum sind die mit ihrer Beute draußen, da gibt ein livrierter Diener die Einladung zum Souper beim Baron N. ab, wo sich auch fürstliche Persönlichkeiten einfinden werden, die den Wunsch ausgesprochen haben, den weltberühmten Verfasser des Soundso kennenzulernen. Das Knopfloch Ihres strapazierten Frackes ist nicht einen Augenblick sicher.

Im Vorzimmer wartet schon seit einer halben Stunde ein Herr, der bitten läßt, seine Aufwartung machen zu dürfen. Er ist sehr höflich und bescheiden, sein schwarzer Rock ist fast zu eindringlich gebürstet worden, hie und da zeigt sich schon ein bißchen das Fadenwerk. Seine Atmosphäre riecht nach Spirituosen; Optimisten mögen denken, er putze sich damit aus den Kleidern die Fettflecke. Es ist ein Kollege auf der Reise, der sich momentan in großer Verlegenheit befindet; an wen er sich denn wenden solle als an den edlen Menschenfreund usw.

Mittlerweise sagt die Magd den Postboten mit den Paketen und zu unterschreibenden Empfangsscheinen an. Ein Kistchen aus der Schweiz mit extrafeinem Emmentaler Käse. Eine Schachtel aus Nürnberg mit Lebkuchen; die Zollrechnung ist zwar wesentlich höher, als wenn Sie Käse und Kuchen bei dem nächsten Delikatessenhändler gekauft hätten, doch bitten die Spender inständigst, der Verehrung für den großen Dichter durch die kleinen Gaben Ausdruck verleihen zu dürfen. Dann die Pakete mit den Albums, Stammbüchern, Fächern, Sticktüchern, wo Sie entweder Ihre Photographie hineinstecken oder Ihren Namenszug einschreiben sollen. Eine Dame aus Ostpreußen oder aus Holland schickt Ihnen innig ein paar selbstgestickte Pantoffeln, wofür sie sich ein Exemplar Ihres neuen Buches mit eigenhändiger Widmung erbittet. Die täglich gespendeten Bücher aus allen Zonen werden für Sie nachgerade zu einer Plage, denn alle Kästen, Kisten und Schränke sind vollgepfropft, alle Tische und Ständer mit Büchern überladen, daß sie ächzen. Die arme Magd weiß schon nimmer, wie sie den angeschichteten Staub aus den Zimmern bringen soll, und auf dem Schreibtisch haben Ihre Ellbogen kaum mehr Platz: überall Bücher, Briefschaften, unaufgeschnittene Zeitungen und Zeitschriften in Stößen. Eingemauert sind Sie von Büchern, Broschüren und Schriften und haben keine Lust zum Lesen. Sie fliehen ins Feie. Da geht das Grüßen an. Überall werden Sie von Bekannten angesprochen, mit Komplimenten überschüttet, und die Fremden umlauern Ihre Schritte und Tritte, Ihre Bewegungen, fangen jede Bemerkung auf, die

Sie harmlos dem Erstbesten fallen lassen, deuteln sie, kritteln sie, tragen sie weiter und machen das alltäglichste Wort zu einer Staatsaktion. Nicht hundert Schritte können Sie unbehelligt spazierengehen. Die Leute tragen X-Hüte, X-Krawatten, Spazierstöcke, Busennadeln mit Ihrem Bilde. Man gründet X-Gesellschaften zur Verbreitung Ihrer Prinzipien, man errichtet X-Museen mit Aufstapelung von allerlei Plunder, der sich irgendwie auf Sie bezieht. Es gibt Postkarten mit Ihrem Porträt, die Ihnen täglich in Haufen zugeschickt werden, damit Sie Ihren Namen draufschreiben sollen. Es gibt Backwerk, Bonbons, Schokolade auf Ihren Namen usw. Jeder Geschäftsmann benützt Ihren Namen, wo und wie er kann, zur eigenen Reklame, während Ihre Gegner die Meinung verbreiten, das alles sei von Ihnen selbst angestiftet.

Derlei hören Sie draußen, und man beglückwünscht Sie überlaut. Angewidert kehren Sie in Ihre Wohnung zurück. Dort erwartet Sie Besuch. Zwei Herren in weißer Krawatte und Glacéhandschuhen bitten Sie, den Vorsitz bei einem zu gründenen Klub zu übernehmen; man brauche eine ‚Autorität'. Diesen Herren folgen fast auf dem Fuße zwei Damen in Seidenroben; sie haben ein unendlich großes Anliegen: sie wünschen einen Festprolog zur Eröffnung eines Wohltätigkeitsbasars. Ihr Name wird ziehen.

Endlich wollen Sie sich zum ruhigen Mittagstisch setzen, da trippelt fast ‚unangeklopft' ein jovialer Graf zur Tür herein, packt Sie ohne weiteres am Arm und ruft: ‚Aber, Doktor, Sie werden doch heute das Diner bei uns nehmen! Es erscheint die Gesellschaft. Und vorher eine kleine Spazierfahrt.' ‚Bester Graf', rufen Sie aus, ‚heute geht es schlechterdings nicht, ich muß am Nachmittag dem Maler zum Porträt sitzen.' ‚Meine Damen werden untröstlich sein. Wir hatten auf eine Speech von Ihnen gerechnet.'

Sie hätten besser getan, zum Grafen zu gehen und Sekt zu trinken, als beim Maler zwei Stunden lang auf einem Stuhl zu sitzen, unbeweglich, wie angeschraubt. ‚Den Kopf etwas mehr rechts, noch ein bißchen, so! Ein klein wenig höher. Ich danke. Wollen Sie mich ansehen. Ist es Ihnen unangenehm, mir ins Gesicht zu blicken? Sehr hübsch! Bitte: etwas freundlicher. Gut. Wenn Sie bitte die Gewogenheit haben wollten, den Mund zu schließen. Schön! Vortrefflich. Wir wollen den Franzosen ein charakteristisches Bild unseres genialsten Romanciers schicken. Darf ich ersuchen, ein klein wenig mehr aufrecht zu sitzen? Ist gut. Tut Ihnen das Licht im Auge weh? Wollen Sie gefälligst einmal an etwas Ihnen recht Liebes denken! Was sagen Sie zur neuen Primadonna? Bitte untertänigst, den Mund zu schließen. So. Ausgezeichnet!' Und während dieser fortwährenden Zusprüche pinselt er auf der Leinwand herum, heute so, morgen so. Das Bild ist für die Pariser Weltausstellung bestimmt ... Ähnliche Sitzungen bei einem Bildhauer, der Sie modelliert. Der packt Sie von hinten und vorn, macht ein mächtiges Zeushaupt mit schweren Locken und langem, nacktem Halse, ganz klassischen Stils. Dann will er auch die Hände formen, ‚die so viel Schönes schon geschrieben haben'. Die werden gegossen. Er begießt die Hand mit milchigem Gips, bestreicht sie dick mit Gips – und als der hart wird, haben Sie einen wuchtigen Handschuh an, mit dem Sie mancherlei Leute einmal nach Belieben ohrfeigen möchten. Der dienstfertige Friseur schwärmt nicht für Zeuslocken; er weiß für die abgeschnittenen Haarsträhnen bessere Verwendung. Hinter Ihrem Rücken vergibt er sie an enthusiastische Verehrerinnen gegen generöse Trinkgelder.

Als Sie aus dem Atelier heimkehren, erwartet Sie an der Tür Ihrer Wohnung ein geschmeidiges Herrchen mit schwarzem Haar und überredsamer Zunge. Das bittet um Gehör auf zehn Minuten in einer sehr wichtigen Sache. Es handelt sich um eine Rundfrage über die Abschaffung der Todesstrafe, und da dürfe der Ausspruch eines so illustren Geistes nicht fehlen. Sie antworten ihm barsch, Sie seien für die Abschaffung der Todesstrafe; nur die Interviewer müsse man erbarmungslos hängen. Der Mann lächelt wie zu einem guten Witz, läßt sich aber nicht abweisen, bis Sie ihm irgendeinen Brocken Meinung über die schwebende Frage hingeworfen haben.

Vielleicht noch an demselben Abend müssen Sie zu einem Bankett, das Ihnen zu Ehren veranstaltet wird. Ein Jubiläum. Irgend etwas wird doch gerade fünfundzwanzig oder zwanzig oder zehn oder fünf Jahre her sein. Man feiert Sie mit Reden und Trinksprüchen, mit Gedichten, die am nächsten Morgen mitsamt dem Menü in den Blättern stehen – zur höchsten Selbstbefriedigung aller, die dabei waren, und zum Ärger anderer, die nicht geladen waren.

Das, mein lieber Ruhmdurstiger, ist ein Tag. Der nächste macht sich ähnlich – und so fort. Nur, daß die Post nebst den Schmeichelbriefen täglich auch Bettelbriefe bringt, nebst den Einladungen zu Festessen auch Trauungs-, Geburts- und Todesanzeigen Ihnen ganz unbekannter Leute. Natürlich müssen Sie alles beantworten, sonst werden die Sender ungehalten. Ruhm- und Dankbriefe, denen die Adresse des Aufgebers fehlt, sind eine Seltenheit; und daß Sie täglich fünfzig Adressen beantworten, bestätigen, bedanken, begratulieren oder kondolieren sollen, daran denken Ihre ‚Verehrer' nicht oder meinen, es wäre Ihnen ein Vergnügen.

Also ein Gattung von Briefschreibern verzichtet aufrichtig auf eine Antwort: die Gattung der anonymen. Nur sind anonyme Briefe meist nicht darauf berechnet, den Ruhm des berühmten Mannes zu erhöhen; hingegen können Sie sich auf ihre Aufrichtigkeit verlassen.

Endlich ist Ihnen die Sache unerträglich, und Sie flüchten aufs Land. Das nützt Ihnen gar nichts. Auf dem Lande geht's ja gemütlicher zu; man lauert Sie auf Ihren Spaziergängen ab und schließt sich Ihnen an; man guckt Ihnen zu den Fenstern hinein, man bringt Ihnen Ständchen, man legt zu Ihrem versteckten Lieblingsplätzchen schöne Wege an und leitet die Scharen der Sommerfrischler dahin. Sie haben niemals Ruhe, Sie werden grob: das nützt nichts, das findet man nur genial und interessant. Endlich stehen Sie fast auf dem Punkt, Ihre persönliche Freiheit mit blanken Fäusten zu erkämpfen. Sie flüchten tiefer in die Landeinsamkeiten. Bei den Holzern und Kohlenbrennern, wo man Sie derb fragt, was es denn eigentlich mit Ihnen sei, daß Sie so in der Einschicht herumstrichen, atmen Sie erst auf.

Nachdem ich nun eine Anzahl von Beispielen, die erstbesten, von den Freuden des Ruhmes mit großem Fleiße zusammengestellt habe, höre ich Sie, mein lieber ruhmdurstiger Mensch, sagen: Diese Beispiele seien ja nichts weniger als abschreckend, vielmehr äußerst angenehm, eine Reihe von köstlichen Dingen. Für eine Weile, das gebe ich zu, macht es Spaß. Endlich aber, wenn man sich hingibt, verliert man sich darin und alles innerliche Leben verflüchtigt in Äußerlichkeiten. Und wer sich nicht hingeben will, der hat Tag für Tag den Kampf mit diesen Plagen des Ruhmes zu führen, der muß einen Teil seiner Widerstandskraft aufbrauchen, um die Persönlichkeit zu bewahren und der eitlen, neugierigen Menge nicht zum Opfer zu fallen. Sosehr die wahren, innigen Verehrer, die taktvollen und anspruchslosen, glücklich machen, so heftig widert das Treiben der anderen an – glauben Sie mir. Die Eitelkeit erstreckt sich noch etliche Jährchen nach dem Tode des Berühmten, bis das Denkmal gesetzt ist; dann hört das Interesse für den ‚Herrlichen' auf, und er gehört der Vergangenheit – oder besser der Vergessenheit – an. Trachten Sie, lieber Freund, nicht, ein berühmter Mann, sondern ein bedeutender Mensch zu werden. Es ist ein Unterschied. Berühmte Menschen sind nicht immer bedeutend und bedeutende Menschen sehr oft nicht berühmt. Mit diesem Merks empfiehlt sich der Ihnen Ergebene."

Seit vor zwanzig Jahren dieser Brief geschrieben wurde, habe ich oft an seinen Verfasser gedacht, doch weiter nichts mehr von ihm gehört. Ich vermute, er ist von seiner Berühmtheit zu Tode gehetzt worden.

Inhalt